기적수업이란 무엇인가

제3권

불만과 공격 사이에 삶이 머무는 이유
- 우리가 당해 온 기만의 역사

**기적수업이란
무엇인가** 제3권

ⓒ 이영종, 2022

초판 1쇄 발행 2022년 11월 30일

지은이   이영종
펴낸이   이기봉
편집   좋은땅 편집팀
펴낸곳   도서출판 좋은땅
주소   서울특별시 마포구 양화로12길 26 지월드빌딩 (서교동 395-7)
전화   02)374-8616~7
팩스   02)374-8614
이메일   gworldbook@naver.com
홈페이지   www.g-world.co.kr

ISBN   979-11-388-1451-5 (03230)

- 가격은 뒤표지에 있습니다.
- 이 책은 저작권법에 의하여 보호를 받는 저작물이므로 무단 전재와 복제를 금합니다.
- 파본은 구입하신 서점에서 교환해 드립니다.

An Introduction to A Course in Miracles Volume 3

기적수업이란 무엇인가

제3권

불만과 공격 사이에 삶이 머무는 이유 - 우리가 당해 온 기만의 역사

이영종 지음

좋은땅

목차

머리말 • 9

기적수업 신학의 요약 • 11

《기적수업이란 무엇인가》 제1권~제3권의 내용 • 16

삶의 현실 - 죽도록 공격하고 죽도록 계획하기 • 19

불만과 공격 사이에 삶이 머무는 이유 • 26

불만을 품는 것의 의미 • 29

불만과 공격이 생겨난 이유 • 36

  1. 부정확한 지각

  2. 하느님의 구원계획에 대한 몰이해

  3. 구원은 내가 하는 것이 아니라 나의 정체와 하느님의 정체(what I am/who God is)에 달린 것이다

  4. 기적과 불만 중에서의 선택인 모든 결정

  5. 불만이거나 공격이거나의 인생에서 벗어나는 방법 - 배움에서 시작되고 용서에서 완성되는 과정

I. 인생
    - 진리를 만나서 배우기 이전과 이후로 나누어지는 인생   • 45

II. 현재의 상황
    - 진리를 망각한 우리는 전체적으로, 완전히 속은 상태에 있다   • 59

III. 가장 심각하게 기만당하는 영역들   • 77

  1. 몸과 세상의 의미(오해와 기만의 시작 - 삶의 전제인 몸과 그것의 무대인 세상)   • 87

  2. 불만(공격의 보다 일상적인 버전인) 품기로 나타나는 기만   • 95

3. 죄책감 지니기 - 가장 원초적인 기만 • 105

분리의 신화(하느님과 우리, 큰아들과 탕자, 성과 속, 빛과 어둠, 선과 악이라는 이원성과 이분법적 사고)와 속죄(분리는 우리의 생각/믿음대로 일어난 적이 없다. 우리는 하느님이 창조하신 그대로다)

죄책감의 실재성(텍스트 18장), 그것이 만드는 먹구름장(a bank low dark clouds), 그 먹구름장 안에서 생겨나는 세상(호수, 산맥)과 등장인물들, 그 장이 몸을 단단하게 보이게 하는 효과

죄책감의 먹구름(18:88 몸이 보는 층 바로 아래 있는 두려움의 원이 세상의 토대인 듯이 보인다)

공간을 만들어서 세상의 것들을 분리하고 각각 **이름을 부여**해서 실재성을 가지게 만드는 우리 마음(워크북 184과), 세상이 생기고 이름을 가지게 되고 실재인 듯 보이는 과정, 이 과정을 가르치는 세상의 배움, 그러나 **하느님의 이름만**이 지닌 의미와 배울 가치, 그것은 "모두가 하나이다"라는, 우리가 배울 마지막 레슨

4. 특별함 추구(창조의 기본 원리들인 일체성, 동등성, 온전성의 망각에 기인한 기만) • 110

텍스트 12:20 특별한 대접을 요구하기까지 너는 평화로웠다.

5. 난이도(order of difficulty, 어려움의 수준/정도) 믿기와 관련된 기만 • 135
6. 자율성과 행동에 대한 믿음이 보여 주는 기만 • 137
7. 공격 - 기만의 최종 열매 • 142
　1) 공격생각이 만든 세상 vs. 사랑하는 생각이 해체하는 세상
　2) 죽도록 공격하는 사회와 방어하는 문화

  (1) 죽도록 공격하는 모습의 사회
  (2) 표준적인 삶의 양상 - 죽도록 공격하고 죽도록 계획하며 살고 있는 우리
  (3) 죽도록 공격하고 죽도록 계획하며 사는 이유 - 세상에서 사는 '몸의 관점'
    (a) '공격생각 중심의 사회'에서 '몸'을 가지고 사는 우리
    (b) 몸에 대한 오해와 교정
    (c) 판단의 양상들(성서와 기적수업 비교)
    (d) 판단, 분노, 공격, 방어, 계획하기에 대한 수업의 해설
    (e) 공격과 밀접한 연관성을 지닌 방어, 판단, 분노, 비교에 대한 수업 구절들
  (4) 방어한다면 이미 공격받은 것이다
  (5) 공격 - 방어 문화의 출발점
 3) 복수의 형태들인 세상의 모든 것
 4) 치유가 가능해지는 조건 - 공격의 포기
 5) 공격생각과 두려움과 세상의 관계
 6) 공격생각과 질병의 관계

결론. 평화와 관련해서 결과와 조건을 구분하기   · 251

부록. 기적수업의 인상적인 문장들 모음   · 257

 1. 겉모습(형식)과 그것이 가리고 있는 우리의 본질(정체)을 대비시키는 문장들   · 258
 2. 이미지의 선명한 대비와 예술적 묘사로 수업의 중심메시지를 표현하는 문장들   · 264
 3. 수업의 핵심 가르침을 압축, 요약한 문장들   · 271

4. 세상을 구원하기에 충분할 만큼 강력한 아이디어를 제시
   하는 워크북 문장들 • 304

* 사용된 기적수업 텍스트, 워크북, 교사지침서의 영어 원문은 A Course in Miracles의 OE(Original Edition) 버전을 사용했고, 한글 번역은 네이버 한국기적수업 공부모임 카페의 매니저 피스가 번역한 것을 기본으로 사용하면서 필요한 경우 부분적으로 필자의 번역을 대치하였다.

기적수업의 중심 아이디어와 키워드를 담은 문장들

1. 먼저 배워야 할 것들
   수업의 목표와 우리의 목적
   배움의 의미
   사고의 역전
   나는 누구인가?
   거룩함과 동등성
   영원함 그리고 붙잡고 지니고 있는 것의 의미
   구원/깨달음/알아차림/깨어 있음이란?
   평화의 조건
   사랑하는 생각 - 공격생각의 반대

2. 극복해야 할 것들 (아주 잘 속이는 거대한 환상들)
   환상이란 무엇인가?
   환상: 세상이란 무엇인가?
   환상: 몸이란 무엇인가?
   환상: 시간이란 무엇인가?
   환상: 죄책감에 대하여

3. 교정을 위해서 중요한 단어들과 개념들
　　에고를 버릴 때
　　판단이란 무엇인가?
　　용서란 무엇인가?
　　용의
　　기적에 대하여
　　속죄에 대하여
　　치유에 대하여
　　성령에 대하여

4. 더 생각해 볼 것들
　　총체성에 대해서
　　계획하는 것과 불만이 의미하는 것
　　바깥에서 구하기를 그치라.
　　주는 것이 받는 것이다.
　　필요에 대해서
　　희생에 대하여
　　우상에 대하여
　　말들과 표현들의 한계
　　받아들임의 중요성
　　기적수업과 선불교의 교차점
　　우연은 없다
　　마지막 선택에 대하여

머리말

당신의 삶은 어떠한가?

당신은 살아가면서 아무 불만이 없고 아무에게도 공격하고픈 생각이 들지 않는가?

마음의 보다 깊은 곳에서부터 종종 분노가 치밀어 오르거나 주변 모든 사람들을 비교하고 판단하며 살고 있지는 않은가?

불만과 공격생각은 가득하지만 인격으로, 사회적 압력과 파장을 고려해서, 혹은 더 큰 이익(전과기록 회피, 투옥이나 실직의 모면 등)을 생각해서 꾹 참고 하루하루 버티고 있지는 않은가?

기적수업에 의하면, 인간이 세상에서 몸으로 사는 한 불만과 공격생각을 느끼는 것은 당연한 일이다. 평생을 불만을 품고 공격하면서 그리고 방어하느라고 계획하면서 사는 인간이 공격의 결과로 질병을 얻게 되고 마침내 죽는 것은 하나의 정해진 이치로 받아들여진다. 과연 그 누구의 삶이 불만과 공격과 죽음에서 자유로운가?

왜 인간은 근본적으로 불만과 공격의 감정에서 헤어나지 못하는가?

불만과 공격이 마음에서 생겨나서 세상과 주변에 투사되는 이유와 경로는 무엇인가?

인간의 조건이 이러한데도 행복과 기쁨이 있고 평화로운 삶은 과연 가능한 것인가?

어떻게 해야 이런 상황에서 벗어날 수 있는가?

이 질문들에 대답하는 것이 기적수업이란 무엇인가 제3권의 목표이다.

기적수업 신학의 요약

　기적수업이란 무엇인가 제1권에서 다루었던 기적수업이 제시하고 있는 신학을 간략하게 요약하자면 다음과 같다.

　현대인들은 거의 누구나 두려움 속에서 살고 있는 것처럼 보인다. 날로 커져 가는 보험 산업의 규모, 무기와 군비산업 시장의 확대, 경비와 경호 및 방범 산업의 호황, 그리고 누구나 체감하고 있는 의료와 제약 산업, 심지어 건강기능 식품 시장의 확장과 세분화도 우리의 두려움을 노골적으로 혹은 미묘하게 반영하고 있다.

　우리가 일상 느끼는 두려움이 애초에 비롯된 곳인 우리 내면의 두려움은 창조주 그리고 형제와의 분리를 실수로 진실이라고 믿은 이유로 생겼다. 아버지와의 분리는 아버지의 권위를 공격하고 찬탈해야 가능한 것이라고 믿는 우리는 아버지의 복수를 예상하게 되었다. 이것에 더해서 이제 우리는 아버지와 분리되었다는 믿음이 주는 실존적 외로움이 또다시 더 깊은 두려움이라는 순환적인 열매를 맺는 것을 체감하고 있다.

이 두려움은 늘 죄책감과 동반된다. 그래서 용서가 일어나기 전에는, 내면에는 죄책감이 그리고 외부에는 환상들만이 있다. 죄책감으로 내면을 보기 싫어서, 즉 두려워서 바깥에 만든 환상이 우주와 세상과 시간과 몸이다. 그래서 모든 환상은 '두려움의 환상'이다. (텍스트 16:35) 두려움이 있는 내면을 외면하려고 바깥에 만들어 내어 주의를 쏟는 것들이 환상들인 것이다.

그러므로 환상들은 모두 '두려움의 환상들'이고 꿈들은 모두 두려움의 꿈들이다. [두려운 나머지 꿈속으로 빠져든 것이 지금 우리가 믿는 삶이기에 이 삶에서의 평화(행복, 기쁨)를 위해서는 먼저 '두려움의 꿈'에서 깨어나기가 필요하다.]

이런 성격을 가진 환상들을 꿰뚫어 보고 그 모습에 속지 않는 것이 용서고, 형상의 너머에 초점을 두고 그 너머에 있는 것을 보는 것이 비전이고 치유다. 그러므로 기적수업의 신학을 한마디로 한다면 우리 마음이 **'환상을 꿰뚫어 보는 것'**(워크북 134:19 'see through the illusion') 혹은 **'환상인 것을 알아보는 것'**이라고 할 수 있을 것이다. 텍스트 서문의 기적수업 요약인 "실재하지 않는 것은 존재하지 않는다."도 정확하게 같은 의미를 전한다.

바깥에 있는 것들에 초점을 맞추는 한 내면의 두려움을 직면하기를 지연시킨다. 바깥에 있는 것들은 두려움에서 나온 것이므로 공격의 대상이고, 따라서 우리의 모든 생각은 공격생각이다. 몸을 만들 때 지각도 함께 생겼고 지각은 생래적으로 판단하기에 우리는 판단해서 증오하고 공격한다.

다시 정리하자면 다음과 같다:

분리의 오해가 우리 마음의 착각으로 생겼다.

내면에 죄책감과 두려움이 발생했다.

(우리가 분리해서 떠났다는 믿음은 죄책감과 아버지의 복수를 상상케 하는 데서 오는 두려움을 초래함.)

내면을 보는 것, 더 정확히는 그 안의 두려움을 맞닥뜨리는 것을 회피하려는 노력으로 바깥에 만들어 낸 것이 세상, 우주, 시간, 몸이다. (이렇게 만든 것들이 환상들이다. 고로 환상들은 두려움의 환상들이다.) 몸은 지각을 가지고 생겨나고 지각은 본래적으로 판단한다. 판단 - 증오 - 공격이라는 사이클을 몸은 겪게 된다. 이렇게 우리는 평화를 잃었다. 혹은 평화가 우리에게 감추어졌다.

그러므로 바깥에 있는 환상들에 속지 않고 용서할 때 내면의 죄책감이 치유된다. (치유되는 것이 곧 속죄를 받아들인 것이다; 속죄란 분리는 일어난 적이 없음을 받아들이는 것이다.)

용서가 유일하게 우리를 다시 행복, 기쁨, 평화로 데려갈 수 있다. (이렇게 지각이 교정되는 것이 기적이다.)

이 용서를 통해서 우리는 '여전히 하느님이 창조하신 그대로'임을 알 수 있기 때문이다. (또 우리는 하느님의 '거룩한 아들'임을 알 수 있기 때문이다.)

기적수업의 이런 신학은 단지 이론적일 뿐만 아니라 상당히 현실성을 갖춘 것으로 그래서 실용적인 차원의 가치를 지니고 있는 것으로 들린다. 이 신학에서 주장하는 것의 진실성은 우리가 일상의 삶에서 피할 도리 없이 경험하고 지니고서 사는 내면의 두려움, 불안감, 공허감에서 그리고 시간이 지남에 따라 점차 뚜렷이 드러나는 세상 모든 것의 허망함과 속절없음에서 최소한 부분적으로 입증된다.

다시 강조하건대 기적수업(A Course in Miracles)은 이론적인 만큼이나 실용적이다. 우리 삶에서 아무도 피할 수 없이 겪게 되는 불만, 공격, 비교, 판단, 분노와 같은 다루기 쉽지 않은 문제들을 해결해 준다. 몸, 세상, 시간, 죄책감, 두려움과 같은, 문제의 근본적인 이유에 대해 먼저 설명하고 용서, 치유, 기적, 구원, 비전, 속죄와 같은, 평화로 이끄는 해결책을 제시하기 때문이다.

- 문제점: 불만, 분노, 비교, 판단, 공격, 방어, 두려워하는 것 - 평화의 상실
- 문제의 이유: 몸, 세상, 시간, 죄, 죄책감, 두려움, 분리를 실제라고 믿는 것
- 해결책: 용서, 치유, 기적, 구원, 비전(역전된 사고와 지각), 속죄(분리는 없었기에 나는 하느님이 창조하신 그대로인 것을 믿는 것) - 평화의 회복 내지 늘 있던 평화의 재인식

단, 이 평화를 실제로 매일의 삶에서 누리려면 먼저 의지(용의)를 가지고 잘 배우고, 그 배운 것을 성실하고 정직하게 연습하기까지 해야 한다는 수업의 지침을 기억해야 할 것이다.

청년 시절에 자주 부르던 찬송가 구절 하나가 생각난다. "아~ 내 맘속에 있는 이 평안함~"(There's A Peace in My Heart.)

그 시절의 나 자신에게는 미안한 말이지만, 지금 돌이켜 보자면 그때 내가

노래하던 평화는 그다지 완벽한 평화는 아니었던 것 같다. 예수는 늘 그렇듯 어쨌거나 평화를 주었겠지만 기독교 신학의 관점만 가지고 있던 내가 그 시절에 제대로 받아들였을지는 상당히 의문이다.

"평안을 너희에게 끼치노니 곧 나의 평안을 너희에게 주노라."(Peace I leave with you; my peace I give you.) 요한복음 14:27

《기적수업이란 무엇인가》 제1권~제3권의 내용

- 제1권 신학 - 우리의 삶에서 왜 용서만이 가장 깊은 죄책감을 제거할 수 있나?
- 제2권 적용 - 용서가 매일의 삶에 적용될 때.
- 제3권 불만과 공격으로 가득한 삶에서 해방되는 법 - 무위와 알아차림인 용서.
  (참상에 대해서 아무것도 하지 않고 단지 실재와 다름/실재가 아님을 보기.)

제1권에서는 왜 용서가 있어야 깊은 죄책감이 진정으로 치유될 수 있는지, 왜 현실 삶에서 계단을 거꾸로 올라가서 삶의 참상과 부조리를 용서(무엇인가 하는 것이 아니라 그것들은 실재와 모순된다는 것을 알아보기)해야만 삶이라는 꿈에서 우리가 진정 깨어날 수 있도록 현재 세상과 그 안의 우리 삶의 가장 깊은 원인인 죄책감이 치유되는지를 다루었다.

제2권에서는 용서의 원칙이 현실 삶의 다양한 측면들에 적용되었을 때 해방이 일어나고 치유가 생기는 양상들을 들여다보았다.

제3권에서는 용서의 본질을 보다 상세히 다룬다. 우리의 구원계획과 에고의 구원계획으로는 구원을 얻는 데 실패할 수밖에 없는 이유는 그것이 우리로 하여금 오직 바깥에만 집중하게 해서 아무것도 없는 데서 무언가를 얻으라고 부추기기 때문이다. 반면에 진정한 평화와 구원을 찾는 과정에서 오직 하느님의 구원계획만 성공할 수 있는 이유는 그것이 우리에게 내면을 조망하게 해서 그 안의 죄책감에서 시작된 세상과 우주와 몸의 투사와 비실재성을 보게 함으로써 마침내 그 죄책감을 치유해서 (우리의 거룩함과 창조된 대로 여전히 있음을 보게 함으로써) 구원이 일어나도록 만들기 때문이다.

이런 구원계획의 맥락에서 불만과 공격이 어떤 역할을 하고 어떤 의미를 가지는지도 함께 살펴본다. 그들이 어떻게 우리를 기만하고 우리의 본성을 보지 못하게 가리고 있는지 자세히 들여다보는 것이다.

진정한 구원이란 삶의 모든 고통과 부조리와 모호함을 견디어 낸 후 죽고 나서야 천당이나 극락에 가는 것이 아닐 것이다. 그것은 지극히 아름답고 완전하며 또 영원한 내세의 약속을 주는 것은 물론이고, 살아 있는 동안에도 일상의 삶에서 흔들리지 않는 기쁨과 행복과 평화를 누리게 해 주는 그런 구원일 것이다.

《기적수업이란 무엇인가》의 제3권인 이 책의 목표는 우리가 매일 매일의 일상적인 삶에서 기쁨과 행복을 동반하고 외부의 조건이 어떻게 바뀌더라도 결코 변하지 않는 진정한 평화를 찾을 수 있는 방법을 제시하는 것이다. 그 방법은 무엇을 함에 의해서가 아니라 이미 우리에게 주어져 있어서 우리가 가지고 있는 것을 단지 재발견하는 것이라는 것이 기적수업의 가르침의 주요한 특징들 중의 하나라고 할 수 있다.

우리는 지각을 가진 채 태어나서, 상당기간의 교육을 받고, 판단하는 기술을 연마해서 각자가 고유하게 필요로 하는 구원을 찾아 추구하며 일생을 보낸다. 구원을 마침내 찾는다면 평화가 있을 터이지만 대부분의 경우 **비교하고, 불만을 품으며, 공격하고 사느라 처절하고 애틋하게 인생의 시간들을 다 보내고** 만다. 세상이 역사를 기록한 이래 어떤 보편적인 구원의 길도 성공적으로 제시된 적이 없는 듯하다. 세상이, 특히 교육 시스템과 종교가 근본적인 비평과 성찰의 대상이 되어야 할 이유다.

정리하자면, **우리 삶은 기쁨, 행복, 평화를 누리지 못하게 만드는 문제점들을 가지고 있다. 그들은 판단, 비교, 불만, 분노, 공격 그리고 방어하는 것이다.**

이 문제들의 근본적인 원인은 몸, 세상, 시간, 죄, 죄책감, 두려움, 그리고 무엇보다도 분리에 대한 우리의 잘못된 믿음이 우리를 너무나 오랜 기간 교묘한 *기만의 상태에 머물게 하고 있다는 사실*과 관련이 있다. 이 책은 그들에 대한 해결책을 찾는 것을 목표로 한다. 그 해결책들은 용서, 치유, 기적, 구원, 비전(역전된 사고와 지각에서 나오는), 그리고 궁극적으로 속죄 받아들이기(나는 하느님이 창조하신 그대로라는 믿음과 동의어인)이다.

먼저 불만과 공격이라고 하는 인생의 보편적인 실존적 기만 상황에서 벗어날 수 있게 해 주는 해법을 찾아낸 다음에 그 해법이 어떤 과정을 거쳐서 도출될 수 있는지를 보다 상세히 살펴보기로 하자.

삶의 현실 - 죽도록 공격하고 죽도록 계획하기

　우리 모두는 풍요로운 삶을 원한다. 삶에서 원하는 것의 구체적인 항목들은 사람마다 다르게 선택하지만 그 어떤 경우에라도 우리는 그것들의 성취와 획득을 통해서 풍요로운 삶을 가지게 되기를 원한다. 여기서 풍요롭다는 것의 의미는 행복하고 기쁘고 평화로운 것이라는 것은 두말할 나위도 없고 동서고금을 통틀어 모든 사람들의 보편적인 동의를 얻기 어렵지 않을 것이다.

　그런데 이렇게 행복과 기쁨과 평화를 갈망하면서 잘살고 싶고, 오래 살고 싶고, 건강하게 살고 싶어 하면서도 우리는 실제 매일의 삶에서는 참으로 어처구니없게도 풍요로운 삶과는 완전히 반대 개념의 일을 하느라 여념이 없어 보인다.

　우리는 살아가면서 '죽도록' 공격한다. 그리고 또 '죽도록' 계획한다.

　몸을 실재인 것으로 믿고 사는 우리의 세상 안에서의 삶은 특징적으로 폭력적이고 공격적이다. 어느 분야에서든 누군가에 대한 공격과 아무런 관련

없이 형성되어 있는 현대의 삶의 모습이나 지형은 없어 보인다.

지난 이천 년간 전 인류에게 가장 심오한 영향을 미쳐 온 지배적인 사상과 믿음체계들 중의 하나가 동족들과 로마 군인들에 의해 나사렛 출신의 예수에게 저질러진 폭력적인 공격과 밀접하게 관계있는 종교였음은 주지의 사실이다. 시작부터가 극단적으로 폭력적인 식민지라는 상황에서 일어난 극단적인 공격으로 특징지어졌던 기독교가 정치, 사회, 경제의 구조와 정부와 교회와 사회의 각종 기관과 단체들과 학문, 문화, 예술에 막강한 영향을 미쳐왔다. 공격은 항상 세상 삶이라는 것의 당연한 배경이자 전제 조건이었다.

유럽인들은 일찍부터 구교와 신교의 분열로 인한 갈등으로, 부자와 가난한 자 사이의 갈등으로, 과학과 교회의 분열로, 정치적 이권을 목표로 하는 국가들과 가문들 간의 이합집산으로 서로 공격을 주고받으며 살아왔다.

지난 세기에는 히틀러, 무솔리니, 그리고 일본도로 상징되는 파시스트에 의해 발생한 전 세계에 대한 공격으로 인류가 이전과는 차원이 다른 공격의 공포를 경험했다.

아시아 대부분의 나라들은 어느 이웃 국가에 의한 식민지 지배 그리고 이념에 갈라진 동족 간의 전쟁이라는 공격으로, 미국 원주민들은 백인들의 절도에 이은 학살적인 공격으로, 미국인들은 노예제도를 둘러싼 남과 북의 서로에 대한 공격으로, 남미의 원주민들은 금을 찾아 챙기려는 유럽인들의 공격으로, 아프리카인들은 값싸다 못해 '완전히 무료'인 노동력을 갈망하던 유럽인들의 납치와 노예 매매와 관련된 폭력과 공격으로, 중동의 부족들은 최소한 신보다는 석유를 더 원하는 서구 자본주의자들의 공격으로 현재의 국경과 사회구조와 삶의 모습이 형성되었고 아직도 그 후유증에 시달리고 있다.

우리나라 사람들은 유난히 양반이 일반 백성에게 가한 수탈적 공격, 연이어 정권을 폭력으로 거머쥔 독재자의 무자비한 공격, 옆 나라의 줄기차고도 극악한 폭력적인 공격에 익숙하다. 그 극심한 공격을 견뎌 내고 살아남은 사람들이 바로 우리다.

물리적 공격은 오히려 노골적이라 순진한 공격이다. 숨기지 않고 가해지기에 피하기도 상대적으로 더 쉽다. 공격당해서 다치거나, 죽거나, 피하거나 하면 된다. 그게 다다.

반면에 말이나 얼굴 근육의 움직임, 분위기, 태도, 은근히 배척하는 몸짓들, 애매한 웃음, 잘난 척하는 표정과 어깻짓으로 가해지는 공격은 훨씬 교묘하고 은밀하다. 그것들은 알아차리고 대응하기도 더 어렵고, 속 시원하게 방어하고 되갚아 주기도 애매하다.

기회만 있으면 모욕하는 사람들의 공격, 훔치고 속이고 말 바꾸고 위증하는 자들의 직간접적인 공격, 명절이면 모여서 같이 번갈아 가며 스트레스 주는 친척들의 권고와 충고라는 이름의 공격, 친구들과 동창들의 질문을 빙자한 공격, 직장 내 각종 희롱과 갑질과 무리 짓기와 따돌림의 모습을 지닌 공격, 심지어 어느 재수 없는 날은 예기치 못하게 노상에서 내가 희생양이 되는 희롱과 욕설과 불특정 대상을 향한 폭력, 층간 소음과 담배연기로 당하는 공격, 약하고 복수를 할 만큼의 자원이 없어 보이는 동료를 찾아 자기 공격성을 충족시키고 자기 스트레스를 해소하는 학교폭력(왕따시키기), '갑질'에서 더 나아가 심지어 '을질'이라는 이름의 공격에 우리는 매일 상처입고, 피 흘리고, 죽어 나간다.

주먹, 돌, 최루탄, 칼, 공기총, 엽총, 화살, 석궁, 밥주걱, 몰래 음료에 섞인 마약 그리고 모욕과 멸시의 말과 눈빛에, 앞에 갑자기 끼어드는 차, 긴 줄에서 하필 내 앞에 끼어드는 새치기에 공격당하고, 분노하고, 복수를 상상만 하면서, 그야말로 견뎌 내려고, 신음하며 버티고 산다.

아니, 우리도 할 수 있는 것이 있다.

빈정대고, 냉소적인 말을 퍼붓고, 퇴근길에 개미라도 밟아 죽이고, 노상방뇨라도 하고, 시끄런 술집에서라도 소리 한번 지르고, 길고양이한테 발길질이라도 한번 하고, 와이프나 남편이나 애인한테라도 짜증 내고, 어서 출세하고, 치부하고, 축재하고, 유명해져서 복수하고 역습할 꿈만 꾸면서 버틴다.

부모, 형제, 당숙, 고모, 사촌, 상사, 부하직원, 전 애인, 지금 남친, 자주 가는 편의점 알바, 심지어 교우들과 교회 오빠까지… 모든 주변인들을 차례로 잘근잘근 씹어 대면서.

전과기록 생성이나 투옥이나 실직이나 사회적 매장만 피할 수 있는 선에서 가능한 한 나름 할 수 있는 공격은 주변에 대고 다 해 가며 산다.

심지어 우리가 먹는 것까지 주변의 생명 형태들에 대한 공격으로만 우리

음식이 된다. 동물을 죽이고 식물을 뿌리째 뽑는가 하면 씨부터 먹어 없애기도 한다. 가축도 산짐승도 들짐승도 우리가 공격하고 내장을 훑어 내고 그래서 치사량의 피를 흘려야만 최종적으로 우리와의 관계가 정리되고 끝이 난다.

왜 우리는 공격하는가?
공격하는 것 말고도 우리가 자연스레 노력하지 않고도 잘하는 것이 있는가?
왜 공격하지 않고는 전혀 살 수 없는가?

공격은 응당 복수와 반격을 낳는다.

공격하고 계획하는 것보다 우리가 더 자연스레 하고, 열심히 하고, 어떤 경우에도 하며, 자기도 의식하지 못한 채 하며(아주 심취해 있거나 습관이 되었다는 의미이다), 상당히 잘하는 것은 별로 없어 보인다.

삶을 풍요롭게 누리며 잘 '사는 것'이 목적이면서도 '죽도록' 애쓰는 것은 왜일까?
왜 적당히도 아니고 죽도록 공격하고 죽도록 계획하는 것일까?

우리 모두가 예외 없이 원하는 것이 행복인데도 대체 무슨 생각으로 우리는 이렇게 '죽자고' 공격하고 계획하느라 애쓰며 사는 것일까? (실제로 얼마나 많은 사람이 이렇게 애써서 공격하고 계획하는 데 전념하다가 어이 없이 죽어 버리는지 아는가?)

삶의 대부분을 써서 죽도록 공격하고, 죽도록 계획을 세우는데 어떻게 행복하고, 무슨 수로 기쁘며, 그 누가 평화를 누릴 수 있는가?

우리는 스스로를 몸이라고 믿는다. 이런 몸 정체성/몸과의 동일시에 대한 확신 때문에 우리는 판단, 공격, 계획한다. 혹은 판단, 공격, 계획을 하는 한 몸 정체성을 버릴 수가 없다. 이런 몸 정체성은 질병을 일으키고 마침내 몸의 파괴인 죽음에 이르게 한다. 그 무엇보다도 확실히 우리를 기다리고 있는 죽음으로 가는 길 위에서도 우리는 갖은 질병을 겪으며 아파하면서 여행하지 않을 수가 없다.

마음이 공격생각, 판단 혹은 계획을 멈추지 못할 때 몸은 병이라고 하는 도구이자 메커니즘을 통해서 이미 '지옥의 상태'에 놓여 있는 마음의 불가피한 최송석 결과를 보다 신속하게 일어나게 만든다. 죽음을 목표로 정한 듯 보이는 몸은 사실은 단지 한 중립적인 매개체로서 주체인 마음이 가리키는 방향으로 여전히 '충실하게' 자기 역할을 수행하고 있는 것뿐이다.

이런 상황에서 질병을 치유하고 건강을 회복하기 위해서 초점을 몸에다 맞추고서 몸에 치료를 집중하고, 몸을 바꾸려고 애쓰는 것이 원리적 차원에서 혹은 장기적 차원에서 별 소용이 없는 이유이다. 판단과 공격생각과 계획으로 가득한 마음의 변화 혹은 그런 변화로 이끌어 갈 사고의 역전이 필요한 때이다.

우리는 살면서 왜 판단에 늘 굴복하고(롬 2:1 남을 판단하는 사람아, 누구를 막론하고 네가 핑계하지 못할 것은 남을 판단하는 것으로 네가 너를 정죄함이니), 공격생각을 떨치지 못해 지니고 살며(에베소서 4:31 분노를 해가 지기 전에 없애라), 계획하기에 그리도 분주한지(잠언 16:9 사람이 마음으로 자기의 길을 계획할지라도 그 걸음을 인도하는 자는 하느님이시다.) 좀 더 자세히 살펴볼 필요가 여기에서 생긴다.

 인생은 '판단의 꿈'이다. 지각은 '본래적으로 판단'한다. (지각은 '판단을 내재'하고 있다; 'inherently judgmental')
 사랑은 원망을 지니고 있지 않는다. (Love does not hold grievances.)
 치유된 마음은 계획하지 않는다. (A healed mind does not plan.)

불만과 공격 사이에 삶이 머무는 이유

당신은 지금 완벽하게 기쁘고, 행복하며, 평화로운가?

그렇지 않다면,
지금의 삶에서 당신의 불만들은 어떤 것들인가?
문득 문득 들곤 하는 공격생각은 어떤 내용들인가?
무엇이 혹은 누가 가장 불만스럽고 어떤 상황이 끝내 탐탁지 않은가?
그 누군가를 공격해서 파괴하고 싶지는 않은가?

불만은 우리가 원하는 대로 펼쳐지지 않는 상황들이나 우리의 기대에 부응하지 않는 사람들에 대해서 느끼는 원망과 서운함 혹은 억울함 등의 감정이라고 할 수 있을 것이다. 기적수업에서 이 불만은 기본적으로 우리가 만들어낸 세상을 포함해서 지각하는 모든 것들이 환상이라는 사실을 망각하기에 생겨나는 것으로 설명된다.

공격생각이나 실제적인 공격의 행위들과 말들에 비교해서 상대적으로 아직 외부로, 바깥으로 완전히 투사되기 이전의 마음 상태가 불만이라고 정의해 보자.

불만을 넘어 공격하기까지 하게 되는 마음의 상태가 생겨나는 것도 역시 우리가 지각하는 것들, 보다 구체적으로 우리에게 보이는 세상과 그 안의 사람들, 사물들, 생각들, 행동들이 환상들, 환각들, 허상들, 이미지들, 꿈속의 장면들이 아니라 진짜라고 믿기에 가능할 것은 틀림없어 보인다.

공격과 관련해서는 그 근저에 분노와 판단이 자리 잡고 있을 것으로 추리하는 것은 별로 어렵지 않다. 더구나 우리의 분리에 대한 확신이 초래한 결과들 중의 하나로서 에고가 늘 느끼고 가질 수밖에 없는 외로움과 혼자라는 생각은 지각하는 것에 대한 두려움과 공격을 통해서 그 두려움을 극복하고 해소하려는 열매를 낳기 일쑤이다. 한시라도 공격하지 않고는 지낼 수 없는 가장 근본적인 이유가 내면에서 광란하는 죄책감과 두려움이 생산하는 압박이기에 우리는 늘 바깥에서 대상을 찾아내 공격한다.

이런 맥락에서 볼 때, 우리의 모든 생각은 태생적으로 공격생각이다. 얼마나 그러한지는 '단 한 순간만이라도 공격 없이 사랑을 하면' 충분히 치유가 가능해지고, 성령의 결정이 모두에게 이로운 이유는 그것만이 '전적으로 공격이 없기' 때문이라는 텍스트의 내용들에서도 유추해 볼 수 있다. (인용부분 각각 텍스트 27:45, 교사지침서 29:4)

살아가면서 사사건건 불만을 품는 것과 공격생각으로 그득한 채 삶을 살아가는 것이 함의하는 것은 보다 상세히 들여다보고 이해할 필요가 있다. 그것이 기적수업이 가르치려 하는 가장 핵심적인 아이디어들을 떠받치는 기초적인 원리들(너의 바깥에는 아무것도 없다. 세상을 구하는 것은 행동이 아니라 진리의 조용한 인식인 용서이다. 등)과 연관되어 있기 때문이다. 또 불만과 공격에서 벗어나는 방법에 대한 기적수업의 명료한 해답을 받아들이기 위해서는 꽤 복잡한 인간의 마음의 지도에 대한 기초적인 이해가 전제되어야 할 것이다.

불만과 공격은 외부에 집중을 그치지 못하게 만들면서 결코 우리 내면으로, 모든 답이 놓여 있는 거기에로 시선을 돌리지 못하게 한다. 우리는 **속았다**. 속아도 아주 깨끗이, **완벽하게 속았다**.

"사랑은 불만을 지니지 않는다." 워크북 68과

"나의 불만이 내 안에 있는 세상의 빛을 감춘다." 워크북 69과

"불만을 품는 것은 하느님의 구원계획에 대한 공격이다." 워크북 72과

"나는 공격생각을 포기함으로써 내가 보는 세상에서 벗어날 수 있다." 워크북 23과

"나의 공격생각이 나의 상처받을 수 없음을 공격한다." 워크북 26과

텍스트 31:90 나는 하느님이 창조하신 그대로다. (워크북 136:22 나는 몸이 아니다. 내 마음은 공격할 수 없고 따라서 나는 아플 수 없다.)

워크북 191과 나는 하느님의 거룩한 아들이다. (워크북 97:9 나는 자유롭게 용서한다. 그럼으로써 자유롭게 세상을 구한다.)

불만을 품는 것의 의미

　불만이라는 것은 우리에게 일어나고 있는 일들이나 우리를 둘러싼 환경, 사람들, 세상의 모습과 기능이 우리에게 실망을 주거나 절망케 하거나 기대를 배신하거나 할 때 우리가 느끼는 감정이다. 요컨대 우리가 불만을 가지는 때는 우리에게 필요한 대로 혹은 우리에게 유리한 방식으로 사람과 사물과 사건이 행동하거나 움직이거나 발생하지 않을 때라고 할 수 있을 것이다.

　기적수업에 의하면 우리가 불만을 품는다는 것은 우리 삶에서 현재 일어나고 있는 일들, 상황들과 우리에게 보이는 세상과 그 안의 사람들이 실제라고 지각함을 의미한다. 그것들은 현실이고 실제인 것으로 지각되기에 이런 지각된 실재성(perceived reality)으로 인해 우리가 지각하는 환상들은 더 강화되고 더욱 더 실제적인 것으로 믿어지게 된다. 요컨대 지금 내가 지각하는 것들의 실재성에 대해서 의문을 품고 그것들이 실재하지 않거나 진짜가 아닐지도 모른다는 생각을 해 보는 것, 즉 그것들이 존재하지 않을 가능성을 탐색해 보는 일은 점점 더 요원해진다. (반야심경에서 '오온개공' '원리 전도몽상 구경열반'을 가르치는 것에 주의를 기울여 볼 가치가 다시 한번 느껴진다.)

이런 맥락에서 볼 때 기적수업에서 말하는 '불만'은 분노, 복수, 판단, 비교와 같은 소위 부정적 측면뿐만 아니라 마음에 안 드는 세상이나 사람을 바꾸려 노력하는 것, 자의식, 세상에서의 자기역할에 대한 의식이나 확신과 같은, 소위 그리 부정적이지 않다고 또 심지어 바람직하다고 간주되는 측면까지 포함함을 알 수 있다.

이렇게 불만은 현재의 지각을 더욱 신뢰하게 하고, 지금 보이는 환상들을 더욱 강화하고 더욱 믿어지게 만들며, 결과적으로 세상과 몸을 실재하는 것, 영원한 것으로 믿어 의심치 않게 만든다. 수업의 서문에서 간결하게 요약하고 있는 것처럼 '실재가 아닌 것들은 존재하지 않음'에도 불구하고 말이다.

텍스트 18:91 온 세상이 생겨나고 있는 것을 쉽게 볼 수 있다. 단단한 산맥과 호수, 도시, 이 모든 것이 너의 상상 속에서 일어난다.

'천상천하 유아독존'의 원래의 의미에 대한 해석은 별도로 하고라도 이 말은 우리의 바깥에는 아무것도 없음을 잘 설명해 준다. 오직 나만 있다. 나의 마음이 존재하는 유일한 것으로 다른 모든 지각되는 것을 만든다. (텍스트 18:49 바깥에는 아무 것도 없다. There is nothing outside you.)

우리가 보는 대로의 세상은 없다. 세상이라 지각되는, 나의 바깥에서는 환상들이 환상들을 만나고, 상상이 상상과 부딪히고, 내 아바타가 형제의 아바타와 우연히 만날 뿐이다. 이렇게 세상은 만들어지고 운영된다. 수없이 많은 세상들이 나의 생각으로 생성, 소멸된다. 그 안의 등장인물들도 마찬가지다. 그들이 꿈속의 인물들인 것은 자주 지적된다. 그러므로 세상은 없다.

비록 세상이 이런 연원에서 나온 것이라도 우리에게는 실재로 지각된다. 그러므로 세상에서 살면서 불만을 가지는 것은 '완전히 속은 것'을 의미한다. 환상인 것을 실재로 오해하여 믿을 때 불만을 가지게 되기 때문이다. 그리고 이 세상은 나름의 운영방식에 따라 작동된다. 그 운영방식 중에서 가장 중요한 것들 중의 하나가 돈에 의해 세상이 돌아간다는 것이다. 돈은 이렇게 세상과 불가분의 관계에 놓이고 세상에서 가장 중요한 것들 중의 하나가 된다. 세상은 사는 한 돈을 좇게 되는 이유가 이것이다. 돈을 맘껏 차지하지 못하는 한 불만을 품는 이유도 이것이다.

요약해서 말하자면, 불만은 내가 몸이 아니란 사실을 감추고, 내가 하느님이 창조하신 그대로라는 진리를 기억조차 하기 어렵게 만든다.

(자신을 몸으로 인식하고 타인을 몸으로 보며 몸 너머의 빛이 아니라 몸만 보기로 선택한 것의 결과에 대해서는 별도의 상세한 논의가 필요하다.)

> **텍스트 31:67** 몸을 보기로 선택한다면, 너는 서로 무관한 사물들과 전혀 말도 안 되는 사건들로 가득한 분리의 세상을 본다. 이것은 나타났다가 죽어서 사라지고, 저것은 고통 받다가 상실될 운명이다. 그 누구도 한순간 이전의 모습과 정확히 같지 않고, 또 한순간 뒤에는 지금의 모습과 같지 않을 것이다. 그렇게 많은 변화를 보는 곳에서 그 누구를 신뢰할 수 있겠는가?

제행무상, 제법공상, 연기론, 그리고 양자역학의 표준해석에 의한 물질관(종래의 뉴턴물리학에 기초한 현실묘사인 리얼리즘과 물체의 국소성에 관한 원리를 부인하는)을 상기시키는 아이디어. 몸이나 세상은 보이는 대로가 아니고 한 장소에만 있지도 않으며 우리의 상상물에 불과하다는 것.

불만은 그럼으로써, '나의 상처받을 수 없음'을 공격하고, 세상의 빛인 나의 안에 있는 빛을 가려서 보지 못하게 하는가 하면, 세상에서의 변화를 통해야만 구원이 가능하다고 주장하는 '에고의 구원계획'이 옳고 내면의 마음 상태를 변화시킴으로써 구원을 가능케 하는 '하느님의 구원계획'은 틀리다는 증언을 한다.

몸을 가지고서 세상의 여러 가지 문제들을 해결해서 세상을 변화시켜야만 구원이 가능하다는 식의 구원론이 압도적으로 유행하는 것은 우리가 불만을 지니는 것의 함의를 제대로 이해하기 전에는 교정할 길이 없어 보인다. 유위가 아니다 무위에 의해서, 마법이 아니라 기적을 의미하는 용서에 의해서 나와 세상이 함께 구원된다는 진리는 불만을 품고서 공격까지 하기에 이르는 것이 문제의 처리를 위한 상식적이고 효율적인 해결책으로 믿어지는 곳에서는 설 자리가 없는 것이다.

결론적으로 불만(혹은 불만을 품는 것)은 우리의 몸과 그것의 활약 무대인 세상을 진짜라고 더욱 믿게 만듦으로써 우리의 진정한 정체(하느님이 창조하신 그대로인 존재, 하느님의 거룩한 아들이라는)를 가리고 숨긴다. 그것은 또 이 세상이라고 하는, 사실은 내가 만든 것의 진정한 정체도 가린다. 불만은 우리의 몸이 진정한 우리 자신이라고 믿도록 우리를 유도하는가 하면, 세상의 빛으로서의 우리가 가진 '내면의 빛'을 가린다. 그것은 단지 우리 내면의 빛을 둘러싸고 있는 검은 먹구름만을 유일하게 존재하는 것으로 오해하게 만들기 때문이다.

"실재인 것 what is real은 위협받을 수 없다. 실재이지 않은 것 what is unreal은 존재하지 않는다. 여기에 하느님의 평화가 있다." - 기적수업 텍스트 서문

과연 불만이라는 것이 기적수업 전체의 요약이라고 부를 수 있을 가장 핵심적인 아이디어를 우리가 받아들이지 못하도록 막고 있음을 알 수 있다. 불만은 실재하지 않기에 존재하지 않는 것을 믿게 만들고, 그 거짓인 것(가짜, 환상, 그림자, 상상물, 환각, 아무것도 아닌 것, nothing)을 믿음으로써 진정 실재인 것 what is real을 인식하지 못하게 가로막기 때문이다.

그러므로 '불만을 가지지 않고 내려놓는 것'에 대해서 흔히 세상에서 실패하고 지친 사람들이 종종 관심을 기울이곤 하는 피안의 세계로의 도피 수단이거나, 마음 수련의 방편이거나, 스토익한 처세술의 한 버전인 것으로 오해하는 일은 경계해야 한다. 기적수업 자체가 결코 조금 더 마음이 편해지고, 조금 더 내 도모하는 일들이 잘 풀리고, 조금 더 내 자식이 잘되는 수준의 일들을 목표로 하지 않음을 기억해야 하는 것이다.

미리 결론을 말하자면, 불만을 품거나 내려놓는 것은 실재하지 않는 것(두려움, 죄책감, 세상, 몸, 생각 등)을 보느라 실재하는 것(사랑, 우리의 거룩함, 우리 안의 빛, 하느님의 평화, 천국 등)을 인식하지 못하게 하거나 혹은 실재하지 않는 것의 한가운데 살면서도 그것을 넘어 실재인 것만을 진정으로 보게 한다. 불만에 대한 우리의 이해와 다루기는 이렇게도 중심적인 의미를 지

니고 있어서 기적수업 전체의 목표를 성공적으로 이루어 내는 것과 관련이 있다.

　많은 수업의 학생들이 더 이상의 공부와 연습을 포기하게 만드는 이유이기도 하지만, 기적수업이 궁극적으로 가르치는 것은 실재하지 않는 '모든 것'을 '아무것도 아닌 것, nothing'으로 알아보고 속지 않아서 그것에 좌우되지 말라는 것이라는 점을 기억할 필요가 있다. 기적수업은 또 최종적인 분석에서 '실재하는 것'은 결코 변하지 않음을 알고서 바로 거기에서 평화(하느님의 평화, 변치 않는 평화)를 찾으라는 메시지임을 잊지 말아야 한다.

　요컨대 궁극의 목표(절대적인 평화)를 향한 궁극의 방법(완벽한 용서)과 궁극의 도구(지각과 사고의 역전)를 알려 주는 것을 기적수업은 목표로 삼고 있다. 수업은 그런 목표를 제시하는 와중에 단순하지만 아주 엄정하게 조금도 타협이나 흥정이 불가능한 완벽성과 총체성과 절대성을 요구한다. 실재인 것의 완벽함만큼이나 실재가 아닌 것의 전적인 가치 없음/의미 없음을 강조한다. 약간의 불만이라도 지니고 있는 것은 아직은 자신이 몸이 아님을 받아들이지 못했기 때문이라고 (그리고 아주 조금의, 미세한 공격이라도 한다면 여전히 실재가 아닌 것을 다 포기하지 못했기 때문이라고) 지적한다.

　그런데 이 불만은 우리의 진짜 정체를 가린다는 의미에서 불만과 거의 같은 역할을 하지만 보다 근원적이고 포괄적인 형태를 가지고 있는 공격생각/공격과 밀접하게 연관되어 있다. 그래서 공격생각/공격의 다양한 의미에 대해서 더 자세히 들여다볼 가치가 생긴다.

공격생각/공격이 의미하는 것들 중에서 우리의 사고역전과 관련해서 가장 중요한 것은 다음에 다루기로 하자.

이상을 요약하자면, 우리의 **부정확한 지각**이 우리가 **하느님의 구원계획**을 이해하지 못하게 만들고 결과적으로 우리 **삶이 불만과 기적 사이에서 머물게 만든다**. 이러한 **불만이거나 공격이거나의 인생에서 벗어나는 방법은 우리가 누구인가 그리고 하느님은 누구인가**라는 질문에 대한 답과 깊이 연관되어 있다. 그 답을 얻을 때 우리는 유일하게 성공할 수 있는 구원의 방법인 하느님의 구원계획에서의 우리 역할을 받아들이게 된다.

불만과 공격이 생겨난 이유

1. 부정확한 지각

텍스트 21:1 투사가 지각을 만든다.

1) 그로 인한, 의미 없는 보이는 사물과 생각

원리 전도몽상/깨어남의 필요성.
복수의 한 형태인 내게 보이는 것.

2) 공격생각이 만든 세상

사랑하는 생각이 해결책이다.

워크북 110:11 우리와 마주치는 모든 이에게 감사하는 마음과 사랑하는 생각을 품고…

'사랑하는 생각'이 그리스도를 기억하는 방법인 것으로 제시된다.

또, 나의 거룩함이 해결책이다. 워크북 37과에서 39과에는 '나의 거룩함'이 나와 세상을 축복하고 구원한다는 아이디어가 제시된다.

2. 하느님의 구원계획에 대한 몰이해

1) 나의 계획이 아니라 하느님의 계획만 성공한다

나의 내면에 있는 세상의 빛(워크북 61과).
"나는 세상의 빛이다." "용서는 세상의 빛으로서의 나의 기능이다."

하느님의 구원계획은 내가 하는 어떤 것이 아니라 내가 누구인가 즉 나의 정체가 세상을 구원하게 하는 것이다.

2) 불만은 에고의, 즉 나의 구원계획에 따라 바깥, 즉 세상에서 구원의 방법을 찾는 것을 의미한다

불만은 또 시각을 가로막는 장애물, a block to sight이다. 불만을 품을 때마다 우리가 그 안에 있는 어둠은 점점 더 깊어졌다. 그러므로 불만은 우리가 볼 수 없게 만드는 것이고 어둠을 더 깊게 만드는 것이다. (워크북 70과)

텍스트 80:8 오늘 불만을 끌어 모으지 않겠다고 결심하자.

3) 불만에 대한 해결책은 용서와 '모든 것은 하나'라는 앎이다

용서는 분리를 믿게 된 마음이 만들어 낸 모든 환상들을 제거함으로써 그 환상들을 보면서 만들어 낸 우리의 불만을 함께 없애기 때문이다.

> **워크북 56:6** 분리와 공격이라는 나의 미친 생각들 뒤에, 나 자신의 마음 안에는 ***모든 것은 영원히 하나라는 앎*** 이 있다. (In my own mind, behind all ***my insane thoughts of separation and attack***, is the knowledge that all is one forever.)

분리와 공격에 관한 나의 미친 생각들이 세상이라는 환상을 만들었고 그것에 대한 나의 불만의 원인이기에 분리는 없고 따라서 공격도 없다는 앎 즉 '모든 것은 하나'라는 앎(속죄와 동의어인)도 나의 불만을 없앤다.

3. 구원은 내가 하는 것이 아니라 나의 정체와 하느님의 정체(what I am/who God is)에 달린 것이다

하느님의 구원계획에 의해서 용서로써 구원을 얻을 계획을 따라야 성공한다. 그러나 우리는 내 힘으로, 나의 수단으로, 내 계획에 의해서 나와 이웃 그리고 세상까지도 구하려는 계획을 세운다. 그렇지만 구원이란 "나는 누구인가?"라는 질문에 대한 답과 바로 연결되어 있다. 나의 진정한 정체와 하느님이 어떤 존재인가에 따라서 우리의 구원이 결정된다는 뜻이다.

4. 기적과 불만 중에서의 선택인 모든 결정

1) 불만을 대체하는 기적

기적은 거룩한 지각이다. 그러므로 우리의 '부정확한 지각'을 교정한다.

> **텍스트 11:61** 기적이 적용되지 않는 상황이란 전혀 없으며, 모든 상황에 기적을 적용함으로써 너는 실재 세상을 얻을 것이다. 이런 거룩한 지각 안에서 네가 온전해지며.

기적 = holy perception (기적 = accurate perception, 치유 = corrected perception)
→
기적: 거룩한 지각, 정확한 지각
치유: 교정된 지각

그러므로
기적 = 치유이자 용서다. (환상들을 꿰뚫어 보게 하는 것이 용서 (워크북 134:19); 환상들에 속지 않고 간과하는 것이 용서)

5. 불만이거나 공격이거나의 인생에서 벗어나는 방법 – *배움에서 시작되고 용서에서 완성되는 과정*

우리의 인생이 불만과 공격 사이에 머무는 것은 우리는 자신이 몸이라 믿기 때문이다. 또한 세상이 실재라고 믿기 때문이다. 마치 세르반테스가 묘사한 돈키호테가 풍차를 격퇴해야 할 적이라 믿고 돌격하는 것처럼 세상과 그 돌아가는 꼴을 실제라 믿기에 자기 힘으로 무언가를 해서 자기 몸을 구원할 계획을 세우고 실행하려하기 때문이다. 우리는 기막히게 속아 넘어간 결과 잘못된 믿음을 얻게 된 것이다.

이 믿음은 우리가 당한 거대하고도 정교한 기만의 결과이다. 그러므로 불만이거나 공격이거나인 인생에서 벗어나기 위해서 가장 먼저 필요한 것은 **속은 상태를 인식하고/알아차리고 그 상태에서 벗어나는 것**이다.

이것을 가능하게 하는 것은 **배움**과 배운 것의 이해, 연습, 받아들이기 그리고 실생활의 상황들에의 적용이다. (워크북 복습 6의 2) 이해, 연습, 받아들이기, 적용이라는 단계들이 우리가 마침내 *8시될 수 있도록* 만들어 주기까지 먼저 진리를 **배워야 한다**. 용서의 첫걸음이 배움인 것이다. 배움의 보다 다양한 의미들은 이렇게도 정의될 수 있다.

1) 배움의 다양한 의미

> **워크북 188:1** 깨달음은 결코 변화가 아니라 인식일 뿐이다.
> (Enlightenment is but a recognition, not a change at all.)

> **텍스트 5:38** 이해가 곧 빛이고 빛은 앎으로 이끈다. (Understanding is light, and light leads to knowledge.)

깨달음 = 이해 = 빛 = 앎

텍스트 18:7 진리가 너를 구원할 것이다.

인용에 의하자면 깨달음은 변화를 겪는 것이라기보다 인식(이를 테면 우리가 기만당한 채 살고 있다는 사실)을 가지게/하게 되는 것이다. 인식이라는 것은 배움에서 일어난다. 배움은 우리에게 무엇인가를 깨닫게 해 주기 때문이다.

암흑과 같은 **속은 상태**에서 우리를 구해내는 것은 깨달음, 구원, 빛, 혹은 앎이다. 위에 인용된 본문 5:38에 의하면 이해는 곧 빛이다. 이해를 가능하게 하는 것은 바로 배움이므로 배움이야말로 이해이자 빛이라고 할 수 있다.

그리고 빛은 우리를 진리에 대한 앎으로 이끈다. 그러므로 우리가 배워서 이해하는 것은 앎으로 그리고 마침내 구원으로 우리를 이끄는 빛이다. 이 빛이 진리에 대한 앎으로 이끌면서 (앎 자체를 주는 것까지는 못하지만) 우리를 기만당한 상태와 꿈에서 깨어나게 해 준다. 우리의 구원/깨달음은 배움에서 시작되는 것이다. 그리고 이 배움의 완성이 바로 기만에서의 궁극적인 해방이자 기적수업의 목표인 용서(완전히 전복된 사고체계의 상징인)이다.

워크북 138:5 선택과 결정들은 배움에 달려 있다. (Choosing depends on learning. Decisions are the outcome of your learning.)

워크북 1부 서문 1 훈련되지 않은 마음은 아무것도 성취할 수 없다. (An untrained mind can accomplish nothing.)

텍스트 18:95 배움이 끝나는 바로 그곳에서 하느님이 시작하신다. 배움은 **하느님 앞에서** 끝나기 때문이다. 앎을 맞이할 준비를 하는 것은 여전히 우리가 배워서 얻어야 하는 것이다.

워크북 213:1 하느님에게서 **배우는 것이 내가 해방되는/자유로워지는 길**이 된다. (What I learn of Him becomes the way I am set free. And so I choose to learn His lessons and forget my own.)

레슨 하나, 그것의 배움이 하느님께서 내게 주시는 하나의 **기적**이다. 그 기적은 나를 해치는, 내가 만든 생각들을 대신한다. (A lesson is a miracle which God offers to me in place of thoughts I made that hurt me.)

배움의 또 다른 중요한 의미는 위의 인용들에서 강조되듯 배움이 선택과 결정의 기초이고, 무엇인가를 성취할 수 있도록 마음을 훈련하는 방편이며, 우리가 해방되는 길이고, 하느님이 우리에게 주시는 기적이라는 것이다.

텍스트 7:21 배움은 노력이고 노력은 의지를 의미한다. (Learning is effort and effort means will.)
텍스트 5:20 배움에는 노력과 큰 용의가 필요하다. (It takes effort and great willingness to learn.)
텍스트 4:7 배움은 변화를 의미한다. (Learning means change.)
텍스트 31:68 배움은 변화이다. (Learning is change.)

결론적으로 배움은 노력과 용의가 필요하고 그 자체가 노력이기에 의지를 의미하고 변화를 의미한다. 속은 상태에서 벗어나는 가장 중요한 변화, 사고 체계의 역전을 이끌어 내는 가장 시급한 변화가 배움에 달려 있다. 배움이 가져오는 변화의 핵심적인 의미는 우리가 더 이상 속아서 지내지 않고 기만의 꿈에서 깨어나는 것임을 알 수 있다.

2) 에고의 구원계획 대 하느님의 구원계획

불만은 비교나 분노처럼 빛을 가린다. 공격은 분노, 판단, 방어, 계획하기, 특별성처럼 나를 포함한 피조물 전체의 신성을 가린다.

비전, 용서, 기적, 사랑하는 생각(이 사랑하는 생각은 땅 위에서 용서로 가장 잘 나타난다. 특별한 사랑이 아닌 사랑은 땅 위에 없기 때문이다.)이 우리의 불만과 공격으로 점철된 인생에서 탈출하는 것을 가능케 한다.

판단 대신에 용서 그리고 불만 대신에 기적이 그 방법이다. 판단과 불만은 환상을 실재로 오해하고 그 형상과 소리에 속는 것이고 용서와 기적은 속지 않는 것이기 때문이다. 달리 표현하자면 공격과 불만은 에고의 구원계획을 믿고 그것에 따라서 내 힘으로 애쓰는 것이고 용서와 기적은 하느님의 구원계획을 신뢰하고 그것에 따라서 하느님(성령)의 인도를 선택하는 것이기 때문이다.

- 기적이란? - 거룩한 지각(11:61 holy perception); 지각의 교정(corrected perception).
- 용서란? - 환상을 그것의 정체대로 알아보고 속지 않는 것. seeing through

the illusion(워크북 134:19)
- 나는? - 창조된 그대로이고, 하느님의 거룩한 아들임.

I.
인생

- 진리를 만나서 배우기 이전과
이후로 나누어지는 인생

"제대로 배우지 않고 진리에 이르기는 어렵다. 바로 배우고 진리에 도달하지 않기는 더 어렵다. 진리 자체가 가지고 있는 힘 때문이다."

배움의 중요성

기적수업(A Course in Miracles)은 글자 그대로 '레슨'들을 담은 과정(a course)으로서 배움에 관한 것이다. 하느님과 사랑과 우리의 정체와 구원과 진리에 대해서 레슨과 가르침을 준다. 이렇게 배움의 중요성은 그 제목에서부터 선명하게 강조된다. 진리를 만나기 위해서는 배움이 필요하다는 것이다.

이런 특징은 '학이시습지 불역열호아'라는 논어의 경구처럼 '공부'를 강조하는 동양의 전통, 선비정신과 배움의 가치를 늘 역설하던("배워야 산다.") 한국의 문화와 전통에 소구한다. 또 '조문도 석사가의'라는, 잘 알려진 공자의 가르침에서처럼 인생에서 아침에 도(진리, 구원, 해탈, 열반, 공, 하느님, 사랑과 동의어인)를 들을 수만(배울 수만) 있다면 저녁에 죽어도 괜찮다고 할 만큼 배움에 대한 열정과 헌신을 숭상하는 아시아의 전통에도 가 닿는다.

> 주의 말씀을 주야로 묵상하는 자가 복 있는 자이다. (시편)
> 하나님의 말씀은 살았고 … 혼과 영과 및 관절과 골수를 찔러 쪼개기까지 하며… (히브리서)
> 성경은 능히 너로 하여금 … 구원에 이르는 지혜가 있게 하느니라. (디모데후서)
> 주의 이름을 문지방에 써 붙이라. (여호수아)
> 주의 이름을 부르는 자는 구원을 얻는다. (요엘) 등.

기적수업의 배움을 강조하는 특징은 또한 성서의 배움을 권장하는 전통, 랍비와 회당으로 상징되는, 유대교의 가르침과 배움을 존중하는 전통과도 일맥상통한 것이다.

진리를 만나서 배우기 이전

① 몸을 가지고 세상에 태어난 후.

세상은 있(어 보인)다. 그리고 그 안에서 시간이 흐른다는 믿음이 (아마도 유아기 직후에) 시작된다. 한낱 허상에 불과하나 가장 실제인 듯 보이는, 몸과 세상과 시간이라는 기초 요소들로 구성된 자기의 우주가 시작된다.

어둠 속에서 영화가 마치 진짜인양 우리를 사로잡듯, 망각 속에서 인생이라는 환상이 우리를 사로잡기 시작한다.

② 몸은, 가지고 태어난 지각의 속성 때문에, 자동적으로 판단한다. 따라서 두려움으로 공격한다. [공격생각, attack thoughts; 우리의 모든 생각은 공격생각이다. 오직 loving thoughts(사랑하는 생각)만 예외다.] 판단을 하는 이상 불만을 가지지 않기는 어렵다. 불만이 공격으로 귀결되는 것은 드문 일이 아니다. 그래서 삶은 불만과 공격 사이 어디쯤에선가 머무른다.

두려움의 진짜 근본 원인인 죄책감이 추동해서 '자신/에고의 구원계획'을 스스로 작성한다.

세상이 얼마나 미친 곳인지 마음 깊이 어떤 곳에서는 알기에 누구나 구원을 찾게 된다. 세상이 진짜라고 믿으면 자기 바깥에 있는 세상에서 자기를 구원해 줄 존재나 사물을 추구하게 되는 것은 자연스럽다.

자기 스스로가 누구인지를 모르면 마음의 평화가 아니라 자신을 죄에서 구원해 줄 타인/타력(돈, 권력, 건강, 남자, 여친, 명성, 가족, 가문, 족벌, 친구, 약물, 다양한 종류의 쾌락 등)을 세상 안에서 찾는 것이다. 하지만 이것 역시 세상을 따르는 것이고 세상이라는 허상을 더 강화시키는 것인 줄 모른다.

이때 구원계획의 작성에 주로 영향을 끼치는 것은 본인의 특유의 성격과 체험 그리고 사고방식에 더해서 세상이 지난 수천 년간의 교육 과정(종교 교육을 포함하는 과정)을 통해서 주입시켜 온 커리큘럼(희소성 원리, 적자생존 원리, 공짜 점심은 없다는 법칙, 희생에 기반을 둔 얻기와 주기의 법칙, 특별함의 대가와 보상, 물질주의, 과학지상주의, 상업주의 등)이다.

보편적 요소인 죄책감은 때로는 스스로를 비하하거나 학대하는 것 심지어 위악을 저지르는 것 같은, 마음 안에서의 자기처벌을 일으키지만, 다른 때는 정반대의 방향으로 거대한 명분들과 프로젝트들에 모든 정열을 쏟게 만들기도 한다. 스스로를 벌주거나 부족함을 채우고 자기 죄를 속죄할 방편을 마음 바깥에서 항상 찾는 것이다. 그러나 몸이 지각하는 자극이 커지면 죄책감도 오히려 비례해서 커진다.

③ 세상의 갖은 형상들, 너무나 생생한 모습으로 쇄도하고 종종 크기와 양으로 압도하는 환상들을 상대로 그렇게도 고혹적인 이미지들을 자신이 스스로 만들어 낸 줄도 모른 채 누구보다 잘 처리해 내겠다고, 제대로 감당해 내겠다고 애쓰며,

환상들은 투자이므로 그 모습들을 믿는 한, 거기서 가치를 보는 한 하나의 환상이 다른 환상을 부르는 속성이 있다. 자체로서 증폭되면서 더욱 생생해지는 환상, 실재로 지각되는 환상(perceived reality)이다. 게다가 많은 경우에 환상들은 다른 사람들의 환상들과 엮여들면서 작아지기보다는 더 커지고, 보다 복잡해지는 경향이 있다.

허상은 공하다. 그것은 아무것도 아니다. 너무 공해서 사실 아주 깊은 차원에서 우리는 환상의 허무와 쓸쓸함을 안다. 그래서 다른 환상들을 더 불러내어야만, 그래서 환상을 더 키우고 강하게 포장해야만 그것을 안고 사는데서 반드시 오는 허무와 공허를 견딜 수 있다. 환상은 다른 환상을 부를 수밖에 없다. 이런 배경에서 환상 안에서도 또 등급이 생긴다. (기적들 사이에 난이도가 있어 보이는 이유.)

우리의 믿음이 주어지고 그 믿음이 강화될 때 (즉 기만이 지속될 때) 진짜는 아니나 더욱 더 생생해지고 넘치는 매력을 가지게 된다. 이렇게 증폭되고 강화되는 환상의 근간을 이루고 있는 두려움과 두려움의 이면인 욕망이 우리 우주와 개인의 몸의 생명을 지탱한다.

이렇게나 살아 있어서 꿈틀거리는 것 같은 환상에 속지 않기란 결코 쉽지 않다. 정말 재미있고도 감동적인 영화를 보면서 내내 스토리에 전혀 몰입되지 않고 "이것은 가짜야. 의미 없고 가치 없는 상상일 뿐이야."라고 스스로에게 상기시키거나, 기막힌 연기를 펼치는 등장인물들에도 전혀 동화되지 않은 채 "이 사람들은 존재하지 않아. 실재하지 않아."라고 말할 수 있는 것같이 어렵다. (And who in this world does that?)

영화가 그런 것처럼 사실은 환상이 진실보다 우리를 더 열광케 한다. 환상은 우리에게 내면을 보지 않아도 되게 하고, 진리를 즉 하느님의 사랑을 마주하고는 그것에 뛰어들어 하나가 되지 않아도 되게, 그러기 위해서 모든 것을 포기(용서)하지 않아도 되게 해 주기에 그렇다. 영화가 보여 주는 그 변화무쌍한 환영들에 열광하면서 어두운 극장에서 하염없이 시간을 보내면 더 중요한 현실의 문제들을 직면해야만 하는 순간을 조금은 늦출 수 있듯이 환상들에 빠져서 그것들을 사랑하면 하느님의 사랑 앞에서 답해야 하는 진실의 순간을 조금이라도 미룰 수 있기 때문이다.

그래서 하느님보다는 오히려 환상의 상징으로서 환상을 주도하는 사람들(영화배우들, 스포츠 스타들, 인기 정치인들, 셀레브리티들)일수록 더욱 사랑받고 신뢰받는다. 이렇게 우리는 환상을 훨씬 더 좋아한다. 그래서 우리는 더욱 잘 속는다.

④ 중요하고 필요하게 여겨지는 것들(흔히 음식, 섹스, 돈, 사회적 영향력 같은 것들로 자신을 구원해 줄 수 있을 것처럼 보인다.)에 빠져들고, 긴급해 보이는 일들이 발생하고, 대체로 너무 심각한 태도를 지니고 살게 된다.

모두 다 하나인 환상에 정도와 수준이 있는 듯 보인다. 지각하는 것들에서 구분과 차이와 선호와 정도들을 보고 미추와 선악을 가리게 되어서다. 사실은 허상일 뿐 '없는 것'이기에 더 없이 가벼운 삶이지만 환상에 대한 믿음과 애착으로 한없이 무거운 삶이 된다.

⑤ 그 속에서, 그 와중에도 안전과 특별함을 추구한다. (안전을 위해 방어와 계획하기 그리고 특별성을 얻기 위한 애씀이 따른다.)

일체성을 아직 배우지 못한 상태에서 특별함만이 구원이라는 생각에서 나온다. (부족의 신화; 구원의 희소성 신념; 특별해야 좋은 대접은 물론 구원도 받는다는 믿음.)

⑥ 눈물겹게 애틋한 노력과 처절한 행동들 그리고 병으로 아파하고 절규하는 순간들이 우리의 인생이다.

'음향과 분노'(윌리엄 포크너의 소설 제목이기도 하다; 포크너가 맥베스의 독백 'full of sound and fury signifying nothing'에서 인용해서 제목을 붙였다; "인생은 소리와 분노로 가득하지만 실은 아무 의미도 없지.")로 가득한 인생이지만 사실은 아무것도 의미하지 않는 '환상'일 뿐이다.

　질풍노도 같은 격정도, 태산 같은 야심도, 밤 벚꽃 같은 화려함도 결국 아무 것도 아니다. 진리를 외면하고 싶은 정도에 비례해서 이런 것들에서 의미를 찾고 가치를 보며 애지중지한다. 인지하는 허무에 비례하는 발광은 언제 어떻게 폭발해도 이상하지 않다. 결국 너무 이르든 아니든 병고의 고통 속에서 죽음으로 허망하게 끝남을 모르진 않지만 달리 어쩔 도리가 없다. Vanity of vanities(모든 것이 헛되고 헛되도다. 구약 전도서).

　고로 애틋함과 처절함도 때론 너무 강렬해서 감동적이기까지 할 정도의 파장을 남기긴 하나 여전히 nothing으로 본질적으로 의미가 없고, 가치가 없다(valueless, meaningless). 단 다른 모든 환상이 성령에게 주어져서 성령의 목적으로 사용될 때 그렇듯 '유용함'(용도)은 있을 수 있다(usefulness).

진리를 만나서 배우고 난 이후

　⑦ 그렇다면 구원(진리의 도래, 진리와의 조우)은 앞서 설명된 역전되고 잘못된 아이디어들의 해체 내지는 전복이 언젠가부터 조금씩 접촉하기 시작한 진리의 고유한 힘으로 마침내 일어나는 것이다. ('전도몽상') 이런 해체와 전복은 실재/천국/진리에 대해서 먼저 배워서, 그 윤곽을 어느 정도 알게 될 때 시작될 수 있다. 기적수업의 가르침과 배움이 갖는 의미가 여기에 있다.

　a. 공격생각(attack thoughts)이 사랑하는 생각(loving thoughts)으로, 그래서 불만이 용서로 전환되는 것이 구원이다. 불만은 환상을 실재로 오해하고

속는 것이지만 용서는 더 이상 속지 않는 것이기 때문이다.

b. 오직 하느님의 구원계획만 성공함을 알게 되어 자기 역할을 받아들이는 것이 구원이다.

c. 나는 몸이 아니고 영이라는, 자기 정체에 관한 진리를 아는 것이 구원이다.

나는 하느님이 창조하신 그대로; 하느님의 거룩한 아들임을 알 때 - I am not a body. I am Spirit.

d. 세상이 '없어질' 때 - there is no world.

e. 즉 시간이 사라질 때, 의미 없어질 때.

시간 안에 살면서도 진정한 주의는 늘 영원에 가 있을 때 - Vigilant only for God and His Kingdom.

세상에서 시간에 매인 몸이지만 일어나는 경험들은 항상 실재만을 바라보게 만들 때 - Look beyond/past appearances.

f. 판단을 그칠 때.

g. 그래서 분노가 그칠 때.

h. 눈앞에 보이는 것, 투사된 것의 정체에 대해서 **속지 않을 때** - see no one as a body.

i. 그래서 아무런 환상의 기만에도 **더 이상 속지 않을 때** - we are deceived no longer.

j. 두려움과 죄책감이 다 사라지도록 사랑이 대체할 때.

죄가 실재하지 않음을 알고서 죄책감도 사라지게 될 때 - 죄는 없음에도 불구하고 죄책감은 기승을 부리던 때가 끝날 때.

형이상학적으로 존재하지 않는, 실제가 아닌 '죄'가 정작 세상에 사는 우리에게는 '실제인 것'으로 실존적인 고통과 공포를 야기하는 아이러니가 끝날 때.

k. 환상들을 남김없이 모두 다 용서하고 - 부분적으로 용서하거나 일부만 용서하는 것이 아니다. 형제의 모든 모습들을 용서하는 것이다. (not partially or in part; forgive your brother all his appearances.)

어떤 환상들은 다른 것들과 달리 너무 커서 용서하기 더 어렵다고 느끼지 않을 때.

l. 특별함 대신 동등성 즉 일체성을 발견할 때.

텍스트 27:82 모든 것이 하나인 영원 속으로('into eternity where all is one,')

워크북 137:3 하느님의 아들의 보편적인 하나인 상태('the universal oneness of God's Son,')

워크북 56:6 모든 것은 영원히 하나라는, 나 자신의 마음 안의 앎 (In my own mind, behind all my insane thoughts of separation and attack, is the knowledge **that all is one forever.**)

그래서 형제를 자신처럼 (원수를 네 몸처럼; 황금률) 대할 수 있을 때. (거룩함이라는 동등성만이 이 일체성의 수용을 가능하게 만든다. 이 일체성/하나인 상태에 관한 가르침은 가히 수업 커리큘럼의 절정을 이룬다고 할 수 있다.)

m. 특별함 대신 온전성(wholeness)을 발견할 때 - 그래서 용서에 있어서, 구원에 있어서 모든 형제를 포함하고 아무도 남겨두지 않을 때.

(* 수업에서 '온전성'은 '모두 포함함' 혹은 '아무(것)도 남겨 두지 않음'의 의미에 더해서 부족이 없이 '결핍'이 치유된 상태를 의미하기도 한다.)

n. 주는 것이 받는 것임을 깨달을 때 - you give but to yourself. 이것이 비전의 탄생이다.

o. 기적에 난이도가 없음 즉 환상들에는 정도가 없음을 알 때 - there is no order of difficulty.

p. 특별함을 비롯해서 세상의 주류의 가치들을 가르치고 주입시킨 '교육'과 세상에서의 '배움'을 해체하고 역전시킬 수 있을 때 - reversal of thought system.

q. 드디어 용서에 있어서도 에고의 용서가 아니라 성령의 용서를 받아들일 때.

성령의 용서는 세상에서 무엇을 하는 것(행위)과 상관이 없다. 세상에 있는 것들은 실재가 아니기 때문이다.

용서, 치유, 세상 구하기는 힘으로나 애써서나 분노로나 어떤 상대와 대결하고 반대해서나 혹은 극기와 수행으로써 하는 것이 아니다. (우리는 세상에서 모든 상황에서 이원성적인 판단을 하도록 교육받았고, 그 결과 상대에 대한 공격생각을 품고 모든 사고와 행동을 한다.)

자신이 됨으로써, 하느님이 창조하신 그대로임을 발견함으로써, 하느님이 주신 아들의 거룩함으로, 빛으로 모든 것을 보고, 자신을 빛으로 봄으로써 하는 것이다. (물론 이런 비전이 생기기까지는 진리에 대해서 진지하게 배우고 나서, 여러 가치들 중에서 선택하고 버티는 만큼의 자기 결정은 있어야 한다.)

즉 바깥의 세상에서 무엇을 함에 의해서가 아니라 그 세상을 만들어 낸 자기 자신의 내면을 조명함으로써, 그 안에 늘 있는 것을 조용히 인식함으로써 (그래서 세상은 없고, 세상에 보이는 일들은 실제로는 아무것도 일어난 적이 없음을 드디어 알게 됨으로써, 즉 용서함으로써) 하는 것이다.

(이것은 무엇인가를 하는 것이 아니라 세상의 비실재성을 알아차리는 것으로 형이상학적인 용서다.)

하느님의 아들, 즉 우리에 의한 이런 비작위적인 용서와 이런 세상구원이 무의식적으로(자동적으로) 일어날 때 Involuntary Miracle(무의식적인/의식하지 못한 채로 일어나는 기적 또는 의지와 무관한 기적)이라 하고 이것만이 진정한 기적이다.

(정보나 지식의 획득이 아니고 사고체계 전체의 역전이나 습관이 생기는 것과 보다 관련 있는 이 '앎', awareness가 과연 무엇이냐에 대해서는 별도의 논의가 필요할 것이다. 아무튼 이런 앎은 세상의 가르침이 종종 그렇듯 고난이도의 행동으로 인도하지 않는다. 그것은 오히려 도가에서 말하는 '무위자연'의 상태와 같은 비작위이며 무위인 안식을 불러온다.)

해방, 깨어남, 구원, 치유, 깨달음이 일어나고(그래 보았자 해방도, 깨어남도, 구원도, 치유도, 깨달음도 꿈속에서나 즉 지금 이 생에서나 필요한 것이긴 하다.) 천국으로 들어가는 준비가 완료된다. 나머지 단계는 전적으로 하느님의 몫이다.

⑧ 절대 진리를 깨치겠다고 혹은 세상을 더 늦기 전에 구하겠다고 나대지 말고 '하느님 안에서 안식'하는 것이 정말 필요한 이유다.

진정 쉼을 누릴 수 있는 것은 우리의 거룩함을 보장하시는 하느님에 대한 믿음의 기초 위에서만 가능하다.

그럴 때 세상에서 살면서 할 일, 하기로 되어 있는 일은 애쓰지 않아도 자동적으로(involuntarily) 일어나고 펼쳐진다. (이것은 몸을 믿고, 그 몸을 써서 무엇인가를 하는 것과 다르다. 텍스트 18:69 무엇인가를 하는 것은 몸을 개입시킨다.)

마음이 드디어 온전히 비워지고 손에 쥔 것들은 다 놓았을 때(워크북 306:2) 더 이상은 온갖 기를 쓰고 애를 써서 만들어 내던, 광란의 환상들로 구성된 자작극은 공연되지 않는다.

이제 하느님 안에서 그저 바라보며 (판단 없이 보며) 안식할 수 있다. 이런 안식은 실재에만 집중하는 것이기에, 세상에서의 참된 휴식이다.

* 주의사항 *
마음속에 아주 잘 숨겨 놓은 몇 개의 소원들, 손에 쥐고 놓기 싫은 몇 개의 집착들이 남아 있으면 싫건 좋건 상관없이 조만간 또 다른 형상으로 나타나는 자작 광시곡이 연주될 수 있음.

II.
현재의 상황
- 진리를 망각한 우리는 전체적으로, 완전히 속은 상태에 있다

"모든 전쟁은 속이는 것에 기초를 둔다."(손자병법)

상시적인 기만을 다룬 영화들: 〈트루먼 쇼(The Truman Show)〉와 〈미스터 리플리(The Talented Mr. Ripley)〉.

부모, 아내, 직장, 친구, 교회, 식당, 술집, 마켓, 고향/사는 곳, 출신 학교, 동네의 경계, 심지어 바다, 비, 천둥과 같은 주변의 자연환경까지 다 가짜라면… 모든 것이 다 속임이었다면… 그렇게 철저하게 기만당한 결과가 자기 전체 인생이었다면… 당신은 과연 어떻게 할 것인가?

누군가의 집안, 배경, 경제력, 학벌, 고향, 친구 관계, 직업, 직장, 이름, 억양, 신분증, 자격증, 학위증… 이 모두가 거짓이었고 그가 제시하는 그것들을 믿고 감쪽같이 속아서 사귀기 시작했다면… 당신은 앞으로 어떤 선택을 내릴 것인가?

이 영화들의 스토리는 단지 픽션이거나 남의 얘기인 것만은 아니다. 오늘날 우리 시대의 대역 파견 회사는 요금을 받고서 비슷한 서비스를 제공하기도 한다.

결혼식장과 팔순 잔치의 하객, 부모, 자식, 친구, 직장 동료, 친척, 대학동창, 고향 친구들…. 이 모두는 전화 한 통으로 고용되고 파견된다. 그들은 상당히 익숙하게 연기한다…. 이런 결혼식장의 신랑이나 신부나 주인공이 당신이었다면….

정말로 중요한 것들에 대해서 참으로 오랜 기간 동안을 속이는 것은 남의 일이 아니다. 그렇게 속아서, 기만당해서 평생을 살고 있는 것도 그렇게 크게 놀랄 일도 정말로 드문 일도 아니다…. 속인다는 것 혹은 속아서 산다는 것은 꽤나 흔한 일이고 오히려 일상적이고 보편적이기까지 하다. 생계형 고정간첩만 자신에 대해서 평생을 속이고 사는 것이 아니다.

우린 (특히 한국인들은) 기만에 익숙하다. 전 세계에서 유일한 분단국가라고 하는 정치적 상황과 가장 가난한 나라들 중의 하나로 국제적인 원조를 받다가 가장 빠르게 선진 경제를 자랑하게 된 나라라고 하는, 극단을 오가는 경제적 변화 속에서 오랜 기간 살아오고 있는 우리는 국제 정치, 국내 정치, 경제, 사회, 문화 등 영역과 수준을 막론하고 항상 속임이라는 것에 노출되어 왔고 아직도 그런 기만의 각종 부작용들에서 자유롭지 못한 환경에서 살고 있다.

속여서 재산과 지위와 학위를 얻고, 속여서 호감을 사고 신분을 세탁하며,

속임과 다름없는 완전히 정직하지는 않은 말로써 복잡한 설명과 자세하고 성실한 해명을 회피하고, 기만의 기술로 국가, 사회, 가정, 관계의 평화를 유지하는 것은 놀라게 할 뉴스거리도 못 된다. 정치와 경제와 사회는 물론이고 교육과 문화와 종교의 영역에서조차 속이는 능력에 비례해서 더 크고 강력한 정권, 교권, 가부장권, 문화적 영향력, 사회적 존중, 경제력을 얻는 경우는 별로 보기 드문 일이 아니다. 학교, 사찰, 교회, 정부, 사회 지도자들의 교육 내용과 주장과 가르침과 홍보들이 진실이 아닌 것들에 대한 믿음체계를 공유하도록 훈련시키는 것은 아닌가 하는 의심에서 자유로울 수 없어 보인 지도 오래다.

우리는 속여서 살아남고, 속여서 적을 제압하며, 속여서 출세하고, 기만책으로 성공하고 치부하는 사람들의 충격적이고 공포를 야기하는 이야기에 익숙하다 못해 그렇게 잘 속이는 사람(흔히 정치와 사회의 리더들이거나 성공한 기업가들 혹은 종교 지도자들)을 부러워하기도 하고 심지어 모방하려고도 한다. 동시에 속이는 사람들에 대해 극도로 경계하면서 늘 속지 않으려고 애쓰기도 하면서 산다. 하지만, 인생을 어느 정도 산 사람이라면 인간을 기만하거나 세뇌해서 거짓을 믿게 만드는 것이 그가 진실을 찾아내거나 믿게 만드는 것보다 얼마나 더 쉬운 일인지 이해한다.

가장 기막힌 아이러니 하나는 우리는 속임(기만)이라는 것에 대해 이렇게도 복잡한 심리로 무장하고 혹시라도 속을까 염려해서 복합적이고 다중적인 잣대를 사용하며 살고 있지만 정작 자기 자신이 가장 극심하게 속은 상태에 빠져 있다는 것은 꿈에도 모른 채 산다는 것이다. 속은 것도 어느 정도가 아니라 완벽하게, 까맣게, 철저하게 속은 채로 살고 있는 경우가 바로 우리 자신의 경우다. 기만의 영역과 관련해서도 가장 중요한 문제인 자신의 정체에 대해서 속은 채로, 그 가능성에 대해 생각도 못 해 보고 의문도 가져 보지 못한 채 살고 있는 것이 우리의 삶인 것이다.

하느님에게서 분리되었다고 믿으면서 자신은 몸이라고 믿고 오직 상상속의 자기 이미지(self-image)를 자신이라고 생각하며 사는 것은 우리가 그야말로 감쪽같이 속아서 가장 큰 기만의 희생양이 되었음을 보여 준다. 이 근본적인 기만으로 인해 자신을 몸과 동일시하면서 우리의 문제들은 시작되었다. 죄책감과 두려움을 필두로 몸에 대한 집착과 애착, 바깥에 있는 것들의 통제를 통한 구원계획의 수립, 특별함의 추구, 정확하지 않은 지각에 의존함에서 파생되는 기타 문제들 등이 근본적인 기만에서부터 하나씩 일어났다. 근본적인 기만으로부터 시작해서 '속아 있는 상태'가 우리 삶의 특징이 되었다.

요한복음 8장 44절에서는 마귀를 '거짓말쟁이' 그리고 '거짓의 아비'라고 부른다. 성서적 맥락에서 거짓은 에덴동산에서의 추방과 고난으로 상징되는 인류의 근본적인 문제 상황의 시작과 관련되어 있다. 또 마귀는 그런 거짓을 인류에게 처음으로 가르쳐 줌으로써 인류의 모든 불행과 고통에 깊이 관여했다고 기독교는 가르친다. 거짓의 목표이자 결과이며 마귀가 가장 잘하는 것인 '속이는 것' 혹은 '기만'에 대해서 우리가 얼마나 경계해야 할지를 성서적 맥락과 기독교 전통도 이렇게 강조한다.

기적수업의 가르침에 의하면 우리는 자신이 누구인지에 대한 진리를 망각하고, 전적으로 **완전히 속은 상태**에서 살고 있다. 어떤 한계도 속박할 수 없는, 영인 우리가 스스로를 몸이라고 믿고 궁극적인 죽음을 상상하면서 두려워하고, 분노하고, 공격하고, 슬퍼하며, 또 각종 한계들을 아쉬워하고 삶의 부조리를 감내하면서 인생을 산다. 하느님이 창조하신 영으로서 행복하고 기뻐하며 평화를 누리는 것이 너무나 마땅한데도 불구하고 우리는 두려움과 죄책감과 슬픔과 불행의 평화롭지 못한 인생을 살고 있는 것이다.

용서를 가능케 하는 전제인 속은 *상태에서의 해방* - 마음의 리테이너 (retainer) 사용

용서할 수 있도록 기적수업에서 내려주는 처방의 네 단계는 다음과 같다. (워크북 복습 6. 2)

- 이해
- 연습
- 받아들임
- 적용

적용은, 결국 용서란 의미인데, 수업의 진리를 받아들인 후에야 가능할 것이다. (그러므로 적용하지 못하겠다는 말은 받아들이지 못하겠다는 말이기도 하다.)

받아들임은 진리를 이해한 후 연습을 하고 나서야 가능한데, 연습을 함으로써 배워 이해한 것이 마침내 습관이 되는 가라앉는 효과(the sinking effect)가 일어나기 때문이다.

그리고 연습은 연습할 것이 있어야 할 것이므로 먼저 (진리를) 배워야 즉 이해를 먼저 해야지 가능한 것이다.

이렇게 보면 이해 - 연습 - 받아들임 - 적용이라고 하는 수업의 4단계 처방을 제대로 따르기는 꽤 난해한 일이긴 하다.

대부분의 인간들은 일단 1500페이지가 넘으면 소설일지라도 읽기 싫어한다. 크지도 않은 글씨체로 (그것도 원문은 영어인데….) 1500페이지가 넘는 수업 커리큘럼의 공부가 그 와중에 (인간의 조건을 지닌 이에게) 어찌 가능할까?

그렇다고 수업을 배우고 연습해서 종국에 얻을 것이 돈도 권력도 명성도 몸의 즐거움도 아니고 기껏 기쁨과 행복과 평화라는데…. (돈만 있음 셋 다 살 수 있는 거 아냐?라고 안 물어본 사람이 얼마나 있을 것인가?)

아마도 넷플릭스 드라마로 20부작 정도 만든다면, 꽤 도움이 되겠지만 결코 우리 생애에는 방송시간 편성이 안 될 것이다.

그냥 '제대로 처방 따르기'는 개인의 운명, 인연, 근기, 팔자, 스케줄, 타이밍, 그리고 하느님의 섭리와 은혜에 맡겨 두기로 하고, 딱 한 가지, 기우의 생각 하나만 나누자.

수업에서 수없이 강조하고 또 되풀이해서 지적하는 대로 속아 있는 상태가 우리 의식의 기본인 디폴트 상태다. 그러므로 늘 속은 상태, 기만당한 상황 속에 계속 남아 있지 말아야 함만이라도 (제발) 기억하자.

시작부터 기억을 잃고 집을 떠나서 시작된 게임이었기에 우리의 귀향도 기억의 게임이다. 기억 상실의 결과는 지금의 속아서, 속은 채로 하루하루 살고 있는 상황이다.

그러므로 우리는 '**늘 속지 말고 깨어 있어야 함**'을 기억하자. 이것이 완전한 용서의 첫걸음이자 가장 중요한 지침이다.

속임(기만)에 대한 수업의 경계와 지적들은 약 200번이나 된다. (실제 '속임' '속이다' 키워드 검색 결과.) 무엇보다 먼저 이것들에 대해서 잘 이해해서 속은 상태에서 깨어나는 것이 필요할 것이다.

여기에 더해서 우리 마음이 속이 있는 상태가 되도 오랜 것이고 몸이 우리를 상대로 우리가 몸이라고 믿게끔 구사하는 기만과 현혹의 기술들이 현란하리만치 뛰어난 것이라서 우리는 수업의 처방을 따라서 용서한 이후에도 다시 자신을 몸이라고 여기게 되기가 매우 쉬움을 알아야 한다. 이처럼 다시금 자신이 몸이라고 믿게 되어서 몸 정체성을 재차 가지게 되는, 마음의 릴랩스(relapse: 회귀, 복구, 재발, 관성회복) 상황을 미리 대비해야 한다.

그렇기 때문에 우리는 속은 상태에서 깨어남에 더해서 마음이 다시 속지 않도록, 즉 몸의 기득권 주장과 탄성을 못 이겨서 이전으로 회귀하지 않도록 마음을 지켜야 한다. 그래서 우리에게는 완전한 용서를 위한, 마음의 리테이너가 필요하다.

워크북 136과는 이런 상황을 다루면서 1) 공격생각을 떨치지 않고 지니게 되거나, 2) 판단에 다시 굴복하게 되거나, 혹은 3) 미래의 불확실한 것들에 대해서 계획을 세울 때 릴랩스가 일어나서 다시 자신을 몸이라고 여기게 된다고 설명한다.

우리는 늘, 평소에, 무의식적이고 자동적으로, 또 자연스럽게 '속은 상태'로 지내고 있다. 우리가 빠져 있는 그 '기만의 상태'의 깊이와 넓이는 아주 심오하고 복잡하며 심대하다. 그래서 우리는 자신이 몸이 아님을 알아차리고 난 후에도 이내 다시 공격생각을 완전히 떨치지 못해 지니게 되고, 다시 판단하려는 압력에 굴복하고, 계획하는 것이 문제가 있다는 의식조차 가지지 못한 채 항상 당연한 듯이 그러면서 산다. 요컨대, 우리 마음은 몸의 본질과 특성과 몸이 익히 사용하는 속임의 기법들에 대해서 아주 세심하게 이해해야만 몸의 탄성(에고의 관성)에 상대해서 마음을 지켜 낼 수 있는 리테이너를 갖추게 되고 '기억의 게임'에서 이길 수 있다.

(이것은 수업 전반에서 다루는 몸의 본질과 특성에 대해서 철저하게 잘 이해하라는 얘기와 같은 것이다. 결국 이 따위 소개하는 글 나부랭이보다는 그 길고 긴 텍스트와 연습서를 되도록 직접 공부하라는 소리가 맞다.)

마음의 리테이너(the mind retainer)의 2중 용도 - 속은 상태에서의 해방과 릴랩스(relapse) 방지

우리가 처해 있는 평소의 상태는 속은 상태다. 또 통상 가지고 있는 일상의 식의 상태는 지속적인 기만의 상태 속에 있지만 그것을 인지하지 못하고 있는 의식 상태이다. 우리에게는 몸이 당연히 있는 듯 보이는 것처럼, 속아 있는 상태로 기만 속에서 사는 것은 너무나 자연스럽게 보이기에 아무런 문제의식도 일으키지 않는다.

그러므로 정말로 맘을 다잡고, 이를 악물고 정신을 차리지 않으면 우리는 아무 문제도 느끼지 않고 변화의 필요를 모른 채로 일생을 속아서 산다. 그래서 너무나 자연스럽게 지각하고 판단하며, 공격하고 방어하고, 또 계획한다. (지각, 판단, 공격, 방어가 얼마나 우리를 아프고 병들게 하는지는 이해할 수 있겠지만 장래에 대해 계획하는 것조차 방어하는 것으로서 우리의 질병과 죽음의 근원이 됨은 알아보기 쉽지 않다고 수업은 지적한다.)

매우 영리하게 혹은 심지어 아주 영악하게 대처해야만 이 기만의 평소 상태/일상적 상태에서 벗어날 수 있다. 이러한 기만 상태의 '진부함'(통속적임, the banality of deception)은 너무 당연하게 받아들여지기에, 무엇인가 이상하니 뭔가가 달라져야 한다고 잠시나마 느낄 수 있는 것조차 인생에 한두 번 일어날까 말까 한 계시적인, 그래서 참 은혜로운 사건이다.

우리 몸은 당연히 지금 아무 문제가 없다고, 세상이 생긴 이래 모든 것은 다 지금 같았다고, 정확히 이랬다고, 해 아래서는 누구나 이렇게 산다고 속삭이기 때문이다. 이 속삭임은 어찌나 달콤하고 어찌나 매혹으로 강력한지 모른다. 이 속삭임은 정말 우수한 승률을 자랑하기에 우리도 무엇인가 우리에게 성령의 속삭임을 대신 선택하도록 항상 힘을 보태어 주는 구조적인 '장치'를 (마음의 리테이너의 첫 번째 용도 - 마음 안에서 성령의 방향으로 우리를 밀어주는 장치로.) 마련하는 것이 현명할지 모른다.

온갖 속이는 기술들에 능하고, 분리 이래로 우리를 세뇌시켜서 얻은 기득권들을 한창 일상적으로 누리고 있는 에고와 몸을 철석같이 진짜라고 믿는 우리는 이미 호랑이 아가리에 물려서 잡혀있는 셈이다. 하지만 지금이라도 정신을 차리고 배운 것을 바로 이해하고, 연습하고, 받아들이고, 또 적용한다면 살길은 있기 때문이다. (연습서 리뷰 6.2)

내 외동딸이 어릴 적 치아교정을 마치고 마지막 단계로 치열을 가지런히 유지해 주는 리테이너를 일 년간 꽉 끼고 있으라고 치과의사에게 권유받았다. 그런데 이 녀석은 심심하면 리테이너를 혀로 움직여서 입천장에 보냈다가 다시 혓바닥에 가져왔다가 하며 놀았다. 나한테 혼나도 전혀 굴하지 않고, 그러고 놀더니 마침내 남보다 1년 더 리테이너를 끼고 살았다. (하긴 그때 혀를 많이 굴려서 그런지 말도 잘하긴 한다.)

치아교정을 마친 후에 치아가 다시 이전처럼 복원되어서 비뚤어지는 것(2년간 교정을 해도 리테이너 없이는 2개월이면 다시 전만큼 비뚤어진다.)을 방지하는 치과용 리테이너(dentist's retainer)처럼, 몸의 관성과 기득권의 주장과 현란한 설득력을 막아 내어, 속아 지내던 상태에서 깨어난 후 다시는 같은 모양으로 기만당하지 않으려면 우리도 마음의 리테이너를 (리테이너의 두 번째 용도 - 몸 정체성의 회복탄성에 대항해서 알아차린 마음을 유지하는 장치로) 마련해서 도움을 얻는 것이 지혜로울 것이다.

우리는 진리를 알게 되고 자신이 몸이 아님을 알게 된 이후에도 마음을 늘 지켜야 한다. (마음에서 오직 하느님과 함께 생각하는 것만 간직함으로써, 다른 모든 생각은 흘려보내고 웃어넘김으로써 가능하다.)

이 목적들과 용도들을 위해서 마음에 늘 끼고 살 수 있는 리테이너를 하나 만든다면 그 구성 요소나 부품들은 이럴 것이다:

아래 ①은 사랑하는 생각이 아닌 우리의 모든 생각, 즉 공격생각들을 사라지게 하는 것이고, ②는 형상과 소리들 즉 우리에게 지각되는 것들을 사라지게 하는 역할을 한다. (알아차려진 환상들은 틀림없이 사라진다. 워크북 187:7)

① '각지즉무'(알아차리면 즉시 '무'가 된다/사라진다. 보조국사 지눌의 '수심결' 참고)의 상태를 누리기 위해서 '염기즉각'(환상인 생각이 생겨 일어나면 즉시 그러한 줄 알라.)하기.

판단, 공격생각, 계획하고픈 생각이 일어날 때 알아차린다. 이것(염기즉각)은 수업에서 연습시키는, 나는 오직 내가 하느님과 함께 생각하는 것만 간직한다는 아이디어와 같은 것이다. 나머지는 환상이므로 즉시 알아차려 없애는 것이다.

② 오직 하느님과 그의 나라에만 주의를 쏟기.

이것은 이제 더 이상은 실재가 아닌 모습과 소리에 속지 말라는, 정신 차리고 기만에서 놓여나라는 레슨이다. 우리의 진정한 주의집중과 마음은 오직 '실재하는 것'에만 쏟고, 일상적으로 마음을 쓸 때는 '응무소주 이생기심'(마음을 사용은 하나 집착은 않는다.) 하라는 말이다.

속은 상태가 디폴트 상태이므로 늘 의식적으로 용의를 내어서 기억해야 한다. 나는 누구인지(하느님이 창조하신 그대로다. 하느님의 거룩한 아들이다. 오직 사랑이다. 몸이 아니고 자유롭다.)를 기억해야 한다. 마음의 리테이너를 잠시도 빼어놓지 말아야 한다.

그렇게 우리의 마음을 늘 지켜야 한다. 그리고 마음의 리테이너를 씀으로써 우리는 '몸이 아니고 자유롭다는 것' 즉 '하느님이 창조하신 그대로인 것'을 늘 스스로에게 습관적으로, 자동적으로, 무의식적으로 알려 주어야 한다. 이때 "말을 보충하기 위해서 경험은 반드시 온다."는 흥분(?)되는 약속이 있다. 우리가 스스로에게 들려주는 말(이를 테면 연습하면서 우리가 입으로 내뱉는 말)은 따라오는 경험으로 보충되고 강화될 것이라는 그리스도의 약속이 있는 것이다. (워크북 184:13)

완전한 용서를 할 수 있기 위해서 필요한 것과 관련해서 하나만 더 부연설명하자면, 수업이 거듭 강조해서 가르치는 '오직 실재에만 주의를 쏟기'에 대한 해설이라고도 할 수 있는 워크북 164과의 가르침에 대한 것이다. 이것은 '응무소주 이생기심'(마땅히 주착하는 곳 없이 그렇게 마음을 내어라.)이라는 그 유명한 금강경의 가르침과도 맥락을 같이하는 그리스도의 레슨이다.

우리가 살면서 우리가 지각하는 것, 즉 우리 눈에 보이고 귀에 들리는 것에 주의를 쏟기 시작하면 필경은 늘 그랬듯이 다시 속아서 농락당하기 십상이다. '약견 제상비상 즉견여래'(만약 모든 상이 그 상이 아님을 본다면 즉시 여래를 보리라.)가 '응무소주 이생기심'과 더불어 금강경의 요약이라고 불리는 이유가 여기 있다. 그러므로 오직 실재에만 주의를 쏟는 것은 세상과 그 속의 것들을 대할 때는 모습은 '지나쳐 보고'(용서하고) 소리는 '희미하게만 듣는 것'(역시 용서하는 것)을 의미한다. 이것은 물론 '응무소주 이생기심'과 같은 의미이다.

용서는 지나쳐 보고 희미하게만 듣는 것(looking past and hearing faintly)이다

몸이 있는 한 세상의 모습들과 소리들이 어차피 전혀 안 보이고 전혀 안 들리진 않는다. 속이는 형상들/환상들을 보고선 웃어넘기듯, 세상의 매혹적이거나 무서운 소리들은 희미하게만 듣고 마음으로는 주착하지 않는 것이 답이다. (금강경 '응무소주 이생기심'의 의미)

수업은 우리에게 아주 간결하나 가장 강력한 처방이 될 수 있는 힌트를 준다. "그리스도는 바쁜 세상의 의미 없는 소리를 들어도 오직 **희미하게만** 듣는다."(Christ hears the sounds the senseless busy world engenders **faintly**. 워크북 164:1) 이것은 바로 용서하기를 가리킨다. 이것이 바로 그리스도가 우리에게 알려 주는 용서의 기술이다. 그리스도는 소리를 들어도 의미 없는 소리는 '희미하게만' 듣고, 보아도 죄는 보지 않는다. (텍스트 24:42 그리스도는 진리만 보고 죄를 보지 않기에, 평화롭다.)

이것은 섣부른 판단과 확신을 가지고서 속히 말하고 신속히 행동하거나, 마음과 머리의 생각으로 결론까지 당장 뜀박질 하던 것을 이젠 좀 안 하기다. 또한, 더 이상 귀를 쫑긋 세운 채 세상, 가족, 공동체의 온갖 대소사에 참견하고 분을 내지 않기다. 하느님과 함께 생각하는 것이 아니고 사랑이 아니면

대충만 보고, 흘려서 들어 마음에는 담아두지 않기다.

세상사 어차피 보이고 들린다면(몸을 가지고 사는 한 보이고 들리긴 한다.), 신경을 (이전처럼) '쏟아'붓지도 않고, 신경을 전혀 '안' 쓰겠다고 회피하거나 무시하지도 않는 것을 의미한다. 즉 주의를 과도히 쓰지도 말고 전혀 안 쓰지도 말아야 한다.

전체적으로, 완전히 속은 상태에 놓여 있는 우리

전체적으로 속았다는 것은 기만을 당한 스케일과 정도에 있어서 몹시 광범위하고 심각함을 의미한다. 어느 일부 차원이나 영역에 대해서만 혹은 어느 정도만 속은 것이 아니라 가장 중요한 사안들을 포함하는 것은 물론이고 전체적인 조망에 있어서 완전히 속은 것을 의미한다. 그러므로 일종의 수선이나 약간의 조정으로는 문제(속아 있는 상태)가 해결되지 않는다. 애초에 속았고 아직도 그런 상태에 빠져 있는 우리 지각의 전적인 오류를 깨닫고 **지각과 사고의 완전한 역전/뒤집기/전복이 필요**하다. 실로 '전도몽상 구경열반'(반야심경)의 지혜가 필요한 것이다.

- 금강경: 약견 제상비상 즉견여래(눈에 보이는 것과 관련된 기만).
- 신심명: 몽환허화 하로파착(꿈속인 것을 망각했기에 생기는 기만).
- 신심명: 하려불필(환상이 완벽하기를 바라는 형태의 기만).
- 수심결: 염기즉각 각지즉무(내 생각의 의미와 그것이 중요하다고 믿는 것과 연관된 기만).

신분 망각의 주제 - 왕자와 거지, 소공자, 자기추방(self-exile) 상태

두려움으로 만들어 낸 세상 속으로 자신을 유배시킨 우리의 경우는 스스로 초래한 자기추방의 상태에 처해 있는, 가장 심각한 종류의 망각이다.

지각된 실재성(perceived reality, 텍스트 26:44)이라고 수업에서는 지적된다. 즉 우리의 현재 상태는 우리 마음이 만들어 낸 것을 진짜라고 믿는 잘못된 지각의 상황이다. 가장 넓게 말하자면, 세상과 우주와 생각이 실재인지 아닌지를 구분 못 하는 상황이다.

어느 지점에서 속았는지 간파하는 것이 의미가 있어진다. 그러므로 '모든 악의 뿌리'인 분리는 일어난 적도 없음을 받아들이는 것인 속죄의 수락이 우리의 사고역전과 그로 인한 해방(자유, 평화, 기쁨, 행복, 새로운 사고체계의 획득)에 필수적 요소이다.

계속 속게 만드는 그래서 마음이 꿈에서 깨어나지 못하고 계속 환상들을 엮어 내게 만드는 지점도 의미심장하다. 가장 넓게 말하자면 수업은 우리 인생을 꿈이라고 부르면서 판단의 꿈, 두려움의 꿈, 죄책감의 꿈 그리고 시간의 꿈이라 묘사한다. 수업은 또 세상에서의 우리 삶을 '증오의 꿈'(dream of hatred, 워크북 68:3)과 '갈등의 꿈'(the dream of conflict, 워크북 333과)이라고도 부른다. 이런 묘사들이 보여 주는 꿈의 종류와 성격(판단, 두려움, 죄책감, 시간, 증오, 갈등)이 가장 광대한 기만의 지점들을 가리키고 있다고 볼 수 있다.

분리를 믿게 되었던 이래로 죄책감과 두려움의 꿈에 빠져 자면서 환상들을 엮어 내는 마음의 부분이 모든 문제, 곤경, 잘못된 지각, 고통과 슬픔의 시작이다. 즉 스스로 자신이 누군지 기억 못 하고, 속아서 두려워하며, 평화를 누리지 못하는, 기만의 상태에 놓이게 되었던 마음이 시작이었다.

그러므로 현재의 우리 마음의 양상을 잘 살펴서 속고 있는 지점들을 파악하고 그 기만에서 벗어나야 한다. 이 기만의 지점들은 보다 상세히 다음 섹션에서 설명된다.

III.
가장 심각하게
기만당하는 영역들

속는다는 것(기만)의 스펙트럼

상대와 싸우는 데 있어서 가장 효율적으로 이기는 방법은 상대방이 자신의 힘에 의해서 스스로 나가떨어지게 만드는 것이다. 이런 상황은 주로 한쪽의 속임수에 다른 쪽이 완전히 넘어가서 기만당했을 때 생긴다. 수많은 전쟁과 전투의 결정적인 장면들이 속임수에 의해서 좌우되었다는 사실은 역사, 특히 전쟁사나 외교사를 공부한 사람들에게는 전혀 놀라운 사실이 아니다. 손자병법은 모든 전쟁의 기술들은 기만에 기초한다고 주장하기도 한다.

상대에게 속는다는 것은 기만을 당하는 자에게는 엄청난 자원의 낭비, 비효율, 절망, 실망을 의미한다. 우리가 에고에게 속는 것은 에고와 그것이 주장하는 것에 대한 우리의 믿음이 바로 에고를 존재하게 하고 더 강하고 번성하게 만든다는 사실을 고려할 때 더없이 큰 우리의 에너지 낭비이다. 실로 에고는 우리를 속여서 존재하기 시작했고 지금도 기만에 의해서 존재감을 유지하고 있다. 수업은 이런 상황에 대해서 수없이 반복해서 '속지 말라'고 당부한다.

워크북 240:1 오늘은 속지 말자. (Let us not be deceived today.) 용의를 내고 선택의 결정을 촉구하는 가르침.

워크북 323:2 우리는 더 이상 속지 않는다. (We are no longer deceived.) 기만으로부터의 해방의 선언.

텍스트 30:54 겉모습은 속기를 원하는 마음만 속일 수 있을 뿐이다. (Appearances can but deceive the mind that wants to be deceived.) 속아지내기를 원하는 것은 사실은 우리 자신이라는 지적.

만약 우리가 속았는지도 모른 채로 삶을 영위하고 있다면 혹시 우리가 기만당하고 있는 것은 아닌가 하는 의문을 가져 보게 되기까지도 전적인 사고의 역전 즉 일상적인 생각방식의 철저한 전복이 필요하다. 속임이라는 것 자체가 완전히 뒤집어진 거짓 사고와 지각 체계를 소개한 뒤에 그것을 받아들이도록 조종하는 데 성공한 결과이기 때문이다.

속임에 대한 수업의 가르침들

텍스트 21:46 너는 여전히 에고에게 *가끔 속는다*. 하지만 네가 보다 제정신인 순간에는, 에고의 호통에도 공포에 떨지 않는다. … 남은 값싼 장신구 몇 개(a few remaining trinkets)가 여전히 반짝거리며 너의 눈을 사로잡는 듯하다. 하지만 너는 그것들을 갖기 위해 천국을 "팔지는" 않을 것이다.

"우상(환상)이 주는 것을 **전혀** 원하지 *않는다는* 결정을 우리가 내릴 때"(**텍스트 30:54**) 우리는 영원히 **속지 않게 된다**.

기만당하는 것을 영원히 끝내려면 환상이 주는 것을 '**전혀**' **원하지 않는다는 결정**을 내려야 한다. 이런 결정은 물론 자기가 누구인지에 대해서 '확실한' 앎을 얻을 때, 즉 자신은 하느님이 창조하신 그대로임을 완벽하게 알아차릴 때 가능하다. 이런 알아차림이야말로 그런 결정을 내리는 것이 전혀 어렵거나 노력이 들지 않게 만든다. **너무나 자연스럽게** 더 이상 환상이 주는 것을 원하지 않게 되기 때문이다.

텍스트 1:43 사람은 자신의 거룩함을 실제로 어둠 속에 **감출 수 없지만, 이에 대해** *자기 자신을 속일 수는 있다.*

워크북 131:5 하느님의 아들은 헛되이 구할 수 없다. 비록 그가 억지로 지체하고, **스스로를 속이며**, 자신이 구하는 것이 지옥이라고 생각할지라도 말이다.

워크북 128:2 네가 여기서 **가치를 두는 것들은 전부** 너를 세상에 옭아매는 사슬에 불과하다…. **더 이상 속지 말라**. 네가 보는 세상에는 네가 원하는 것이 아무것도 없다.

워크북 240:1 두려움은 **속임**이다. (Fear is deception.)

텍스트 2:20 네가 두려워할 때마다 너는 **속은 것이다**.

텍스트 8:41 모든 *기만*을 *뒤로하고* 너를 붙잡아 놓으려는 에고의 모든 시도들을 넘어서 가라.

텍스트 10:84 너의 형제에 대해서 **속지 말고** 그가 가진 사랑하는 생각들만 그의 실재인 것으로 보라.

텍스트 9:54 너의 장엄함은 결코 너를 속이지 않을 것이지만 너의 환상들은 항상 **너를 속일 것**이다. 환상들은 **기만들**이다.

텍스트 22:45 환상은 어떻게 극복되는가? 분명히 힘이나 분노로, 혹은 환상에 어떻게든 반대함으로써 극복되는 것이 아니다. 단지 **이성으로 하여금 환상은 실재와 모순된다**고 말해 주게 함으로써, 환상은 극복된다.

힘을 쓰거나 분노함으로써 어떤 것에 상대/반대하는 것은 실재하는 상대가 있다고 믿고서 그것의 '존재성'과 관련해서 **속았다**는 증거이다. 환상의 극복은 이성적인(reasonable) 일이다. 그것은 실재가 무엇인지와 존재의 실상에 대한 **알아차림**에 의해서 가능하다.

추가로, 환상이 아무리 다양한 형태로 나타나더라도 즉 매력적인 모습으로만 아니라 때로는 두렵고 피하고 싶고 언급이나 기억조차 하기 싫은 모습을 지닌 채 나타나더라도 **진정 속지 않으려면 피해서는 안 된다.**

회피하는 것은 억압하려 하거나 맞서 싸우는 것만큼이나 환상을 인정하는 것이고 강화하는 것이다. 이성으로 하여금 그것들이 실재와 모순된다고 말해 주게 하는 것이 환상을 극복하는 방법이지만 이것은 판단 없이 단지 바라보는(look without judgment) 것을 의미한다. 보려고 조차 하지 않는 것은 두려워서 피하는 것으로 환상을 더 강화할 뿐임을 기억해야 한다.

워크북 184:9 너는 정녕 세상의 상징들을 잠시 **사용할 필요가 있다. 하지만 그것들에 속지는 말라.** 그것들은 아무것도 나타내지 않는다.

184:11 어둠의 세상을 묘사하는 그 모든 하찮은 이름들과 상징들을 사용하라. 하지만 그것들을 너의 실재로 받아들이지는 말라(속지는 말라는 의미).

그래서 수업은 "Be neither careful nor careless."라고 한다. 세상에서 살면서 환상을 상대해야 할 때 신경을 너무 쓰지도 말고 전혀 안 쓰지도 말라는 의미다. 신경을 전혀 쓰지 않는 것은 환상을 '보려고조차 하지 않는 것'이고 신경을 너무 쓰는 것은 '힘이나 분노로 상대하는 것'이기 때문이다. 그래서 단지 바라보아야 한다. 눈을 감거나, 시선을 돌려 피하거나, 얼핏 건성으로 보고 속히 지나치려 해서도 안 된다. 피하지도 집착하지도 않고 보이는 것을 그대로 판단 없이 바라보는 것만이 환상을 사라지게 한다. 실재가 아닌 줄을 알고서 바라보는 것이기 때문이다.

텍스트 7:74 환상들은 투자다. 그것들은 네가 *가치를 보는 동안만* ('*속는 동안만*'의 의미) 지속될 것이다.

불만은 환상을 실재로 오해해서 그것에 **속는 것**이라 할 수 있다. 반면에 용서는 환상을 바로 보고 그것의 본질을 알고서 **속지 않는 것**이다. 그러므로 우리의 불만이 용서로 대체될 때, 마치 공격생각이 사랑하는 생각으로 대체될 때처럼, 우리는 구원되고 치유되고 해방된다.

10:90 너는 성령께 너 자신에 대한 진리를 배울 수 있다. 너 자신을 **속임수 없이** 지각할 때, 너는 네가 만든 거짓된 세상 대신에 실재 세상을 받아들일 것이다.

실재 세상을 받아들이는 것의 관건은 '자신을' 속임수 없이(without deceit; 속지 않고서) 지각하는 것이다.

그러면 아버지가 우리에게 다가오셔서 너를 당신께 들어 올리심으로써, 우리를 위해 마지막 단계를 밟으실 것이다.

속아 있는 *상태*를 벗어나지 못하면 결코 깨달음/구원/치유는 없다. 역시 '기만에서의 해방'이 구원의 관건으로 제시된다.

속임에 그토록 능한 데다가 그 자체가 기만인 환상을 상대하면서 성령의 도움을 청하는 것은 매우 현명하다. 우리는 늘 환상을 스스로 극복해 보려다가 실패를 맛본다. (As I step back the Light in me steps forward. This is the way salvation works. 내가 물러날 때 내 안의 빛이 앞으로 나선다. 이것이 구원이 작동하는 방식이다. 워크북 156:6)

III. 가장 심각하게 기만당하는 영역들

이런 실패의 순간에 우리가 기억해야 할 것은 선의 4조 승찬이 저서 신심명에서 말했던 '하려불필'의 정신이다. (하려불필: 완전하지 못함을 왜 염려하는가?) 하려불필이란 환상의 세계에서 완성됨을 구하지 않고(무소구), 완전하지 않음을 염려하지 않는 마음의 상태, 즉 '응무소주 이생기심'(마땅히 주착함이 없이 그렇게 마음을 내어야 한다.)과 통하는 상태를 가리킨다.

어차피 환상의 세상에서 완전한들 그렇지 않은들 사실은 아무 차이가 없다. (몽환허화 하로파착: 꿈속의 가짜 꽃을 무슨 수로 붙잡아 둘 것인가?) 세상에서 추구하던 무엇에 대해서라도 성공이든 실패든 '웃어넘기고' 다시 시도하면 그 뿐이지 염려하고 원통해할 필요는 전혀 없는 것이다. 만약 그렇게 한다면 세상의 환상에 한 번 속고 나서, 속은 것을 또 아파하느라 두 번 속는 것이 될 것이다.

워크북 200:7 그가 이러한 곳에서 평화를 구하려고 해야 하겠는가? 아니면 그 세상을 바라보면서, 그것은 **단지 속일 수 있을 뿐**임(the world can *but deceive*.)을 깨달아야 하겠는가?

기적수업의 서문에는 실재인 것(what's real)과 실재가 아닌 것(what's unreal)의 구분이 기적수업의 모든 가르침을 정확하게 이해했는지에 대한 가장 중요한 잣대인 것으로 언급된다. 실재인 것의 특징과 비실재인 것의 성격이 전체 수업의 요약으로 제시되기 때문이다. 이 잣대는 다른 표현으로 **여전히 기만당하고 사느냐** 아니면 더 이상 **속지 않고 깨어나느냐**의 구분으로 묘사할 수 있다.

예를 들어서 세상과 몸이 실재가 아닌 것을 모른다면 여전히 속고 있을 것이지만 그것들이 실재를 가리고 있으면서 보지 못하게 하는 것들임을 마침내 알게 된다면 환각과 망상의 꿈에서 깨어날 것이기 때문이다. 그러므로 우리가 어디서 어떻게 어떤 모습으로 기만당하고 있는지를 아래에서 자세히 살펴보는 것은 수업을 이해하는 데 가장 중요한 이정표를 세우는 것일 수 있다. 그 가장 대표적인 **기만의 영역들**은 다음과 같다:

- 몸과 세상의 의미
- 불만(공격의 보다 일상적인 버전으로서)
- 죄책감
- 특별함
- 난이도에 대한 우리의 믿음
- 자율성과 행동에 대한 믿음
- 공격

기만의 결과로 죄책감에서 벗어나지 못하고, 몸과 세상이 정말로 무엇인지에 대해서 속고, 특별함을 숭상하도록 또 기만당하고, 난이도를 믿고 자율성과 행동을 믿으면서 더 깊이 속고, 마침내 불만과 공격으로 기만의 가장 심각한 열매들을 만들면서 살고 있는 것이 우리의 삶이다.

죄책감이 기만 과정의 출발점이고, 몸을 써서 세상에서 얻으려는 것들을 좇으면서 자율성과 자신의 행위를 신뢰하고 난이도를 다루고 극복해 가며 특별성을 추구하게 된다고 이해할 수도 있다. 그러는 와중에 실현되지 않는 계획들 때문에 불만이 쌓이고 공격까지 하게 된다고 단순하고 평이하게 해석할 수도 있다. 하지만 최후의 단계로 여겨지는 공격이 사실은 우리가 태어난 이래로 하는 모든 생각의 지배적 아이디어임을 알게 되면 각각의 단계가 일련의 속이는 과정을 이루는 요소인 것만이 아니라 그 자체로서 기만과 얼마나 깊이 연결되어 있는지 짐작할 수 있게 된다.

---1---

몸과 세상의 의미
(오해와 기만의 시작 - 삶의 전제인 몸과 그것의 무대인 세상)

1) 몸

텍스트 18:65 단 한 순간도, 몸은 전혀 존재하지 않는다. 몸은 항상 기억되거나 예상될 뿐이며, 결코 바로 지금 경험되지 않는다.

누구든지 태어난 이후 처음으로 의식하게 되는 것이 몸이다. 몸은 아프거나 배고프거나 쾌감을 느끼거나 만족감을 느끼게 한다. 몸은 성장하다가 쇠퇴하고 약해지다가 움직임이 멈춘다. 누구나 몸을 관리하고 장식하고 먹이고 즐겁게 하고 쉬게 하고 단련하는 데 하루 대부분의 시간을 보낸다. 몸을 써서 생업을 영위하고 쾌락을 추구하고 안락함과 즐거움을 정의한다. 누구나 몸을 가지고 이 세상에 온다는 사실은 우리의 삶이 너무 커서 오히려 보이지 않는 광대한 기만의 한가운데서부터 출발함을 의미한다.

아무도 자기가 몸이라는 것을 의심하는 사람은 없다. 학교와 사회에서 제공하는 배움은 우리가 몸이라는 물질주의적 가치관의 전제에 기초하고 있다.

가장 기초적인 기만의 역사는 바로 여기에서 시작되었다. 몸의 안전과 편리함과 즐거움을 추구해서 확보하는 것이 삶에서 가장 중요한 목표로 인식되기 때문이다. 그러나 수업은 완전히 다르게 가르친다. 가장 기초적인 전제에서부터 사고의 전복을 촉구한다.

앞서 인용한 텍스트에서 가르치듯, 사실을 말하자면, 몸은 '한 순간도 실제로 존재하지' 않는다. 항상 '기억되거나 기대되고 있을 뿐' 결코 바로 지금 경험되지는 않는다. 그럼에도 불구하고 우리가 추구하고 도모하는 모든 것은 몸의 편안함과 즐거움 그리고 안전을 위한 것이다. 있지도 않은 것의 편리와 쾌락을 추구하는 것이 우리 삶의 가장 중요한 과제가 되어버린 이런 기막힌 아이러니와 **기만의 역사는 바로 몸과 함께** 시작되었음을 알 수 있다.

텍스트 18:78 사랑은 몸을 알지 못하며, 자신과 닮게 창조된 모든 것에 가닿는다. 사랑에 한계가 전혀 없음이 곧 사랑의 의미이다. 사랑은 결코 편파적으로 주지 않으며, 자신이 주려는 것을 보존하고 완전하게 지키기 위해서만 포함한다. 이렇게 **몸은 우리가 사랑이라는 진리를 기억하지 못하게 만든다.**

죄책감의 실재성은 '태양 앞에 낮게 깔려 단단한 벽처럼 보이는 먹구름장'이라고 묘사된다(텍스트 18:90). 죄책감이라는 먹구름은 단단한 벽처럼 보이지만 사실은 아무것도 아닌 것이다.

텍스트 18:91 이 구름장 안에서는, 온 세상이 생겨나고 있는 것을 쉽게 볼 수 있다. 단단한 산맥과 호수, 도시, 이 모든 것이 너의 상상 속에서 일어난다.

세상과 몸 그리고 다른 모든 환상들도 바로 이 죄책감에서 생기는 것이다. 분리를 믿고, 두려워하며, 죄책감에 사로잡힌 우리의 상상이 만들어 내는 것이다.

텍스트 18:89 네가 *죄책감이 실제라고 믿는 한, 몸은 죄책감의 메신저로 남아* 죄의식이 지시하는 대로 행할 것이다. 죄책감의 실재성이 야말로 *몸을 무겁고 불투명하고 관통할 수 없는 것으로 보이게 만드는 환상*이다.

몸은 죄책감의 메신저이다. 죄책감이 실재로 여겨지는 한 몸은 환상으로 지속된다. 죄책감의 실재성이 몸을 단단하고 불투명하게 보이도록 만든다.

텍스트 18:88 두려움의 원(the circle of fear)은 *몸이 보는 수준 바로 아래에* 있으며, *세상이 근거하는 전체 토대*인 듯이 보인다. 여기에 그 모든 환상과 왜곡된 생각, 그 모든 정신 나간 *공격과 격분*, 그리고 복수와 배반이 있다.

이 두려움의 원은 세상이 그 위에 근거를 둔 토대로 보인다. 이 원 위에 공격, 격분, 복수, 배반과 같은 광기가 있다. 그러므로 이 두려움의 원 그리고 미친 세상과 연관된 몸은 두려움과 긴밀하게 연결되어 있음을 알 수 있다. 반면에 실재 세상은 '환한 원'으로 묘사되는데 죄책감이 용서를 만나는 곳이라고 한다.

텍스트 18:9 3 이 빛의 세상, 이 환한 원이 바로 실재 세상으로서, 이
곳에서 죄책감이 용서를 만난다.

몸은 그것이 보는 수준 바로 아래 세상이 근거하는 전체 토대로 보이는 두
려움의 원을 가지고 있다. 이것이 몸과 세상의 관계를 설명해 준다. **몸과 늘
동반하는 두려움은 세상의 기초**이며 그 두려움은 우리의 모든 환상, 왜곡된
생각, 공격, 격분, 복수와 배반을 설명해 준다.

더구나 몸은 질병과 죽음이라는 연쇄적인 충격적 사건들로 우리의 한계를
보여 주면서 우리에게서 결코 무시할 수 없는 존재감을 얻어 내는 데 성공한
다. 이 존재감으로 몸은 우리를 제한하고 조종한다. 결국 몸은 우리에게 몸의
편안함, 즐거움, 안전을 위해 필요한 신뢰와 충성을 얻어낸다.

- 질병: 우리의 존재는 곧 몸이라고 믿도록 만드는 가장 효과적인 장치.
- 죽음: 노화, 약화, 고통스런 임종처럼 몸의 궁극적인 실패로 평화, 기쁨, 행복을 가로막는 장치, 최종적인 실패가 강조하고 확인하는 몸의 실재성.

텍스트 18:7 1 몸은 너를 **제한하기 위해 만들어졌기** 때문이다. 너는
네가 인식하는 모든 것을 겉모습, 즉 그 자체의 밖에 있는 어떤 것과
동일시한다.

몸의 역할은 우리의 인식을 제한해서 '겉모습, 즉 그 자체의 밖에 있는 어떤
것'과 우리가 인식하는 것을 동일시하게 하는 것이다. 이런 동일시로 인해 우

리는 오직 '바깥'의 것에만, 즉 겉모습/형상에만 가치와 믿음을 둔다. 이런 상황이 우리가 완전히 속아 있는 상태의 기본적인 조건을 설명해 준다.

2) 세상

몸과 더불어 세상은 실재하지 않으나 삶의 가장 기초적인 토대와 전제인 것으로 받아들여진다. 우리가 받는 교육, 일상에서 영위하는 삶, 삶을 가꾸기 위한 모든 계획들이 누구로부터도 조금도 의심받지 않은 채로 이 전제 안에 녹아 있다. 물질로 이루어진 몸의 건강과 안전과 편안함과 즐거움을 위해서 단단하고 눈에 보이는 세상을 배우고, 이해하고, 활용하는 것이 오히려 성공적인 인생인 것으로 정의된다. 세상은 우리를 낳았고, 양육했고, 가르쳤다고 주장한다. 세상은 또 적극적인 참여로 자기를 진화시키라고 우리를 초청한다. 이 주장을 부정하고 이 초청을 거부하기는 거의 불가능하다.

인간이라면 그 누구라도 태어나자마자 몸을 의식하고 몸을 하나의 당연한 삶의 전제로 받아들이며, 세상 안에서 세상의 조건, 환경, 사건들에 반응하면서 삶을 산다. 이런 과정이 전개되고 발전되다가 마침내는 몸의 죽음과 함께 세상을 떠난다. 몸과 세상은 삶에서 상호의존적이고 너무나 자연스레 받아들여지기에 '세상을 떠난다.'는 표현은 몸의 쇠락에 따라오는 죽음과 동의어로 여겨진다. 몸과 세상에 대한 이런 수준의 이해와 받아들임을 보면 우리의 기만은 시작부터가 아주 자연스럽고 장차 그 기만의 정도와 깊이가 극도로 심오해진다 해도 별로 놀랄 일은 아닐 것이다. 이렇게 몸과 세상을 상대로 씨름하면서 살아남고, 세상의 인정을 얻고, 심지어 세상의 영광을 차지하려 애쓰는 사람이 실재란 무엇인지, 진정한 나는 무엇인지, 제대로 인식한다는 것이 무엇을 의미하는지, 삶의 의미는 무엇인지 같은 본질적인 질문들에 대해서 관심을 가지고 에너지를 쏟기는 몹시 어렵다. 이런 것들에 대해 질문을 제기해 보는 것 자체도 크나큰 삶의 위기가 왔을 때 겨우 가능할까 말까이다. 이것이 우리가 처해 있는 깊디깊은 기만의 상태이자 배경이다.

몸과 세상의 지각된 실재성에 관한 이 전제가 가장 근본적이면서 심오한 속임의 기초를 구성하고 있다. 삶이라는 것의 근본 전제에 담겨 있는 이러한 기만의 정도가 우리가 빠져 있는 속임의 심오한 깊이, 복합적인 층들, 그리고 광대한 규모를 암시한다. 우리가 태어나서 자신의 몸과 세상을 인식하고, 보고, 이해하고, 경험할 때 우리를 속이기 위한 기만의 첫걸음이 시작된다. 몸과 세상의 정체에 대해서 오해하게 만든 이 원초적인 기만이 불만, 죄책감, 특별함, 난이도에 대한 우리의 믿음, 자율성과 행동에 대한 믿음, 그리고 공격과 관련된 추가적인 기만으로 우리를 이끄는 것은 전혀 놀랍지 않다.

그것은 오히려 지극히 자연스런 기만의 전개 과정으로 보인다. 한계들로 둘러싸인 몸을 지니고 단단하고 무정한 세상에서 살아남으려면 어떤 타인에게 불만을 느끼고 심지어 공격하는 것은 때로 불가피한 일이다. 물질로 이루어진 세상에서 성공하려면 권력과 돈과 명성을 통해서 특별해지려는 것은 이상한 일이 아니다. 아무도 우리를 사랑하지 않는 세상에서 내 한 몸을 지키려면 지각을 훈련해서 타인과 세상의 수준들을 파악하거나 자율성을 신뢰하고 행동으로 애쓰는 것은 필수적이다. 몸과 세상의 존재를 당연한 것으로 받아들이면서 발전하기 시작한 기만은 이렇게 복합적으로 전개되면서 강화된다.

워크북 200:7 그가 이러한 곳에서 평화를 구하려고 해야 하겠는가?

아니면 그 세상을 바라보면서, 그것은 **단지 속일 수 있을 뿐**임을 깨달아야 하겠는가?

텍스트 18:88 그것들은 죄책감을 붙잡아두기 위해 만들어졌으며, 그럼으로써 세상이 죄책감으로부터 피어올라 죄책감을 감출 수 있었다.

텍스트 18:91 온 세상이 생겨나고 있는 것을 쉽게 볼 수 있다. 단단한 산맥과 호수, 도시, 이 모든 것이 **너의 상상 속에서 일어난다.**

몸은 세상과 긴밀하게 연결되어 있다. 몸은 세상과 협력함으로써 우리를 더 잘 속인다. 몸과 몸이 동반하는 두려움은 **세상의 기초**로서 환상, 공격, 격분, 복수, 배반 같은 것들을 지니고 있다. 이런 것들은 죄책감을 붙잡아 두려고 만들어졌고 그 이후 **세상이 죄책감으로부터 생겨나 올라와서** 그것을 감추었다.

몸은 두려움, 세상뿐만 아니라 죄책감과도 밀접하게 연관되어 있다. 다음 인용에서 설명되듯 '죄책감의 실재성', 즉 죄책감이 실제라고 믿는 것이 몸과 세상을 나타나게 했다.

텍스트 18:89 죄책감의 실재성이야말로 **몸을 무겁고 불투명하고 관통할 수 없는 것으로 보이게 만드는 환상**이다.

세상과 그 안에서 사는 법에 대한 오해 - 오해로 생긴 잘못된 믿음들

a. 세상에서, 즉 시간과 공간 그리고 삶에서 우리 몸에 일어나는 일이 실재(reality)다.

지각된 실재성(perceived reality)으로 인해서 그렇게 믿는 자에게는 실제(real)다. 반면, 진공묘유(참으로 비어 있으나 묘한 있음이 있다.)와 가유(거짓된 있음)의 아이디어가 불교와 힌두사상에 나타난다.

b. 세상에서 힘과 행복과 기쁨은 몸을 즐겁고 편하게 만들어 주는 **권력, 돈, 명성**에서 나온다.

권력에의 의지, 돈에의 집착, 명성의 추구는 거의 보편적으로 보인다.

Seize the Day(Carpe Diem) 같은 인기 많은 표현은 음식, 섹스, 약물, 스포츠 등 쾌락을 무엇보다 더 추구하고 그것에 **중독된 우리 시대와 사회의 가치관을 반영하고 옹호한다.**

2

불만(공격의 보다 일상적인 버전인) 품기로
나타나는 기만

　공격이 그러하듯 불만도 세상이라는 환상을 강화하고 지탱한다. 존재하지 않는 세상을 유지하고 더 실제적으로 만드는 불만은 세상의 의미나 우리 자신에 대한 지식과 관련해서 우리를 *아주 효율적으로 속인다.*

　비교와 판단을 거친 지각이 내리는 결론은 모든 타인에 대한 불만이다. 공격의 내면심리가 불만임을 짐작하기는 어렵지 않다. 이런 의미에서 불만이 멈춘다면 판단도 멈추고 우리의 꿈도 깨어날 것으로 추측할 수 있다. 불만이 그치면 우리는 실재 세상의 빛을 보게 될 것이란 뜻이다.

　불만은 공격하려는 목적으로 심지어 대낮에도 스스로 불러내는 유령이다. 불만이라는 귀신은 마음에서 복수를 목표로 공격하면서 용서하지 않으려는 결정일 뿐 실재가 아님을 알면 사라진다. 그 귀신은 우리 스스로가 형태를 부여하고 점차 키워온 환상일 뿐임을 알면 실재 세상의 빛을 막고 있는 커튼을 열어젖히는 간단한 푸닥거리를 통해 사라지고 만다.

워크북 68:1 불만과 몸의 연관성
불만을 품는 것은 너 자신이 누구인지를 잊고 자신을 몸으로 보는 것이다. (To hold a grievance is to forget who you are. To hold a grievance is to see yourself as a body.)

불만을 계속 가지고 있으면 죄책감으로 고통받고 자신의 정체를 망각하게 된다.

68:10 사랑은 불만을 지니고 있지 않는다. (Love holds no grievances.) 나의 모든 불만을 포기할 때 나는 내가 완벽하게 안전함을 알 것이다. (When I let all my grievances go, I will know I am perfectly safe.)

지속하지 않는 것의 중요성

워크북 68:10 사랑은 불만을 계속 *지니면서* 유지하지 않고 버린다.

염기즉각 각지즉무의 의미이다.

워크북 141:1 내 마음은 내가 하느님과 함께 생각하는 것만을 간직한다. (My mind **holds** only what I think with God.)

나머지 환상인 생각은 *지니지 않고* 버린다는 의미이다.

워크북 136:21 만약 공격생각을 버리지 않고 계속 지녀서 보존하면 다시 병이 든다. (If you let your mind *harbor* attack thoughts….)

공격생각은 계속 지니고 있지 말라는 의미이다.

워크북 8:1 나의 마음은 과거 생각들로 차 있고, 나는 하느님의 사랑으로 유지된다. (**My mind** is preoccupied **with past thoughts; I am** sustained by **the Love of God.**)

여기의 두 동사 is preoccupied와 sustained도 지속되고 있는 상태를 의미한다.

워크북 78:1 각각의 불만은 자신이 감추려는 기적 앞에 시커먼 증오의 방패처럼 서 있다.

기적을 증오의 벽으로 가로막는 것이 불만인 것으로 묘사한다.

워크북 78:3 모든 불만은 보는 것을 막는다. (**Every grievance is a block to sight.**)

불만이 보는 것을 막는 것은 공격이 보는 것을 왜곡하는 것과 같다. (불만 = 공격)

워크북 72:3 불만을 품는 것이 왜 하느님의 구원계획에 대한 공격인

III. 가장 심각하게 기만당하는 영역들

지는 그리 뚜렷하지 않을 것이다.

불만을 품는 것은 하느님의 구원계획을 공격하는 것으로 묘사된다. (원망 = 공격)

워크북 68:2 불만을 품음으로써 너는, 너의 근원에서 떨어져 나가 그와 닮지 않게 되어버렸다고 믿게 된다.

워크북 68:3 네가 그런 너의 자아와 단절되면 너의 자아가 잠들었다고 보게 된다. 반면에 잠에 빠져 환상을 엮어내는 너의 마음 부분은 깨어있는 듯이 보인다.

불만의 또 다른 폐해로 그것이 우리 의식에 끼치는 영향이 지적된다. 불만은 우리가 근원(하느님/진정한 자신)과 분리되어 그와 닮지 않게 되었다고 믿게 만든다. 그럴 때 우리는 우리의 참자아/진정한 정체(Self)와 단절되었다고 보게 된다. 이때는 환상을 엮어내는, 잠에 빠진 우리의 마음 부분은 오히려 깨어있는 것처럼 보인다. 환상만이 생생하게 보이고 그것을 믿을 수밖에 없게 되는 것이다. 이렇게 몸과 환상을 믿는 것은 내면의 빛에 초점을 둔 하느님의 구원계획을 공격한다.

워크북 72:6 너는 불만을 품을 때마다 몸이 실제라고 주장하는 것이다.

워크북 72:14 우리는 불만을 이용해서 우리의 눈을 감고 귀를 틀어

막았다.

워크북 72:3 그것(불만)은 항상 몸이 행하는 어떤 것과 관련되어 있지 않은가? 누군가가 네가 좋아하지 않는 말을 한다. 그가 너를 기분 나쁘게 만드는 어떤 행동을 한다. 그가 자신의 적대적인 생각을 행위를 통해 "무심코 드러낸다."

워크북 73:2 헛된 소망과 불만은 네가 보는 세상을 그려내는 동업자, 혹은 공동제작자다. 에고의 소망이 그런 세상을 일으켰다. 에고는 그런 *세상을 유지하는 데 불만이 꼭 필요*하기에 너를 공격하고 그 대가로 "응당한" 심판을 받아 마땅해 보이는 인물들로 세상을 가득 채운다.

이렇게 불만과 에고의 소원들이 세상을 만들어 냈다.

워크북 73:2 그 등장인물들은 에고가 불만을 뒷거래하려고 고용하는 중개인이 되어 네가 형제들의 실재를 알아차리지 못하도록 막아선다.

너의 형제에 대한 너의 인식과 그의 실재 사이에는 자신을 유지하기 위해서 불만을 필요로 하는 에고의 '불만에 대한 필요'가 만들어 낸 인물들이 있다.

워크북 73:5 불만은 너의 마음을 어둡게 만들며, 그에 따라 너는 어두워진 세상을 본다. 용서는 어둠을 거둔다.

불만은 마음을 어둡게 하지만 용서는 그 어둠을 없앤다.

워크북 69:9 너의 불만이 세상의 빛을 네가 알아차리지 못하게 감추고 있다.

우리가 가진 불만 때문에 우리는 세상의 빛(실재 세상의 빛)을 인지하지 못하는 것이다. (이런 의미에서 불만의 종식은 판단의 종식과 같은 효과를 가진 것이라 할 수 있다.)

워크북 85:2 불만과 빛은 함께 갈 수 없지만, 빛과 비전은 결합되어야 내가 볼 수 있다. 보기 위해서는, 불만을 내려놓아야 한다.

비전의 조건은 빛과 비전의 결합이다. 불만과 빛은 공존할 수 없기에 내가 (지각이 아니라 비전으로) 보기 위해서는 내가 가진 불만을 없애야 한다.

그러므로 요약하자면 "사랑은 불만을 간직하지 않는다."라고 할 수 있다.

결국 불만은 자신이 누구인지 모르고 자신을 몸이라고 믿는다는 의미이다. 상대할 대상에게서 '지각된 실재성'을 보기에 생긴다. 공격이 나의 빛을 가리듯 불만도 내 안에 있는 빛, 세상의 빛에 도달하기 어렵게 빛을 가린다.

불만을 가지는 것의 의미심장함은 이렇게 정리할 수 있다.

첫째, 바깥에 있는 것들이 문제를 해결해 준다고 생각하게 만든다. 다른 말, 다른 행동, 다른 사건, 다른 상황이면 내 문제가 해결될 것이라 믿음으로써 바깥에 보이는 것들에게 지각된 실재성을 부여한다. 몸과 세상에 실재성을 제공하는 것이다.

둘째, 우리가 내면으로 '회광반조'할 기회를 스스로 포기하게 만든다. 에고의 구원계획은 불만을 품는 것이 중심이 된다. 그것은 다른 누군가가 다르게 말하거나 행동한다면, 혹은 어떤 외적인 상황이나 사건이 달라진다면 구원이 가능해질 것이라고 주장한다. 이와 같이 구원의 근원은 끊임없이 너 자신의 밖에 있다고 지각된다.

셋째로, 답이 없는 곳에서 문제를 해결하려 함으로써 영영 해결하지 못하게 만드는 에고의 전략에 속게 된다. "구하라 그러나 찾지는 말라."는 에고의 책략에 넘어가는 것이다. (텍스트 16:48)

마지막으로, 바깥의 이미지들, 상들, 우상들, 물질세상, 몸, 우주, 상상물들 즉 내면의 분노가 투사되어 만들어져 나온 환상들에 집중하게 만듦으로써 내면의 두려움, 죄책감, 분노, 공격생각에 주의집중을 하지 못하게 만드는 효과를 일으킨다.

용서는 공격도 불만도 일어나지 않게 만든다. **오직 용서만**이 불만을 근원적으로 없앤다.

용서는 바깥에 있는 것들에서 실재성을 지각하지 않는 것이다. 공격과 불만은 바깥에 있는 것들, 에고가 엮어 낸 환상들에게서 지각된 실재성을 보기에 일어난다. 그것들을 무시하고 지나쳐서 내면의 빛만 보는 것이 용서이다.

그러므로 용서는 꿈의 종말이라고 할 수 있다(워크북 198:3).

더 이상은 공격생각이 만든 세상이 존재하지 않고 에고의 구원계획은 더 이상 신뢰받지 못한다. 투사로 생긴 환상들을 공격함으로써 강화할 필요가 없어진다.

용서는 환상들을 끝낸다(워크북 198:3).
더 이상 바깥에 투사된 것들에 주의가 집중되지 않는다. '응무소주 이생기심' 바깥에서 일어나는 일들, 보는 사람들에 불만을 가질 이유가 없어진다.

용서는 특별함의 종말이고 모든 환상들로부터의 해방이다(텍스트 24:26). 용서는 환상들의 아무것도 아님(nothingness)을 본다(워크북 134:7).

불만과 밀접하게 연관된 아이디어들

'분노.'

교사 지침서 20:3 하느님의 평화는 분노가 있는 곳에는 결코 올 수 없다. 분노는 평화가 존재한다는 사실을 부정할 수밖에 없기 때문이다. 어떤 식으로든 어떤 상황에서든 분노가 정당하다고 보는 자는 평화가 무의미하다고 선포하는 것이다. 그는 분명 평화가 존재할 수 없다고 믿을 것이다. 이런 조건에서는 평화를 찾을 수 없다. 그러므로 용서는 하느님의 평화를 찾기 위한 필요조건이다. 더 나아가, 용서가 있는 곳에는 분명 평화도 있다. 왜냐하면, 공격이 아닌 그 무엇이 전쟁으로 이어지겠는가?

'판단.'

지각을 써서 판단하기 때문에 불만을 품게 된다. 상대를 두지 아니하고("모든 것을 포함하는 것은 반대가 없다." 텍스트 서문 2), 그 상대를 판단하지 않는다면 불만은 일어나지 않는다.

'비교.'

> 텍스트 4:32 에고는 글자그대로 비교에 의해서 산다.
> 텍스트 4:82 앎에는 비교가 결코 개입되지 않는다.
> 텍스트 24:12 비교는 하나의 에고의 장치임에 틀림이 없다. 사랑은 비교하지 않기 때문이다. 비교는 불만처럼 세상과 몸 그리고 나의 바깥에 있는 환상들을 실재로 지각하기에 생긴다.
>
> 워크북 195:4 사랑은 비교하지 않는다.

'계획하기.'

계획하기가 방어라는 사실은 거의 인식되지 않는다. 그러므로 계획을 하는 것은 방어를 함으로써 공격하는 것임을 알아야 한다. 그러므로 계획하기는 방어, 공격, 그리고 불만과 연결되어 있다.

요약하자면, 불만은 떠들썩하지 않게 별로 공격적이지 않고 현란하지 않은 모습으로 우리를 속인다. 세상과 우리가 세상에서 겪는 일들이 사실이라고 믿을 때 일상생활의 어느 국면에서든 쉽고도 자주 생기는 불만은 우리를 기만하는 것들 중에서도 아마도 가장 효율적인 것으로 보인다. 불만은 실재를 가리고 우리의 정체와 세상의 정체를 가려서 우리가 볼 수 없도록 만든다. 이런 불만이 결국 공격으로 귀결되는 것은 전혀 놀랄 일이 아니다.

3

죄책감 지니기 - 가장 원초적인 기만

죄책감은 우리가 스스로를 죄 있다고 느끼는 마음을 가리킨다. 죄책감은 우리가 보편적으로 느끼는 것인 데다가 참으로 깊은 반향과 복잡한 파장들을 동반한다. 죄책감은 비록 일상적으로 의식하거나 의식의 표면에 늘 올라와 있지는 않더라도 우리가 스스로의 정체와 관련해서 가지고 있는 확신이다.

죄책감은 실재로 지각될지언정 실재는 아니다. 죄책감을 만들어 내는 죄라는 것 자체가 실재하지 않는 것이기 때문이다. 우리는 스스로에게서 죄를 보면서 자신을 속이고 있다고 의식하지는 못한다. 그러나 심지어 우리가 스스로를 속일 수 있을지언정 그래도 할 수 있는 것이 있고 없는 것이 있다.

우리 마음이 아무리 미혹되어서 우리가 죄를 지었다고 생각까지 하게 되더라도 즉 죄책감에 빠져서 허우적거리기까지 할 수는 있어도 그 생각이 실제로 우리를 죄 있게는 만들 수 없다. 우리는 하느님이 창조하신 그대로기 때문이다.

우리는 잘못 생각하고, 스스로를 속이는 것까지는 할 수 있다. 심지어 우리 마음의 힘으로/힘을 자기 자신을 공격하는 데까지도 쓸 수 있다. (우리는 그래서 자기처벌과 자기정죄에 능하다.) 그러나 우리는 죄를 지을 수는 없다. 하느님은 우리를 죄 없이 창조하셨고 우리는 여전히 그가 창조하신 그대로이기 때문이다. 하느님의 창조는 변할 수가 없기 때문이다.

> **텍스트 19:19** 하지만 그는 죄를 지을 수는 없다. 그는 자신의 실재를 어떻게든 정말로 바꾸거나 유죄로 만들어 버릴 수 있는 그 어떤 일도 할 수 없다.

에고로서의 우리 마음의 부분이 할 수 있는 것은 많다. 그래도 할 수 없는 것이 있다. 하느님이 창조하신 것에 변화를 주는 것은 결코 할 수가 없는 것이다. 하느님께서 창조하신 우리의 실재는 변할 수 없고, 변할 수 없기에 실재이기 때문이다.

죄책감은 몸과 세상의 실재성을 믿고 불만을 품게 만드는 그리고 결국 공격하게 만드는 가장 원초적인 이유이다. 분리라고 불리는, **가장 근본적인 기만이자 최초의 기만에서 초래된 죄책감은 다음의 열매들**을 맺는다.

'형제들의 죄에 초점을 두고 봄으로써 바깥에서 자기 죄를 확인함.'

우리가 가진 죄책감은 항상 바깥에서 죄를 찾는다. 형제들을 볼 때 그의 거룩함이라는 본질을 보지 못하고 죄를 발견하는 것은 우리 스스로가 여전히 죄를 믿고 있고 죄책감에 시달리고 있는 증거다. 그 결과 우리는 불만을 품고 공격하지 않을 수 없다. 죄책감에서 시작한 기만은 세상과 환상들에서 공격할 거리를 우리가 찾을 때 이중으로 완성된다.

'두려움.'

근본적으로 죄책감은 언제라도 자기에게 닥칠 수 있는 아버지의 분노를 상상하며 우리를 두려움에 시달리게 만든다. 죄책감이 초래하는 이 두려움은 오직 기적과 치유가 없앨 수 있다.

> **텍스트 8:107** 이 수업의 목적은 두려움으로부터 벗어나기이다.
> **텍스트 1:39** 기적들은 두려움에서의 해방을 얻는 한 방법이다.
> **텍스트 1:30** 기적들은 두려움으로부터의 자유를 나타낸다.
> **텍스트 2:52** 본질적으로 모든 치유는 두려움으로부터의 해방이다.

'자기비하와 자기처벌.'

하느님의 분노가 자기에게 닥칠 때 받게 될 처벌을 경감받으려는 생각에서 평소에 자신을 처벌할 기회를 찾는다. 자기비하도 역시 자기처벌의 한 형태이다.

'열등감.'

죄책감은 열등감으로 드러나면서 비교하고 질투하고 불만을 느끼는 원인이 되기도 한다.

'이중기만.'

그것이 일으키는 엄청난 파장을 고려해 볼 때 우리의 죄책감은 자신의 본질인 거룩함에서 두 단계 멀어진 이중의 기만이다. 먼저 자신의 참정체인 거룩함을 부정하는 것이고 더 나아가서 늘 죄의식을 지니고 살기에 기쁨과 행복이라는 자신의 진정한 기능에서 멀어져서 사는 것이기에 그렇다.

죄책감 때문에 우리는 공격할 거리를 본다. 환상에 속아 넘어가게 하는 동력이 죄책감이라고 해도 과언이 아닌 것이다. 죄책감은 또 자신이 누구인가에 대해 속아 넘어가게 만든다. 죄의식으로 가득한 마음이 자신의 거룩함과 하느님과의 일체성을 이해하기는 어렵기 때문이다.

죄책감의 뿌리에 놓여 있는 믿음

우리가 가진 죄책감의 강한 뿌리에는 먼저 공짜는 없다는 믿음이 있다. 무엇인가 희생을 치러야만 죄책감에서 해방될 수 있다는 믿음이다. 이 믿음은 다르게 표현하자면 부족(결핍)에 대한 믿음이다. 부족이 상식인 세상에서는 무엇인가를 얻으려면 다른 무엇인가가 가격으로 치러져야만 하기 때문이다.

다음으로 죄책감의 뿌리에서 발견되는 믿음은 나는 내 힘으로 모든 문제를 해결할 수 있고 또 해야 한다고 생각하는 자율성의 믿음이다.

이 믿음들은 둘 다 나는 공평하고 정의롭다고 믿는 자기 의로움(self-righteousness)의 한 형식이다. 이것은 하느님의 구원계획에서 자기 역할을 받아들이는 것에 만족하지 않고 자기 스스로 자기를 구원하려는 계획을 만드는 것과 관련이 있다. 이런 죄책감에 시달리는 것은 우리 자신과 형제의 정체에 대해서 그리고 죄라고 불리는 비실재/환상과 관련해서 우리가 제대로 기만당한 결과라고 볼 수 있다.

---- 4 ----

특별함 추구
(창조의 기본 원리들인 일체성,
동등성, 온전성의 망각에 기인한 기만)

　우리가 살고 있는 이 세상에서는 누구나 특별하고 싶어 한다. 특별한 외모, 특별한 신체적 능력, 특별한 지능, 특별한 언변, 특별한 가족배경, 특별한 지위, 특별한 인기처럼 특별함이 제공할 수 있는 보상은 몹시 매력적이다. 그것은 보다 빠른 차, 보다 큰 집, 보다 큰 총, 보다 큰 권력을 가지고 보다 부유한 동네에서 보다 매력적인 짝과 함께 보다 경쟁력 갖춘 아이들을 키우면서 보다 잘난 척하며 살 수 있는 것을 의미한다. 우리가 지닌 특별함은 주변 사람들의 인정, 친절, 존중은 물론이고 아부와 심지어 종종 두려움까지 이끌어 내며 우리 에고를 한없이 부풀려 준다. 특별함은 어릴 적에 억압과 멸시를 겪었던 경험의 유무와는 별도로 누구에게나 충분한 보상, 만족, 그리고 심지어 희열을 느끼게 해 준다. "나는 특별해지고 싶어요."라는 아이들의 흔한 장래희망 발언과 "당신은 특별하니까."라는 광고 슬로건은 마치 우리사회가 마땅히 나아갈 방향을 제시해주는 선지자의 외침처럼 비평적 사고를 결여한 대중들에게 확신으로 수용된다.

　이렇게 세상에서는 누구나 자신은 특별하다고 느끼기를 원한다. 이 특별함의 추구는 너무나 당연하게 여겨지고 심지어 문화와 사회를 이끄는 동력으로까지 대접받기에 특별함이라는 아이디어와 관련해서 우리는 *유난히 쉽게 기만당한다*. 그러나 사실은 동등성, 일체성, 온전성(equality, oneness, wholeness)의 **망각** 내지는 **몰이해** 때문에 특별함을 추구한다. 그러므로 사실을 말하자면, **특별함을 추구하는 한은 우리는 아주 잘 속아 넘어간, 속은 상태에서 벗어나지 못하고** 있는 것이다.

특별함의 추구는 다양한 형태들로 나타난다. 그것은 일체성, 동등성, 또는 온전성의 망각과 부정에서 비롯된다.

특별한 사랑(로맨스, 영혼의 짝, 자식 등):
특별한 사랑을 위해서 공격이 목적인 특별한 관계를 맺는다. 이것은 우상숭배이고 아주 은밀하게 숨겨 놓은 우상에 속하는 것이다. 이것은 또한 많은 사람들의 인생목표이다.

특별한 증오(개인, 가족, 가문, 국가의 원수; 복수가 명예의 보존이다):
유난히 악한 것들(적폐청산, 홀로코스트, 반유대주의…)이나 특별한 대상에 대한 증오(이것은 물론 투사된 자기 죄책감이다).
유난히 고상한 생각들의 추구와 그것들에의 집착(나라와 민족 구하기, 민중의 아픔, 시대정신 같은 것들에 집착하기).

이렇게 가짜 구원자 찾기를 함으로써 하느님의 구원계획이 아니라 '자신/에고의 구원계획'에 몰두한다.

특별성의 추구와 불가분의 관계인 동등성, 일체성 그리고 온전성이라는 개념들은 서로 그리고 거룩함이라는 개념과 밀접하게 관련되어 있음을 볼 수 있다.

1) 거룩함

만들어진 것은 실재가 아니다. 오직 하느님이 창조하신 것만 실재이고 그것은 거룩하다. 그러므로 우리의 **거룩함**은 우리가 신과 또 형제와 동등하고 일체라는 의미이다. 이 거룩함은 또 우리의 '온전함'을 설명하기도 한다. 하느님에게서 창조된 아들만 얻을 수 있는 자질이 거룩함이기 때문에 거룩함은 곧 온전함을 뜻하기도 하기 때문이다. (거룩함 = 동등성 = 일체성 = 온전함)

> cf. 신약성서 **베드로후서** 1:4 "우리로 하여금 신의 성품에 참예하는 자가 되게 하려 하셨으니"

'신의 성품'을 우리가 얻도록 하느님이 계획하셨다는 것은 우리의 거룩함과 온전함에 대한 보장이다. 하느님의 목표가 우리로 하여금 거룩함과 온전함을 얻게 하는 것이라면 우리는 또 모두 다가 궁극적으로 일체이고 동등함을 유추할 수 있다. 우리가 다 거룩하고 동등하다면 특별함의 추구는 어떤 근거도 없고 지지도 받을 수 없다. 그러므로 항상 특별함을 추구하는 우리는 완전히 속은 상태에 있다.

2) 동등성 (equality)

텍스트 1:81 기적은 동등성을 수반하기에, 상호적이다. (The miracle is reciprocal because it involves equality.)

텍스트 1:82 기적은 시간의 필요성을 줄여주는 학습 도구다. 수직면이나 수평면상에서, 온아들의 모든 구성원이 진정으로 **동등하다는 것을 인식하려면 거의 끝없는 시간이 필요**해 보인다.

모든 아들이 동등성을 인식하려면 무한한 시간이 걸린다. 동등성의 인식은 시간의 목표이자 우리의 현존을 가리는 최종 장애라는 의미로 해석할 수 있다.

텍스트 1:83 기적은 수천 년이 걸렸을 수도 있는 배움을 대체한다. 기적이 이렇게 할 수 있는 이유는, 기적을 행하는 자와 받는 자의 완벽한 **동등성과 거룩함**에 대한 인식이 저변에 깔려 있기 때문이다. 기적은 바로 이러한 인식에 기초한다.

기적이 일어날 수 있는 이유는 기적을 행하는 자와 받는 자의 **완벽한 동등성과 거룩함**에 대한 근본적인 인식(알아차림)이 있어서이다.

텍스트 3:2 나는 우리의 타고난 동등성으로 인해 경외는 나에 대한 적절한 반응이 아님을 강조했다.

우리에게 동등성이란 우리 안에 고유하게 내재된 것이다. 노력을 쏟아서나 어떤 희생이나 대가를 치러서 얻는 것이 아니라 우리가 창조된 조건이라는 의미이다.

텍스트 4:32 에고는 그야말로 비교로 살아간다. 이것은 에고가 **동등성을 이해하지 못하며**, 따라서 자비는 불가능하다는 뜻이다.

에고는 동등성을 이해할 능력이 도대체 없다. 그래서 단지 비교함으로써 살아가는 것이다.

텍스트 6:29 동등성을 지각하는 성령은 동등한 필요를 지각한다.

텍스트 8:32 자유는 어떤 종류의 독재를 통해서도 배울 수 없으며, 하느님의 모든 아들들이 가진 완벽한 동등성은 한 뜻이 다른 뜻을 지배하는 것을 통해서는 인식될 수 없다.

텍스트 12:20 온전한 마음보다는 **특별성을 선호하는 너**는 바른 마음 상태 안에 특별성을 얻을 수 없었다. 특별히 총애해 달라고 청하기 전까지, 너는 평화로웠다. 그는 자신이 지어낸 것을 두려워했지만, 자신과 아버지의 **영광스러운 동등성을 공격했기에** 진짜 아버지를 훨씬 더 두려워했다.

텍스트 13:81 모든 사람에게 똑같은 사랑을 똑같이 주는 성령을 통해 모든 일을 결정하는 것은 얼마나 은혜로운 일인지!

성령이 누구에게나 똑같은 사랑을 똑같이 차별 없이 주는 것이 성령이 가르치는 동등성이다.

텍스트 15:47 특별한 사랑과 더불어 특별한 관계들이 너에게 구원을 선사할 수 있다고 믿는 것은 분리가 곧 구원이라는 믿음이다. 구원은 속죄의 완벽한 동등성에 달려 있기 때문이다. 온아들의 특별한 측면이 다른 측면보다 너에게 더 많은 것을 줄 수 있다고 네가 어떻게 결정할 수 있겠는가?

텍스트 10:68 기적에 난이도가 없는 이유는, 하느님의 모든 아들은 그 가치에 있어 동등하기 때문이다. 그리고 그들의 동등성은 곧 그들의 하나인 상태다. 하느님의 모든 권능은 그의 모든 부분에 있으며, 무엇이든 하느님의 뜻과 어긋나는 것은 크지도 작지도 않다. 존재하지 않는 것에는 크기도 양도 없다.

이런 동등성은 곧 일체성(oneness)이다.

텍스트 14:47 기적은 우리가 할 수 있는, 수준을 초월하는 유일한 일이다. 기적은 차이가 아니라 동등성에 기초를 두기에 그럴 수 있다.

위의 인용들에서 명백히 드러나는 것은 우리의 특별함 추구는 동등성이라는 원칙에 비추어 볼 때 환상을 좇는 일이다. 달리 말하자면 우리가 누구인지에 대해서 제대로 *기만당한* 결과이다.

3) 일체성

워크북 184:12 하느님의 이름은 **만물이 하나라는 마지막 레슨**이 된다. 그리고 *이 레슨에서 모든 배움이 끝난다.* (the final lesson that **all things are one,** and at this lesson does all learning end.)

텍스트 31:97 우리 모두가 하나인 곳이 우리의 최종목표이자 돌아갈 집이다.

텍스트 13:5 창조는 영원히 하나라는 사실, 이것이 바로 창조의 기적이다. 네가 하느님의 아들에게 베푸는 모든 기적은 단지 전체의 한 측면에 대한 진정한 지각일 뿐이다. 비록 각 측면이 전체이기는 하지만, *그들이 본래 똑같은 자들(the same)이고 모두 같은 빛 안에서 지각되며, 따라서 하나(one)라는 것을 깨닫기 전에는 이것을 알 수 없다.* 네가 이렇게 과거 없이 보는 모든 이는 치유되고 치유하는 시각을 어둠 속에 가져와 세상이 볼 수 있게 함으로써, *너를 시간의 종착점에 더욱 가까이* 데려다준다.

이 텍스트에 의하면, 창조는 영원히 하나다. (creation is one forever.) 그리고 각 측면은 전체이다. (every aspect is the whole.)

개별 존재의 이런 온전성을 알기 위해서는 동등성과 일체성의 깨달음이 필요하다.

일체성(oneness)

피조물 어느 누구에게나 적용되는 일체성; 표면 밑에는 모든 것이 하나라는 일원론 아이디어.
형제들의 일체성(the universal oneness of God's Son) 그리고 하느님과 아들의 일체성 둘 다를 의미(워크북 158:3).
형제에서 일체성을 보는 것 즉 용서하는 것(과거 없이 보는 것)이 보는 자를 시간의 종착점에 더욱 가까이 데려간다. (주는 것을 받는다.)
일체성을 배우는 것이 모든 배움을 끝내는 마지막 레슨이다.

최후의 레슨은 모든 것은 하나라는 것이다. (워크북 184:12 His Name becomes **the final lesson that all things are one.**) 그러므로 일체성은 전체 수업의 결론을 한 단어로 압축한 것이라 할 수 있다. 분리는 일체성의 부정이다. 분리된 개체들을 의미하는 특별성의 요구가 평화를 상실한 이유였던 것이다. (텍스트 12:20 You were at *peace until you asked for special favor.*)

분리의 부정인 속죄는 이 상황의 역전이기에 역시 모든 것은 하나란 의미인 일체성의 긍정과 수용이다. 따라서 속죄는 최후의 레슨이다. (The Atonement is the final lesson. 텍스트 2:39) 속죄(At-one-ment)가 구성된 단어들의 의미 그대로 "모든 것은 하나다."라는 뜻이고 "분리는 일어난 적이 없다."라는 의미임은 물론이다.

(1) 하느님의 아들들의 일체성

텍스트 5:5 치유는 두 마음이 자신의 *하나인 상태*를 지각하고 기뻐하게 되는 생각의 작용이다.

분리의 사건 내지 믿음 이후로 우리에게 생겨난 첫 번째 분열은 우리의 의식이었다. (텍스트 3:40) 이 의식의 특징은 지각하는 것이었기에 차이를 지각하는 우리가 다시 일체성을 지각하게 된다면 그것은 곧 치유를 의미할 것이다.

텍스트 5:29 우리가 이러한 목적을 공유함에 따라, 온아들 전체를 끌어당겨 그것이 본래 창조된 *하나인 상태*로 회복해줄 그 목적의 권능이 강화된다.

텍스트 6:92 온아들을 예외 없이 가르치는 것은 네가 온아들의 *온전성*을 지각하고 *온아들이 하나임*을 배웠다는 것을 입증한다. 이제 너는 온아들의 *하나인 상태*를 마음에 간직할 수 있도록 경계해 깨어 있어야 한다. 네가 마음 안으로 의심이 들어오도록 허용한다면 온아들의 *온전성*에 대한 의식을 잃을 것이며, 따라서 그것을 가르칠 수 없을 것이기 때문이다.

온전성은 일체성을 의미한다. 일체성을 잊으면 온전성의 자각도 잊게 된다.

텍스트 7:65 창조주와 피조물의 하나인 상태가 바로 너의 온전성이고, 너의 제정신이며, 너의 무한한 권능이다.

일체성은 곧 우리의 온전성을 의미한다.

일체성은 동등성과 같은 의미임은 위에서 살펴보았다. 그런데 일체성은 또한 온전함을 의미하기도 한다. 여기서 온전함이란 결여가 없음과 제외시키지 않음이라는 두 가지의 의미를 가지고 있다.

하느님과 하나라는 일체성의 측면에 비추어볼 때 일체성이 **결여나 부족이 없는 온전함**을 의미할 것은 자명하다. 하느님과 하나인 자에게는 아무런 필요도 없을 것이기에 결여도 없을 것이기 때문이다. 그런데 일체성이 동시에 의미하는 형제와 하나라고 하는 측면을 고려할 때는 **어느 누구도 제외되지 않는다고 하는 온전함**의 전일적인 성격이 드러난다.

> **텍스트 8:18** 아버지의 뜻과 아들의 뜻은 그 확장에 의하여 함께 하나다. 그 뜻들의 확장은 그것들의 *하나인 상태*의 결과로서, 그것들의 결합된 뜻을 확장함으로써 단일성을 유지해 준다.
>
> **텍스트 8:87** 왜냐하면, 우리의 이름은 공유된 정체이기 때문이다. 하느님 아들의 이름은 하나다. 그리고 우리는 이런 *하나인 상태를 공유*하기에, 너는 사랑의 과업을 이행하라는 명을 받았다. 우리의 *마음이 온전한 이유는 그것들이 하나*이기 때문이다. 너는 병들었을 때 나로부터 물러나고 있는 것이다.
>
> **텍스트 10:15** 하느님의 뜻은 당신의 아들이 하나이며, 당신의 하나인 상태 안에서 당신과 연합되어 있는 것이다.

하느님의 뜻은 우리가 **형제들과 일체이고 하느님과도 일체성으로 연합**되어 있는 것이다. 이런 일체성의 진정한 이해가 치유의 시작이다. 즉 우리의 일체성으로 인해서 우리의 뜻과 하느님의 뜻은 같다는 점을 인식하기 시작하면 치유가 일어난다.

> **텍스트 10:68** 기적에 난이도가 없는 이유는, 하느님의 모든 아들은 그 가치에 있어 동등하기 때문이다. 그리고 그들의 **동등성은 곧 그들의 하나인 상태**다. 하느님의 모든 권능은 그의 모든 부분에 있으며, 무엇이든 하느님의 뜻과 어긋나는 것은 크지도 작지도 않다. 존재하지 않는 것에는 크기도 양도 없다.

기적들에 보이는 깃 같은 난이도의 문제: 실재가 아닌 것은 크기도 무게도 없고 하느님에게는 모든 것이 가능하므로 어떤 기적은 이루어지고 어떤 기적은 이루어지지 않을 수는 없다. 또 어떤 사람은 기적을 행할 수 있고, 다른 사람은 그럴 수 없는 것도 아니다. 하느님의 아들들은 모두 다 같은 가치를 가지고 있고 그들의 동등성이 바로 그들의 일체성이기 때문이다. 하느님의 전체 능력은 하느님의 모든 부분 안에 똑같이 있는 것이다.

> **텍스트 18:49** 너의 바깥에는 아무것도 없다. 이것이야말로 네가 궁극적으로 배워야 할 것이다. 그러한 깨달음을 통해, 천국이 너에게 회복되기 때문이다. 천국은 어떤 장소도 조건도 아니다. 천국은 단지 **완벽하게 하나인 상태Oneness**에 대한 알아차림이며, **다른 것은 아무것도 없다는 앎**이다. 이 하나인 상태의 바깥에는 아무것도 없고, 그 안에도 다른 것은 아무것도 없다.

완벽한 일체성의 알아차림은 천국의 정의이기도 하다.

텍스트 22:62 네가 하느님과 하나이고 그러한 하나인 상태를 인식한다면, 너는 하느님의 권능이 곧 너의 권능임을 알 것이다. 하지만 네가 어떤 공격이든 의미가 있다고 믿는 한, 이것을 기억하지 못할 것이다.

공격이라는 것을 의미 없게 만드는 일체성. 하느님과 우리의 일체성은 하느님의 힘을 우리의 것으로 만들기에 공격은 전혀 필요도 의미도 없게 된다. 그러나 이 진리를 기억하려면 공격이라는 것이 무엇인가 의미한다는 것을 더 이상 믿지 않아야 한다.

워크북 137:3 그러나 치유는 그가 다시 하나가 되어 자신의 자아를 어떤 부분도 손상되거나 공격받지 않은 상태로 받아들이겠다는 결정이다.

몸은 하느님 아들의 보편적인 하나인 상태를 공격할 힘이 없다. 그가 이것을 깨달을 때 치유가 이루어진다.

'하느님의 아들들의 보편적인 하나인 상태'를 의미하는 일체성(the universal oneness of God's Son 워크북 137:3)에서 일체성이란 특별성의 반대이다.
그리고 이 일체성은 일부에게만이 아니라 우리 모두에게 보편적으로 적용된다. 누구에게는 적용되고 다른 이에게는 적용되지 않는 것이 아니라 그 누구에게나 적용되는 일체성이다. 피조물의 일체성, 만물의 일체성이자 창조주와 피조물의 일체성이기도 하다.

수업에 의하면 우리가 특별성을 요구하기 이전에 즉 우리의 일체성이 유지되고 있었을 때 우리는 평화 속에 있었다. (위 텍스트 12:20 You were at peace until you asked for special favor.) 이 평화의 특징은 차이에 대한 지각이 없는 것이었다. (텍스트 3:40 분리 이후에 우리는 비로소 지각을 하기 시작했다.) 즉 일체성은 평화를 의미했고 지각을 통해서 평화를 잃게 되었다.

지금 우리는 '동등성'을 배우기 위해서 세상에서 시간 안에 살고 있다. (텍스트 1:82 "온아들의 모든 구성원이 진정으로 동등하다는 것을 인식하려면 거의 끝없는 시간이 필요하다.") 이 동등성을 배움으로써 궁극에는 모두가 일체성(하나인 영원의 상태)으로 돌아갈 것임을 알 수 있다. ("Into eternity **where all is one** there crept a tiny made idea…" 텍스트 27:82 "모든 것이 하나인 영원 안으로 작은 미친 아이디어 하나가 기어 들어왔다…")

결국, 영원의 상태이던 일체성이 분리가 가져온 지각의 기능에서 비롯된 특별성의 필요로 깨어지면서 평화가 사라졌지만 동등성을 배우고 나면 일체성은 다시 회복될 것이라는 얘기이다. 혹은 동등성을 배우는 것 혹은 배워서 회복하는 것이 일체성으로 회복되는 열쇠가 될 것이다. (그들의 동등성이 그들의 일체성이다. their equality is their oneness. 텍스트 10:68)

이 일체성은 동등성 그리고 온전성과 더불어 수업의 가르침 전체를 3단어로 압축한 표현이라 부를 수 있다.

"종로에서 뺨맞고 한강에서 화풀이한다."

[우리 조상들은 유난히 '일체성'을 알고 실천했었다는 우울한 증거(a dark evidence) 하나.]

이 속담에 대해서는, 종로란 곳은 사대문 안에 있어서 길거리에 사대부와 부자와 세도가들이 득실거렸을 것이기에 자칫하면 뺨맞기가 일쑤였을 것이고 반대로 거기서 복수를 하려다가는 더 다칠 것이 십상이라 멀리 한강까지 가서야 주변에 많은 중인, 머슴, 노비, 천민들을 붙잡고 종로에서 당한 분풀이를 하곤 했을 것이라는 사회-정치적, 사회-경제적 해석이 가능하다.

그러나 이제 기적수업 학생들은 안다. 우리 조상들이 일찍부터 일체성을 이해하고 실천하고 연습했다는 진실에 대한 증거가 이 속담이라는 것을. 자기를 때린 자와 자기가 때린 자에게서 일체성을 보았음을.

(2) 하느님과 아들(우리)의 일체성

> **워크북 158:2** 아버지와 아들이 하나라는 계시는 결국 시간 안에서 모든 마음에게 올 것이다. 하지만 그때가 언제일지는 가르칠 수 있는 것이 아니라, 마음이 스스로 결정하는 것이다.

아버지 즉 창조주와 아들 즉 피조물의 일체성은 속죄의 내용이다. 우리가 하느님에게서 분리되는 것은 마치 '생각들은 그 근원을 떠날 수 없는 것'처럼 애초부터 불가능하며 우리가 죄책감과 두려움 속에서 상상하고 믿고 있는, 하느님으로부터의 분리는 결코 실제로는 일어난 적이 없다는 '일체성'의 확인이 바로 속죄의 내용이다.

> **텍스트 12:22** "특별히 선발하는 것"은 "홀로 있게 만드는 것"이며, 따라서 외롭게 만든다. 하느님은 너에게 그렇게 하지 않으셨다. ***너의 평화가 당신의 하나인 상태에 달려 있음***을 아시는 하느님이 과연 너를 떼어놓으실 수 있었겠는가?

우리의 **평화는 하느님의 (우리와의) 일체성**에 있다.

> **텍스트 13:72** 모든 것의 원인(원천)은 오직 하나, 즉 하느님밖에 없다는 의미의 일체성.

하느님은 유일한 원인이시며… 원인이 없는 것은 존재할 수 없다…. 마음은 하나이고 원인도 하나임을 늘 기억하라. 네가 ***이런 하나인 상태***와의 소통을 배울 길은, 오로지 원인이 없는 것을 부정하고 하느님이라는 원인을 네 것으로 받아들이는 법을 배우는 것뿐이다.

> **텍스트 25:9** 이런 하나인 상태를 어떻게 경험할 것인지, 그것을 경험하려면 무엇을 해야 하고, 그러려면 어디를 가야 하는지를 가르치는 것이 성령의 기능이다.

일체성을 우리에게 **경험하도록 가르치는 교사**는 바로 성령이다.

> **텍스트 26:6** 너는 ***하나인 상태***를 보지 못할 수도 있지만, 그것의 실

재를 희생할 수는 없다.

일체성을 보지 못할 수는 있지만 없어지게는 못한다.

워크북 95:16 너는 하느님의 아들로서, 한 분의 창조주와 하나의 목표를 가진 유일한 자아다. 그 목표는, 모든 마음이 이러한 **하나인 상태**를 자각하게 함으로써 진정한 창조가 하느님의 **전체성과 단일성**을 확장할 수 있게 하는 것이다.

우리가 세상에 와서 있는 목표가 일체성을 모든 사람들에게 알아차리게끔 하는 것이다.

워크북 127:3 사랑은 판단할 수 없다. 사랑은 그 자체로 하나이기에 모든 것을 하나라고 본다. 사랑의 의미는 하나인 상태(oneness)에 있다. 사랑은, 사랑을 편파적이라고 생각하거나 부분으로 되어있다고 생각하는 마음을 피해갈 수밖에 없다.

워크북 169:5 하나인 상태란 단순히 말해, 하느님이 계신다는 아이디어다. 하느님은 당신의 존재 안에 모든 것을 포함하신다.

워크북 169:9 세상의 그 누구도 이해할 수 없는 것을 더 이상 밝힐 필요는 없다. 너의 하나인 상태에 대한 계시가 올 때, 너는 그것을 알고 완전히 이해하게 될 것이다.

일체성의 이해, 계시에 의해서 그것이 진정으로 이해되는 것이 우리의 앎과 이해가 완성되는 조건이다. 그 전에는 우리의 이해와 앎은 제한적일 수밖에 없다.

> **워크북 184:15** 아버지, 우리의 이름은 곧 당신의 이름입니다. 당신의 이름 안에서, 우리는 살아 있는 모든 것들과 연합되어 있으며, 그 유일한 창조주이신 당신과도 연합되어 있습니다. 당신의 이름은 우리를 *하나인 상태*로 연합합니다. 그것은 우리가 받은 유산이자 평화입니다.

> **워크북 225:2** 우리는 하나다. 그리고 이 *하나인 상태*야말로, 시작되지도 않은 여정을 끝내는 마지막 몇 걸음을 마저 걸어가며 우리가 구하는 것이다.

천국에 들어가기 전 마지막 단계들에서 구할 것도 오직 일체성밖에 없다.

> **워크북 2부 구원이란 무엇인가? 2.**
> 따라서 분열을 치유할 권능을 가진 생각이, 여전히 하나이지만 *자신이 하나임을 인식하지 못한 마음*의 모든 조각들에게 주어져 그 일부가 되었다. 이제 마음은 자기 자신을 알지 못하게 되어, 자신의 정체를 잃었다고 생각했다.
>
> 사랑이 그런 것처럼 평화도 아무런 **반대되는 것 없이 주어졌고 단지 그렇게 존재**했다. 그러나 마음이 나누어지면서 치유가 필요해졌기에 여전히 하나

임에도 불구하고 **마음의 일체성을 인식하지 못하는 마음의 조각**마다 나누어 짐(split)에 대한 치유의 능력이 있는 생각이 일부가 되었다. **일체성의 기억의 상실**이 최초의 마음분열(mind split)의 양상이었음을 알 수 있다.

 워크북 2부 재림이란 무엇인가? 2.
 용서는 모든 이를 하나로서 비춰 주기에, 재림의 길을 밝혀 준다. 그
 리고 이렇게 일체성이 마침내 인식된다.

 일체성의 인식은 천국으로 귀환하는 여정의 마지막에 즉 재림의 시간에 일어난다.

 일체성으로 인해서 질병이란 존재할 수 없다. 우리와 하느님의 일체성은 질병이라는 환상을 사라지게 한다.

 이러한 일체성의 망각으로 특별함에 대한 추구가 생기는 것을 알 수 있다. 세상에 살고 있는 누구라도 특별함을 원하는 것은 우리가 우리의 정체와 필요에 대해서 *감쪽같이 속아 왔음*을 보여 준다.

(3) 일체성과 동등성

 텍스트 10:68 그들의 동등성이 그들의 일체성이다 their equality is
 their oneness

 동등성의 기초는 거룩함이다. 우리의 거룩함 이외에 다른 모든 것은 그림

자일 뿐이다. 의미 없는 환상이다. 유일하게 의미 있는 거룩함으로 인해 우리는 형제와 동등하다. 거꾸로 말하자면, 우리의 동등성은 거룩함 때문이다. 이 동등성이 '아무런 차이 없음'의 의미인 homogeniety(균질성)이 아니라 본질적으로 같음의 의미이므로 오직 '거룩함'만을 가리키는 것이기 때문이다.

또 우리는 모두 하느님과 그리고 형제와 하나다. 그런데 그 하나 됨 즉 일체성을 담보하는 것은 우리가 동등하다는 것이다. 우리의 동등성이 우리의 일체성인 것이다.

> **텍스트 1:82** 하느님의 온아들의 진정한 동등성을 알아보기까지는 거의 무한한 시간이 소요되는 것으로 보인다.

이 텍스트가 지적하는 바에 의하면, 우리가 일체성과 동등성을 알아차리지 못하고서도 즉 이해하고 받아들이지 않고서도 어떤 것(사람)을 용서할 수 있다고 믿거나 주장하는 것은 망상이거나 위선이라 할 수 있을 것이다.

(4) 일체성과 연합

> **텍스트 15:94** 나는 오로지 연합의 선물을 주려고 태어났다. 네가 그 선물을 가질 수 있도록, 그 선물을 나에게 주어라. 그리스도의 때는 모든 이에게 제공된 자유의 선물을 주는 때다. 너는 그 선물을 받아들임으로써 이미 모든 이에게 그 선물을 제공한 것이다.

연합이라는 그리스도의 선물의 가치는 우리의 일체성과 관련이 있다. 일체성 혹은 하나인 상태(평화가 깨어지기 전의 바로 그 상태; 모든 것이 하나인 영원 속으로 작은 미친 아이디어 하나가 기어 들어왔다. There crept a tiny mad idea into eternity, where all is one… 텍스트 27:82)가 가지는 의미와 무게에 비추어 볼 때 연합(또한 결합, 공유)은 세상에서 사는 우리의 궁극의 목표지점이라 하겠다.

구원, 속죄, 용서, 치유가 그렇듯 연합도 받아들이면 그 즉시 다른 형제들에게 선물로 주게 된다. ("받아들임으로써 이미 그 선물을 모든 이에게 제공한 것이다.") 우리는 정말로 귀한 것은 받아서 준다. 우리가 받아들일 때 이미 모든 이에게 준 것이다.

4) 온전함(온전성, wholeness)

텍스트 13:5 Every aspect is the whole. 창조(존재)의 개별 국면은 모두 전체이다.

텍스트 30:77 네 형제를 있는 그대로 보겠다는 용의를 가지고 바라보라. 그가 치유되어야 한다는 너의 용의 바깥에 그의 일부를 두지 말라. 치유하는 것은 온전하게 만드는 것이다. 온전한 것은 바깥에 남겨져 빠진 부분이 있을 수 없다. 용서는 이것을 인식하고, 기적이 치유할 힘이 없는 특정한 형식의 병은 있을 수 없다는 사실을 기뻐하는 것에 달려있다.

이 구절들에 의하면 온전함의 정의는 다음과 같다.

"온전한 것은 바깥에 남겨져 놓쳐진 부분들이 있을 수 없다."

그러므로 바깥에 남겨지는 형제도 없고 치유가 되지 않는 질병도 없다.

a. 아무것도 남겨진 것이 없는 상태: 제외된 것/제외된 사람 없이 온전함. 포괄성의 동의어.

온전함은 또한 다음을 의미한다.

b. 부족함이나 결여가 없는 상태 또는 완전함: 부족한 것/필요한 것이 없는 온전함. 부족한 것 없이 완성됨 혹은 완전함의 의미(completeness).

> **워크북 복습 5:10** 내 안에 너의 부분이 없다면, 나는 **불완전할** 것이다. 내가 **온전해질 때, 우리는 함께** 우리의 옛집으로 간다.

여기서 온전함은 일체성이라는 기초 위에서 생김을 볼 수 있다.

> **텍스트 15:78** 소통하려는 용의가 거룩한 순간으로 소통을 끌어당겨서 외로움을 완벽하게 극복한다. 여기에 완벽한 용서가 있다. 너는 다른 사람이 너의 완성에서 차지하는 역할의 가치를 갑자기 인식하여, 그 누구도 너의 완성에서 배제하려 하지 않기 때문이다. 너는 너의 **온전성의 보호** 안으로 모든 이를 초대하여 반가이 맞아들인다. 너는 **너의 완성이 곧 하느님의 완성임**을 이해한다.

c. 전일성의 의미로, 전체로서 하나인 (하나를 구성하는) 상태.

하느님과 우리는 일체인 상태이다. (텍스트 8:18 아버지의 뜻과 아들의 뜻은 그 확장에 의하여 함께 하나다. 그 뜻들의 확장은 그것들의 하나인 상태의 결과로서, 그것들의 결합된 뜻을 확장함으로써 단일성을 유지시켜 준다.)

마찬가지로 하느님의 아들(the Holy Son of God)은 모든 아들들이 하나로서 곧 전체인 온전성을 가지고 있다. (one for all; all for one 모두를 위한 하나; 하나를 위한 모두의 화엄사상; 텍스트 13:5 모든 측면은 전체이다. Every aspect is the whole.)

d. 치유의 정의이기도 한 온전성: 온전하게 만드는 것이 곧 치유이다. (온전하게 만드는 것이 치유하는 것이다. To heal is to make whole. 텍스트 30:77)

그러므로 온전함이란 분리되어 있지 않고 온전함, 결핍이나 부족이 없음(분리되어 있지 않으므로), 또 아무도 제외시키지 않음(분리가 없으므로)의 의미이다. 이들 의미들 중에서 온전함의 가장 중요한 두 의미는 '결핍이나 부족이 없음' 그리고 '아무것도 제외시키지 않고 다 포함함; 그래서 결핍 없이 포괄적임'이라고 하겠다.

텍스트 1:61 Wholeness is the perceptual content of miracles. It thus **corrects or atones for the faulty perception of lack** anywhere. (온전성은 기적이 지각하는 내용이다. 따라서 기적은 결

핍이라는 그릇된 지각**을 모든 곳에서 교정한다. 즉 속죄한다.)

진리는 언제나 풍요롭다. 풍요롭거나 즉 진리이거나 환상이다. 즉 부족하게 있는 것은 있는 것이 아니라 환상이다. 참으로 존재하는 것은 즉 실재하는 것은 언제나 풍요롭다. 부족한 것은 실재하는 것이 아니다. 진리가 아닌 것이다.

무엇이든 풍요롭거나 즉 진리이거나 환상일 뿐이다. 약간만 있는 것 즉 부족하게 있는 것은 진리가 아니므로 실재가 아닌 환상이다. 그러므로 '부족'과 '결핍'에 관한 것인 **희소성 원리**는 항상 오류를 만들어 낸다.

> **텍스트 1:58** 죄가 사랑의 결핍이듯, 어둠은 빛의 결핍이다. 어둠은 그 자체로는 고유한 특성이 없다. 어둠은 **"희소성" 오류**의 한 사례로서, 이로부터는 오로지 잘못만 나올 수 있다.

진리는 언제나 풍요롭다. 자신이 모든 것을 가졌음을 지각하고 인정하는 자는 어떤 종류의 강박적인 행동도 할 필요가 없다.

> **텍스트 4:30** "얻기 위해 주기"는 벗어날 수 없는 에고의 법칙이다. 에고는 항상 다른 에고들과의 관계 안에서만 자신을 평가하며, 따라서 자신을 낳은 희소성 원리에 끊임없이 사로잡혀 있다.

> **텍스트 4:82** 하지만 "약간"은 결핍 개념이고, 이것은 에고가 잘 이해하는 것이다.

텍스트 7:77 결핍에 대한 그들의 망상을 공유하지 말라. 그렇지 않으면 너 자신이 결핍되었다고 지각할 것이다.

텍스트 12:68 너의 세상에서, 너는 정녕 이것저것을 필요로 한다. 그것은 결핍의 세상이기 때문이다. 그리고 너 자신이 그런 세상에 있다고 보는 이유는, 네가 결핍되어 있기 때문이다.

텍스트 15:60 결핍의 세상에서 사랑은 아무런 의미도 없고, 평화는 불가능하다.

(1) 온전성(wholeness)에 대한 구절들

텍스트 10:30 너는 스스로 온전치 않은 한 온전성을 이해할 수 없으며, 아들이 아버지의 온전성을 알려면 자신의 어떤 부분도 제외해서는 안 된다.

텍스트 11:42 속죄는 우리의 온전성에 대한 대가가 아니라, 네가 너의 온전성을 알아차리는 대가였다.

여기서 온전성은 구원과 같은 의미로 사용되고 있다. 속죄를 받아들이는 것은 우리의 온전성을 확보하기 위해서 지불해야 할 가격은 아니지만, (이미 있는) 그것을 우리가 알아차리기 위해서는 지불할 필요가 있는 가격이다. 이미 존재하지만 알아차리지 못할 수는 있기 때문이다.

교사지침서 19:4 구원은 하느님의 정의이다. 구원은 네가 쪼개지고 분리되어 있다고 지각하는 조각들의 온전성을 너의 의식에 회복시켜 준다. 바로 이것이야말로 죽음에 대한 두려움을 극복한다. 분리된 조각들은 썩고 죽을 수밖에 없지만, 온전성은 불멸이기 때문이다.

우리는 부러지고 분리된 조각들에서 온전함을 인식하지 못한다. 그러나 하느님의 정의라고 부를 수 있는 구원이란 우리가 그런 조각들의 즉 **우리 자신의 온전함을 다시 알아차리게 만드는 것**이다. 온전함은 영원불멸이기에 썩어서 죽을 수밖에 없는 분리된 조각들이 상징하고 가리키는 죽음의 두려움을 극복하게 해 준다.

일체성이나 동등성에 대한 우리의 오해와 마찬가지로 우리의 온전성에 대한 망각 내지 몰이해도 우리가 *완전히 기만당하고 있다*는 사실을 입증한다.

5

난이도(order of difficulty, 어려움의 수준/정도) 믿기와 관련된 기만

난이도를 믿는 것은 국면들, 정도들, 수준들(aspects, degrees, orders)에 대한 믿음을 가리킨다. 구체적으로 아래와 같은 아이디어들로 나타난다.

① **희소성**의 원리(the scarcity principle): 주는 것은 잃는 것이다. 주는 것은 결핍된다. 내가 주는 정도에 비례해서 나는 결핍을 겪는다. 그러므로 나는 필요한 것들이 많다.

② 평화의 **대가**에 대한 오해(평화는 값싸게는 얻을 수 없다): 안보비용, 국방비용, 정보비용.

③ **죄와 벌**[죄에는 (어느 정도라도) 상응하는 벌이 필요하다.]: 눈에는 눈; 이에는 이, 법에 의한 지배라는 믿음.

④ 초능력, 초자연적 신비한 현상들, 외계문명 그리고 각종 신비주의들에 대한 관심과 집착은 난이도를 믿을 때 생긴다. 이것들은 각각 높은 등급들의

능력, 매우 신비한 현상들, 다른 수준들의 문명, 범상치 않은 수준들의 믿음 체계들을 의미하고 난이도가 있다는 믿음을 바탕으로 하기 때문이다.

⑤ 비교, 불만, 공격, 판단도 기본적으로 난이도를 믿는 마음이 만들어 내는 것이다. 다른 등급들, 수준들, 정도들을 보면서 난이도를 믿지 않으면 비교하고 불만을 품고 판단해서 공격할 거리가 없기 때문이다.

환상에 있어서 등급이 없는 것처럼 난이도라는 것은 환상의 세상에서만 의미를 가진다. 정도나 등급이라는 개념은 오직 환상들 사이에서만 존재하고 일체성과 동등성의 차원인 실재에서는 의미가 없고 존재하지 않는다. 그러므로 난이도를 믿는 우리의 마음은 완전히 속은 *상태*에 있는 것이라고 결론내릴 수 있다.

6

자율성과 행동에 대한 믿음이 보여 주는 기만

1) 자율성("내 미래와 내 운명은 내가 만드는 것이다."는 아이디어)에 대한 믿음

자율성이라는 아이디어가 내포하고 가리키는 많은 긍정적인 점들(종속적이지 않은 독립적인 사고와 의존적이지 않은 삶의 태도의 격려와 같은)은 분명히 존재한다. 그러나 기적수업의 콘텍스트에서 자율성을 신뢰하고 그것을 지고의 목표로 여기는 것은 '거짓된 자율성'이 추앙되는 한 예로 제시되기도 한다. 이 맥락에서 자율성(거짓된 자율성)은 사실은 분리되어 있어서 혼자이고 약하다고 믿으면서도 스스로 독립된 것인 양 허세를 떫으로써 또 그 홀로인 상태를 미화하거나 과장해서 찬양함으로써 약점과 아픔을 숨기는 것을 의미한다.

우리는 분리되었다고 믿을 때 환상을 만들어 낸다. 그러므로 우리가 만들어 내는 모든 환상은 우리가 혼자라고 그래서 약하다고 믿는 것을 의미한다. 이 경우에는 분리의 환상을 믿는 것의 이면이 거짓된 자율성의 추구임을 알 수 있다.

텍스트 22:50 네가 무엇에 대해서든 방어적이 될 필요성이 일어나는 것을 느낄 때, 자신을 이미 환상과 동일시했음을 잊지 말라. 따라서 너는 네가 혼자이므로 약하다고 느낀다. 이것이 바로 모든 환상의 대가다. 단 하나의 환상도, 네가 분리되었다는 믿음에 의존하지 않는 것이 없다.

자율성의 신뢰라는 개념과 내가 한 행동이 의미 있고 가치 있다는 생각은 일견 책임감과 역사적 감각이 있는 멋진 주장으로 들릴 수 있다. 그러나 실재라는 빛으로 비추어 볼 때 이 주장은 제한적인 진리일 뿐이다. 그러므로 자율성과 관련된 아이디어의 최종적인 분석을 마친 후에 도출되는 결론은 아무도 홀로가 아니고, 우리는 모두가 하나이며, 모두(모든 것)는 연결되어 있다는 진리이다.

그렇다면 "I am the captain of my destiny; the master of my fate."(나는 내 운명의 지휘자고 지배자다.)라는 잘 알려진 표현은 절반만 진실인, 문학작품의 주인공의 선언적 가치일 뿐인 주장이다.

왜냐하면 진실로는 아무도 우연히 어떤 자리에 있지 않으며(자기가 있는 곳에 우연히 있는 사람은 아무도 없다. 교사지침서 9:1), 우리는 이미 일어난 그리고 지나간 일들을 되돌아보고 있을 뿐이기 때문이다. (시간은 이미 끝난 것이다. 우리는 이미 끝난 사건들을 되돌아보고 있다. 워크북 158:4)

궁극적으로는 우리의 의지와 선택에 의해서 우리에게 일어나는 일의 모습이 결정되지만 여전히 우리가 겪는 일의 전개와 의미는 "모두는 하나다."라는 교훈을 우리가 배우는 것으로 정해져 있고 이미 시간 안에서 그렇게 일어났기 때문이다.

- 자율성을 믿는 것의 긍정적인 면들(upside):
- 사회적, 개인적 자유 확장의 역사
- 제국주의 극복의 역사
- 무기소지 권리에 대한 논쟁의 역사

그러나 이들 역시도 제한적인 의미만 있다. 달리 말해서 오직 환상의 세계에서만 한정된 의미를 가진다.

정리하자면, 인간의 자율성이라는 관념은 역사적으로 압제의 타도를 위한 아이디어의 토대로 작용했고 개인과 사회의 자립과 독립을 지지하는 기초 사상으로서 자긍심의 원천으로 기능한 것은 사실이다. 이렇게 자율성의 추구나 그것에 대한 긍정은 인격과 사고의 성숙함을 보여 주는 증거로 존경받기도 하고 때로는 인간이 반드시 갖추어야 할 고귀한 자질로서 아무것에도 의존하지 않고 스스로 문제를 해결하려는 바람직한 독립적 성향의 징표로 여겨지기도 하지만 기본적으로 분리의 믿음에 근거하기에 상당히 기만적일 수 있는 관념이다.

실제로 이 자율성의 신뢰라고 하는 동전의 이면은 '각자도생'이라는 뉘앙스를 지닌다. 그것은 도움을 요청하는 형제에게 "각자의 문제는 각자가 해결해야 한다."고 말하게 만드는 기본 아이디어로 작동하기도 한다. 그러므로 자율성에 대한 우리의 믿음은, 분리라고 하는, 기원에 관련된 기만의 여지가 완전히 제거되고 나서야 인간사회 발전의 동력으로 작용해온 긍정적인 개념들 중의 하나로 간주될 수 있을 것이다.

2) 행동에 대한 믿음

나는 무엇인가 할 수 있고, 나의 가치를 입증하려면 무엇인가를 해야만 한다. (I need do something. I don't want a free lunch.) 이것이 우리 사회와 역사가 가르치는 상식이고 원칙이다.

나는 선한 **행동의 모범**으로 세상의 빛과 소금이 될 수 있다. ↔ 오직 용서함으로만 세상의 빛이 되고 세상을 구원할 수 있다. (행위냐 비행위냐; 작위냐 비작위냐; 행동이냐 용서냐)

말이 아니라 행동이 변화를 일으킨다. (혁명의 역사) ↔ 행동이 아니라 생각이, 그러므로 마음이 진정한 변화의 매개다. (수업의 전복)

내가 아는 것을 **말하거나 설교해서** 가르쳐야 세상을 변화시킬 수 있다. ↔ 말이 많고 설교자가 많고 자신이 스스로 임명한 교사가 많은 시대는 항상 있었다. 진정한 가르치기는 말하는 것이 아니라 내면의 진리(자기 정체)를 조용히 인식함으로써 하는 것이다.

사실을 말하자면,

① 나는 아무것도 모른다.

② 세상의 변화를 위한 가르침은 **말이나 설교가 아니라** 세상에 대한 정확하고 **조용한 인식(quiet recognition)으로 가능하다.** (세상을 변화시키기보다 세상을 인식하는 우리 마음을 먼저 변화시켜야 한다. 이 마음의 변화는 '조용한 인식'이다. 워크북 37:3, 텍스트 12:56)

그러므로 자율성에 대한 확신과 신뢰 그리고 우리의 행동이 무언가 의미 있는 결과를 만들어 낼 것이라고 믿는 믿음은 우리가 얼마나 교묘히 속고 있는지를 보여 준다.

한 번 더 강조하자면, 수업에서 말하는 기적과 용서와 치유와 구원은 "나는 아무것도 할 필요가 없다"는 깨달음과 관계가 있다. 아무것도 하지 않음의 미학은 우리가 하느님의 선물을 '받아들인다(accept)'는 사실에 기초를 둔다. 받아들임은 행함보다 오히려 더 믿음에 관한 것으로 거룩한 것에 대한 신앙의 가장 원초적인 형태다.

이 맥락에서 아무것도 하지 않음은 궁극의 신앙행위다. 그것은 우리 쪽의 무위이며, 하느님과 그의 계획이 이미 성취해 놓은 것을 미처 다 이해할 수 없음에도 여전히 신뢰하기로 선택하고 받아들이는 것이다. 그것은 궁극적인 믿음과 감사이며, 그 자체로 거룩한 것 혹은 하느님에 대한 신앙행위이다. 이 지점에 이르지 못했다면 우리는 여전히 속고 있다고 수업은 지적한다.

7

공격 - 기만의 최종 열매

공격은 자신이 누구인지를 가림으로써 **속이는 것**(vs. 사랑하는 생각 - 용서)이다. 공격은 또한 실재가 아닌 환상을 상대로 하는 것인 데다가 우리가 상대방과 분리되어 있다는 믿음 위에서 하는 것이기에 정당한 근거도 의미도 없다.

텍스트 22:62 공격은 아무런 의미도 없기에, 어떤 형식을 취하든 정당한 근거가 없다. 공격이 정당한 근거를 가질 수 있는 유일한 방법은, 너희 각자가 상대방과 분리되어 있고 너희 모두가 창조주와 분리되어 있는 것이다.

1) 공격생각이 만든 세상 vs. 사랑하는 생각이 해체하는 세상

* 세상: 우리 자신에 대한 환상, 우리 자신의 거룩함을 가리는 이미지.

사랑하는 생각은 시간 안에서 몸을 가진 채 우리의 힘만으로 땅 위에서 세상 안에서 온전히 하기는 불가능하다. 그러므로 공격으로 만든 세상을 구원하는 길은 내가 '세상의 빛으로서 용서하는 기능'을 통해서이다. 오직 이 방법(하느님의 구원계획 as against 에고의 구원계획)을 따르는 경우만 성공한다.

공격생각 대 사랑하는 생각

=

공격의 생각 대 용서의 생각

=

지각 대 비전

=

판단 대 용서

=

죽음의 생각 대 생명의 생각

공격은 두려움과 마찬가지로 도움을 달라는 요청이자 사랑을 구하는 요청이다.

공격도 두려움도 도움을 요청하는 호소(an appeal for help)이자 사랑을 구하는 요청(a call for love)이다.

텍스트 11:10 두려움은 **도움을 구하는** 호소임을 가르쳤다. 이것이 바로 두려움을 인식한다는 것의 진정한 의미이다. 네가 두려움을 보호하지 않는다면, 성령이 그것을 재해석할 것이다. 이것은 네가 **공격을 사랑을 구하는 요청으로 지각**하는 법을 배우는 데 있어서 궁극적

III. 가장 심각하게 기만당하는 영역들

인 가치이다. 오로지 공격만이 두려움을 일으킨다면, 그리고 **공격은 실제로 도움을 구하는 요청**임을 본다면, 너는 두려움의 비실재성을 분명히 깨달을 수밖에 없다. 두려움이란 부정된 것을 무의식적으로 인식하면서 **사랑을 구하는 요청**이기 때문이다.

(1) 워크북 23과에 나타나는 공격생각

23:2 네가 보는 세상의 원인이 공격생각이라면, 이 생각이야말로 네가 원하지 않는 것임을 배워야 한다. 세상을 한탄해 봤자 아무 의미도 없다. 세상을 바꾸려고 애써 봤자 아무 의미도 없다. 세상은 단지 결과이기에, 바뀔 수 없다. 하지만 세상에 대한 너의 생각을 바꾸는 것은 과연 의미가 있다. 그럴 때 너는 세상의 원인을 바꾸는 것이며, 결과는 자동적으로 바뀔 것이다.

23:1 오늘의 아이디어에는 두려움에서 유일하게 성공적으로 벗어날 방법이 들어있다.

이 공격생각의 포기는 두려움에서 벗어날 수 있는 유일한 방법이기도 하다.

그러므로 세상 = 두려움 = 죄책감 = 환상 = 꿈 = 판단 = 시간 = 공격생각이라고 할 수 있다.

(2) 워크북 55과와 110과에 설명되는 공격생각과 *사랑하는 생각*

55:3 나 자신의 **공격생각**이 이러한 그림을 생겨나게 했다. 나의 *사랑하는 생각*은 세상에 대한 이러한 지각에서 나를 구하고, 하느님이 나에게 뜻하신 평화를 안겨 줄 것이다.

사랑하는 생각이 세상에 대한 나의 지각에서 나를 구해 주고 그 세상에서 나를 해방시켜 준다.

55:4 나는 공격생각을 포기함으로써 세상에서 벗어날 수 있다. 나의 구원은 다른 어떤 곳도 아닌 바로 여기에 있다.

공격생각의 포기에 나의 구원이 있다. 다른 어떤 방법도 나를 구원할 수 없다. 텍스트 18:93은 죄책감이 용서를 만나서 마침내 사라지는 실재 세상에는 '하느님의 아들에 대한 공격'이 없다고 알려 준다.

"이곳에는 하느님의 아들에 대한 *공격이 없으며*, 네가 반가이 맞아 들여진다."(텍스트 18:93)

그러므로 판단 종식 = 공격생각 포기 = 구원 = 사랑하는 생각 = 용서 = 공격의 종식 = 두려움의 종식이라고 할 수 있다.

워크북 110:11 오늘 우리는 우리와 마주치는 모든 이에게 감사하는 마음과 *사랑하는* 생각을 품고 온종일 그리스도를 기억할 것이다. 우리는 바로 그런 식으로 그리스도를 기억하기 때문이다.

우리 안의 참자아, 우리 내면의 그리스도를 기억하는 방법으로 '사랑하는 생각'(loving thoughts as against attack thoughts)이 제시된다. 사랑하는 생각을 마주치는 모든 이에게 품을 때 우리는 그리스도, 즉 우리 안의 진정한 자신인 그리스도를 기억할 수 있다.

2) 죽도록 공격하는 사회와 방어하는 문화

Attack-Dog을 키우고 Assault-Rifle을 소장하는 이유.
계획하기로서의 attack-dog과 assault-rifle 구입.
Preemptive strike(선제타격)라는 핑계의 공격.
총기 박람회, 전투 게임들의 성황.

방어를 위해서 갖추는 것들은 '공격'의 용도를 가진 것들이다. attack-dog과 assault-rifle 그리고 contact sports(몸의 접촉이 있는 스포츠)나 martial arts(격투기)가 인기를 얻는 사실은 두려움의 문제가 상당히 보편적임을 보여 준다. 이 두려움은 결국 죄책감의 문제와 연결되어 있음은 누차 강조된다.

(1) 죽도록 공격하는 모습의 사회

(a) 희소성원리에 대한 믿음과 경쟁과 그리고 계획/방어로서의 선제적 타격(공격이 최선의 방어 논리)

(b) 스포츠에 보이는 공격과 방어 문화

① 축구와 상대 족장의 머리 차기 놀이의 관련성 ② contact sports들 ③ 양궁, 사격, 펜싱 etc. 노골적인 군사훈련의 대용물 ④ 육상조차도 공격의 필수적 능력인 속도와 유연성 그리고 지구력의 경쟁

(c) 산업에 보이는 방어와 공격

① 군비 - 방위산업 ② 안전 - 경호산업 ③ 무기산업 ④ 격투기 및 마셜 아츠 관련 산업

(d) 엔터테인먼트에 녹아 있는 공격과 방어

① 액션무비 ② 스릴러무비 ③ 호러무비 ④ 인기 게임의 주류 소재인 전투, 전쟁

(e) 문화에 드러나는 공격과 방어

① gun fair(총기전시회) ② gun magazines(총기잡지) ③ shooting range(사격장) ④ martial arts(격투기)

(f) 의학과 의료현실에 담긴 공격과 방어

① 병의 원인 파악에 이은 공격적 치료가 기준적인 표준 치료법이다.

② 전인적 치료, holistic approach나 면역력 향상을 더 중시하는 대체의학은 글자 그대로 주류가 아니란 의미로 대체의학이라 불린다.

(2) 표준적인 삶의 양상 - 죽도록 공격하고 죽도록 계획하며 살고 있는 우리

"사람이 마음으로 자기 길을 계획할지라도 그 길은 인도하시는 이는 하느님이다."(구약성서)

과연 하느님이 우리의 계획을 인도하시는가에 대해서 기적수업은 의문을 제기한다. 기적수업에 의하면 우리의 계획은 우리가 가진 근원적인 두려움을 반영하는가 하면 세상에서의 공격에 대비하기 위한 방어들 중의 하나이기 때문이다.

죽도록 공격하고 죽도록 계획하며 사는 삶의 양상

근본적으로 두려움이 꿈을 낳는다. 그 꿈속의 우리 인생에서 두려움은 또한 공격과 방어를 초래한다. 계획하기는 방어이므로 두려움과 판단의 꿈인 우리의 삶은 공격과 계획으로 가득할 수밖에 없다.

'잘'사는 것인 목표인 우리는 참 아이러니하게도 '죽자고' 공격하고 '죽도록' 계획하며 산다. 그 이유는 무엇일까?

(a) 공격 - 우리 삶의 뚜렷한 특징(항상 방어하고 있다는 의미이고, 늘 계획한다는 의미이기도 하다)

워크북 136과 너의 마음이 공격생각을 품게 허용하고, 판단에 굴복하고, 계획….

(사랑은 불만을 지니지 않는다; 공격생각을 품지 않는다.)

지속이 문제다. 발생 자체가 아니라….

My mind is **preoccupied with** past thoughts. 내 마음은 과거의 생각들로 **사로잡혀 있다**. (워크북 8과)
I am **sustained by** the Love of God. 내 마음은 하느님의 사랑에 의해 **지탱된다**.

여기의 두 동사인 사로잡힘/점유, preoccupied와 지탱, sustain도 지속됨을 의미한다. 점유되어 있음과 지탱되고 있음은 지속되고 있는 상태를 암시하는 것이다. 일시적으로 있다가 그치는 것이 아니라 지속됨이 포인트다.

해결책은 불만(환상)을 계속 지니고 유지하지 않고 즉각 알아차리고 버리는 것이다. '염기즉각 각지즉무'와 '하려불필', 실재하지 않는 것에 대해서 계속 지니려 하는 것은 그 비실재 즉 환상을 강화하는 것이다.

My mind **holds only** what i think with God(내 마음은 내가 하느님과 함께 생각하는 것만을 **지닌다**. 나머지 환상인 생각은 버린다.)
If you let your mind **harbor** attack thoughts(버리지 않고 **계속 지켜 보존함**이 문제/병의 재발을 일으킨다. 그러므로 지니지 않고 버린다.)

① 공격생각이 항상 있고 모든 생각은 근본적으로 공격생각이다.

우리는 그래서 공격하지 않으면 힘들어한다. 스포츠를 직접 하거나 하다못해 보기라도 해야 분이 풀린다.

스포츠의 대부분은 상대를 공격하는 것과 깊이 관련되어 있다. 레슬링, 권투, 유도, 태권도 같은 접촉 스포츠(contact sports)는 물론이고 펜싱, 양궁, 사격 등은 상대를 제압하거나 빨리 죽이는 것과 관련된 공격의 기술들이다.

공을 가지고 하는 구기 종목들조차 공을 강력하고 빠르게 치거나 정확하게 목표를 맞히는 것과 관련된다. 공격기술의 연마와 관련이 없지 않음은 물론이다. 특히 축구는 과거 일부 문명에서 전쟁터에서 잘라 낸 적 우두머리의 머리를 승리한 부족원들이 축제에서 발로 차면서 놀던 전통에서 시작되었다고 한다. 야구나 하키, 배구, 농구 등도 정확하게 목표지점에 공(혹은 필요시에는 창이나 도끼나 폭탄)을 던지고, 쳐서 보내고, 장애물을 뛰어 올라 넣고, 넘겨서 보내는 데 초점을 둔 경기들이다.

우리 시대의 축구(혹은 야구나 아이스하키나 미식축구나 농구 등 그리고 특히 복싱, 종합격투기 같은 접촉 스포츠들) 경기장에서 선수들의 현란한 타격/공격 기술과 멋진 득점 순간들에 환호를 보내며 광란의 반응을 하는 관중들의 모습에서 옛날에 적군의 머리를 잘라 들고서 포효하는 피투성이 용사에게 열광하던 동료들의 모습을 발견하기는 어렵지 않다. 그리고 그런 스포츠들에서 높이 평가되는 기술들이 전투에서 칼이나 도끼를 써서 상대를 찌르고 베는 기술, 심지어 맨몸을 써서 적의 급소를 가격하는 기술, 그리고 보다 빨리 뛰고 움직여서 상대를 공격하거나 도망치는 기술과 전혀 다르지 않음은 분명하다.

육상 종목들도 기본적으로 육지에서나 물에서 혹은 산에서 그리고 눈 위에서 강인한 체력들을 단련하여 전쟁에서 공격할 때 보다 효율적이고 강력하며 정확하고 빠르게 훈련하는 것들과 연관된다.

승마도 전쟁의 필수기술임은 물론이고, 조정, 카누, 요트 등 보트를 다루는 종목들도 해전에서의 전투기술을 함양하는 것이 아닐 수 없다.

우리 모두 잘 알다시피 세계의 가장 큰 행사 내지 게임은 월드컵과 올림픽이다. 영화들도 가장 많은 관객을 모으는 것들은 총, 칼, 맨몸의 격투와 전투기술, 가공할 신체적 힘 등을 주된 재료로 내세우고 보여 주는 것들이다. 〈아바타〉, 〈007〉 시리즈, 〈분노의 질주〉 시리즈, 〈제이슨 본〉 시리즈, 〈존 윅〉 시리즈 등 수많은 전쟁과 격투 소재 영화들과 끝없이 제작되는 액션 영화들… 아놀드 슈왈츠네거, 실베스터 스탤론, 제이슨 스태덤, 드웨인 존슨과 같은 근육질의 액션영화의 배우들이 당대의 가장 돈을 많이 버는 배우들인 이유… 로맨스도 드라마도 코미디도 스릴러도 좋지만 액션 영화를 가장 즐겨보고 많이 보는 것이 우리 인류라는 지적에는 의문의 여지가 없다.

② 사냥을 잘하고 맹수에게서 자신을 보호하려면 공격/방어는 필수였다. 생존을 위해서 인류에게 아마도 가장 선호되는 기술이었을 것이다.

수렵/채집기를 지나 유목/농경기에도 외적의 공격, 낯선 자의 공격, 강도의 공격, 배고픈 자들의 공격, 노동력 확보를 원하는 자들의 공격은 일상적이었을 것이기에 인류에게 영농과 농사의 기술만큼은 아니라도 여전히 공격의 기술은 항상 필요했음에 틀림이 없다.

③ 법이 생기고, 군대나 경찰이 법을 집행하게 되면서 이전보다는 개인적인 공격의 필요나 기회가 줄어들었다. 하지만 여전히 치외법권 지역에서나 도심에서 먼 지역에서는 약탈과 공격은 흔한 일이었을 것이고, 부족과 국가의 형성 이후에는 법집행을 위한 인력들 즉 군인과 경찰이 이전보다 더 뛰어난 그리고 평균적 사람보다 더 막강한 공격 기술을 필요로 했다.

사회구조는 왕과 왕의 가까운 조언자들 그리고 그들을 보호하고 옹립하는 무사들 즉 공격에 익숙한 자들, 특히 병법과 전쟁의 전략 수립에 익숙하고 유능한 자들이 구조적으로 상부 계층을 형성하였다. 중위 계층에는 전문적인 용역 군인 즉 사무라이와 같은 전문 전투인력 계급, 백부장이나 하급 장교들 같은 군대의 중간 간부에 속하면서 전투와 공격을 전문으로 하는 인간들이 포진하게 되었다. 공격하는 기술이 상대적으로 부족하고, 공격기술을 연마할 힘과 자질이 부족하거나 허약한 사람들은 상인이나 공인이 되어서 사회의 하위 계층의 상부를 차지하였고, 비천한 직업에라도 종사하는 일반 백성들 그리고 천민들과 노예들이 각각 하위 계층의 중간과 바닥을 형성하였다.

항상 어느 정도는 그랬지만, 특히 자본이라는 개념이 생기고 널리 퍼진 근대에 이르러 돈이 모든 진정한 힘의 원천으로 인정받는 시대가 시작되기 전에는 무력/힘을 가진 계층 즉 공격을 전문으로 하는 군인들과 무사들이라야 타고난 왕족이나 지위와 재산을 물려받은 귀족들이 이미 차지하고 있는 사회 상류로의 진입을 꿈꿀 수라도 있었다.

물론 자본의 시대 이후에는 돈이 상류계층조차 움직이고 영향을 미치게 되었기에 공격 기술의 가치는 상대적으로 덜 중요해지긴 했다. 그러나 여전히 공격을 주요 기술로 가진 사람들(우리 시대의 경호원들, 경비 전문가들, 모든 시대의 뛰어난 무인들)은 항상 최상류층 인사들을 보호하고 가까이서 지키면서 축재와 신분 상승의 기회를 더 쉽게 가질 수 있었다.

> **텍스트 3:20** 그들은 공격하려는 의지가 없기에 참으로 본다. (They are without the will to attack; they see truly.)

이 공격생각은 우리가 보는 것(our sight)을 왜곡시킨다. **진정으로 볼 수 없게** 만든다. 공격은 곧 방어를 준비하게 만든다. 공격 대상의 strike-back을 항상 생각하지 않을 수 없기 때문이다. 그러므로 공격생각은 곧 방어이다. 우리가 늘 계획하는 것도 사실은 방어를 하고 있는 것이다. [워크북 135:15 계획이 방어로 인식되는 경우는 드물다. (Planning is not often recognized as a defense.)]

항상 공격 준비가 되어 있고 늘 (기회가 오고 여건이 허락할 때마다) 공격하는 것과 동시에 우리는 항상 계획을 한다. 공격에 필요한 조치로서의 방어와 일반적인 두려움의 감정에 대비하는 방어를 계획하기는 제공해 준다. 분리는 두려움과 죄책감을 만들고 판단을 이끌어내었다. 그리고 두려움, 죄책감, 판단은 공격과 방어를 야기했으며 궁극적으로 우리가 늘 계획하게 만들었다.

공격생각, 판단, 계획하기를 상세히 들여다보고 나서 그 원인인 두려움, 죄책감, 분리의 믿음을 **치료할 필요**가 있다.

(분리의 믿음은 아버지에 대한 공격을 의미하므로 방어를 유도하고, 죄책감은 투사를 통해서 타인과 세상에서 공격할 대상을 찾고 보게 함으로 판단의 영속화, 심화와 관련되어 있다. 두려움은 공격 대상의 복수를 상상하게 만들어서 방어를 준비하게 만든다. 방어하기는 계획하기로 완성되므로 늘 계획하며 살게 된다.)

○ *공격생각(공격, attack thoughts).*

늘 공격생각을 하는 자는 자신이 약하다 생각하고 있고, 두려워하고 있으며, 죄책감에 빠져 있다. 동시에 항상 판단을 하고, 분노하면서 공격 대상을 선정한다.

자신이 약하다고 느끼는 이유는 다양하다; 아직도 권력이나 돈을 충분히 갖지 못해서, 아직도 명성이 부족해서, 아직도 사랑받을 자격이 없어 보여서, 아직도 원하는 것이 너무 많아서다. 가지기에는 시간도 역량도 부족하다 여겨서이기도 하고 주변이나 이웃과 비교해서이기도 하다.

- 두려워하는 이유들: 아버지 그리고 이웃의 사랑이 아니라 복수를 믿기 때문이다. 복수당하는 것의 두려움.
- 죄책감의 이유들: 아버지를 공격했다고 믿기 때문이다.
- 판단의 이유들: 판단은 지각이 생긴 결과이다.
- 분노의 이유들: 분노는 판단에서 나온다.

워크북 21과 나는 사물들을 다르게 보겠다. (I am determined to see

things differently.)

분노가 왜곡시키는 시각(sight): 보는 것과 관련 있는 공격생각/분노.

공격생각도 분노도 우리가 '보는 것' 즉 우리의 sight를 왜곡시킨다.

워크북 22과 What I see is a form of vengeance. 내가 보는 것은 복수의 한 형태이다.

공격생각은 우리의 sight(보는 것)를 왜곡시켜서 진정으로 볼 수(truly see) 없게 만든다(텍스트 3:20). 그래서 우리가 보는 것은 공격에 대한 복수를 상상하기에 '복수의 한 형태'이다.

워크북 23과 나는 공격 생각을 포기함으로써 내가 보는 세상에서 벗어날 수 있다.

워크북 26과 나의 공격생각이 나의 상처받을 수 없음을 공격한다.

워크북 136:21 너의 마음이 공격 생각을 품거나, … 너 자신을 다시 제자리에 두지 않고 몸을 공격할, 몸이라는 정체성을 만든 것이다.

워크북 199:2 그러한(성령을 섬기는) 마음은 사랑의 근원에 바쳐졌기에, 공격 생각이 들어올 수 없다.

○ *판단, judgment.*

지각은 판단을 내재하고 있다. 지각이란 '정도들과 양상들과 간격들'을 보는 것이다. 텍스트 3:38은 이렇게 지각의 기원을 설명한다.

등급과 양상, 간격이 분리로 인해 도입되기 전에는 지각이 존재하지 않았다.

등급들, 양상들 그리고 간격들이 있기 전에는 지각도 없었다는 것은 곧 지각이란 여러 가지의 선택 대상들(여러 종류의 정도들, 양상들 그리고 간격들) 중에서 선택하는 것이라는 의미가 된다. 이것은 이원성적인 인식과 분별과 선호에 따라서 선택하는 것을 의미하므로 판단과 같은 의미이다. 그러므로 지각은 곧 판단이며, 그것은 이원성적으로 사고하는 것이다. 신심명에서 '지노누난 유혐간택' 그리고 '단막중애 통연명백'이라고 가장 큰 진리('지도') 혹은 깨달음(해탈)의 상태에 대해서 설명하는 이유가 여기 있다.

- 지도무난: 지극한 도는 어렵지 않다.
- 유혐간택: 오로지 선택하는 것을 혐오하라.
- 단막중애: 단지 미워하고 사랑하는 것을 그치라. (그러면)
- 통연명백: 전체가 자연스럽게 밝히 보이리라.

이런 판단이 분노를 낳는 것은 자연스럽다. 지각은 본래적으로 판단하기 때문이다. (텍스트 3:51)

분리 이후에 지각으로 인해서 더 이상 하나임(일체성)이나 완벽한 동등성이 보이지 않고 다양한 것들(다양성)이 펼쳐져 있는 것으로 보이는 상태(즉 지각이 기능하기 시작한 상태) 혹은 다양한 복수의 선택지들(정도들, 양상들, 간격들)을 보는 상태에 인간은 놓이게 되었다.

여기서 다양성을 감당하지 못하는 인간의 에고와 뇌는 일종의 '지나친 일반화(over-generalization)' 혹은 '지나친 단순화(oversimplification)'에 머무르면서 흑과 백 혹은 밝음과 어두움 같은 이원성에 정착하는 듯하다. (그 이상은 감당할 능력 - 지능이 없어 보인다.) 단지 단편적이고 평면적으로 좋은 것과 나쁜 것으로 구분되어 보이고, 아군과 적군이 보이며, 아름다운 것과 추한 것 그리고 고귀한 것과 비열한 것으로 분리되어 보이는 것이 바로 판단이다. 이런 이원성적인 선택 대상들을 보고 한쪽을 선택하는 것도 판단이다.

그러므로 지각이 있다는 것은 **이제는 이원성적인 선택을 하지 않을 수가 없다**는 뜻이다. 따라서 판단하지 않을 도리가 없는데 이원성적인 선택을 하는 것은 곧 판단이기 때문이다. 먼저 복수의 선택지들을 보는 것이 판단이고 (정도들과 양상들과 간격들을 보려면 먼저 판단을 해야 한다.) 그중에서 선택을 하는 것도 판단인 것이다.

이런 이유로 '지각은 본래적으로 판단'하고, 판단이 없다면 지각은 불가능해진다. (텍스트 3:58 판단이 전혀 없고 단지 완벽한 동등성만 있다면 지각은 어떻게 될까? 지각은 불가능해진다.)

이제 모든 것에 대해서 자신(혹은 자기가 좋아하는 것)과 타자(혹은 자기가 싫어하는 것)로 나누는 이원성적인 판단을 내리기에 이런 판단하기는 분노로 귀착될 수밖에 없다. 나와 다른 것에 대한 공포와 일체성에 대한 믿음의 결여가 분노를 낳는 것이다. 이런 배경을 가진 분노는 공격의 밑거름이다. 그러므로 판단은 공격이 생기는 근본 이유이다. 판단이 죄책감을 투사해서 바깥에 보이는 죄인(분리되어 있는 타자)을 처벌하기 위해서 공격하게 이끈다. 그러므로 판단은 공격으로 귀결되고 공격은 판단했다는 증거이다.

○ *계획하기, planning.*

계획을 세우는 것이 방어로 인식되는 경우는 드물다. (워크북 135:15)
치유된 마음은 계획하지 않는다. (워크북 135:12)
(워크북 135:15, 16, 23 그리고 136:11 참고)

공격(생각), 판단, 방어하기의 세 가지가 몸을 자기 정체로 본다는 증거이자 몸 정체성을 확립하는 근거들이다. "나는 몸이 아니다; 나는 영이다."를 아는 것이 수업의 목표라면, 이 세 가지 습관들에서 벗어나는 것이 선행되어야 한다.

(b) 공격(생각), 판단, 계획하기의 당혹스런 부산물들
분리로 인해 지각이 생긴 이후 본래적으로 내재적으로 판단을 가진 지각으로 인해 판단은 불가피하다. 판단은 곧 공격이므로 방어 즉 계획하기로 귀결된다. 이래서 우리는 자신을 몸이라고 보게 되었다.

○ 공격생각:

① 공격모습의 다양성.
　삶의 어떤 장면에서도 우리의 반응은 공격으로 이어질 수 있다. 대화 중, 거리 산책 중, 어떤 싫어하는 이미지 발견할 때, 싫어하는 정당이나 연예인을 볼 때, 과거의 회상에서, 질문에서 혹은 질문을 받았을 때의 반응으로, 기대가 어긋난 경우 친근한 사람과의 대화에서도 공격은 갑작스레 가능해진다.

　기본적으로 우리의 모든 생각은 공격생각이다. 이미 저질렀다고 믿는 아버지에 대한 공격의 결과로 자신은 쫓기다가 잡혀서 복수를 당한다고 믿는 것이 에고의 가장 근원적인 감정이고 믿음이다. 그래서 모든 보이는 것은 복수의 한 형태이기 때문이다. (이 복수는 물론 자신의 선제공격을 정당화하고 악순환으로 더 심한 적의 공격을 예상해서 공포와 죄책감은 심화된다. 공격의 바탕 에너지인 분노의 크기는 이 순환의 고리에서 시간이 갈수록 커진다.)

　그런 상태에서의 작위, 모든 유위는 두려워서 지르는 비명에 지나지 않는다. 공포를 죄책감을 잊으려는 투사요, 공포를 감당 못 하는 광란의 몸부림이다. 그래서 하느님의 평화는 작위, 유위를 통해서가 아니라 작위할 때가 아니라 내가 공격생각으로 만든 이미지들을 깨끗이 치워 제거할 때 가능해진다. 기실 아무것도 하지 않고 뒤로 물러나서 단지 신의 인도를 따르기만 해야 한다.

　더하지 말고, 하지 말고, 제거하고, 뒤로 물러나고, 하느님께 맡기고, 그의 이름을 부르고, 그 안에서 안식해야 평화는 마침내 가능하고 하느님의 반영

으로 세상 안에서 기능할 수 있다. (텍스트 14:42)

② 공격생각을 버리는 것의 의미.

워크북 23 나는 공격생각을 포기함으로써 내가 보는 세상에서 벗어 날 수 있다.

오늘의 아이디어에는 두려움에서 유일하게 성공적으로 벗어날 방법이 들어 있다. 다른 어떤 방법도 효과가 없을 것이며, 다른 모든 방법은 무의미하다. 공격생각을 버리는 것이 두려움에서 벗어나는 유일한 성공 방법이다.

비교 텍스트 27:45 치유에 필요한 유일한 조건은 두려움이 없는 것이다. 하시만 그것은 단 한 순간만이라도 공격 없이 사랑해야 한다는 것을 의미한다. 한순간이면 충분하다. 기적은 시간을 기다리지 않는다.

두려움에서 벗어나서 치유가 일어나려면 한순간이라도 공격 없이 사랑해야 한다. 그러므로 공격생각을 버리는 것이 (그래서 공격 없이 사랑하는 것이) 두려움에서 벗어나는 그리고 치유가 일어나게 하는 유일한 방법이다.

공격생각 없음 = 치유 = 두려움에서 벗어남. (워크북 23과와 텍스트 27:45)

군비 경쟁과 전쟁 수행, 상대를 호전적 성격과 호전적 태도로 대하기 - 영미 문화권의 법률대리인들, 스스로를 공격하는 '피로 사회', 접촉 스포츠

(contact sports)에 대한 열광, 야구, 미식축구, 축구, 하키, 농구, 배구 등은 공히 방어를 뚫고 적진에 들어가서 상대를 공격하기와 관련 있다.

말이나 글로 상대를 당황하게 하고 자극하고 위협하고 모욕하기 - 우수한 논객이나 랩 음악과 랩 가수(rap music and rappers)가 갖추어야 할 자질로 여겨진다.

이상은 우리의 공격본능을 충족시키는데 필요한 공격의 대체재들의 예들이다.

○ **판단:**
분석에 대한 과신, 판단의 기술들에 낭비되는 비용들… 법률 비용.

○ **계획하기:**
국방비와 보험비용 증가, 군비 경쟁, 신무기 개발, 늘 계획하지 않을 때 오는 불안감 다스리기.

(c) 수업이 제시하는 치유와 치료

공격이 오히려 나의 신성을 공격한다. 공격은 오로지 나만 상하게 한다. 주는 것은 받는 것이다.

공격은 방어/복수를 일으키고 그 복수/방어에 대해서 준비하고 계획하도록 만든다. 지각 왜곡을 일으키는 공격이 없으면 '진정으로 보는 것'이 가능해진다. 'seeing truly' - 내가 보는 세상에서 벗어나기. 어차피 정확할 가능성도 높지 않은 판단이므로 하지 않으면 몹시 편하다.

'나는 아무것도 모른다.'가 주는 자유와 해방과 휴식과 평화. 나는 아는 것이 많다 혹은 나는 많이 충분히 안다는 믿음은 판단하는 사회, 판단의 삶의 밑바탕.

계획하기는 치유된 마음이라면 하지 않는다. (A healed mind does not plan.)

"나는 무엇인가 해야 한다, 나는 필요한 것이 많다."는 강박에서의 자유. 방어인 계획하기를 멈추는 것은 방어/방어할 필요에서 자유로워지는 것이다.

항상 공격하고 늘 계획하는 삶을 사는 우리.

- 어택독: 공격할 대상의 냄새를 찾거나 노골적 명령에 공격하러 튀어나간다.
- 어솔트 라이플: 방어용이 아니라 공격해서 대상을 죽이는 용도로 설계된다.
- 사이드암(side arms): 호신용이기보다는 주로 간편하고 저렴한 비용으로 그러나 여전히 공격을 위해서 사용된다.

기적수업의 목표: 사고역전. 그래서 지각전복이 일어나는 것.

방법: 현재 세상을 지각하게 하는 공격생각 그치기, 멈추기, 포기하기. [우리가 보는 복수심 가득한 세상을 만들어 낸 것은 바로 우리의 공격생각이다. 우리의 공격생각이 밖으로 투사되어 우리가 세상에서 그것(공격)을 지각하게 만든다.]

현재의 지각으로는 '제대로' '진정으로' 볼 수가 없다. 우리는 오직 과거만 보고 있는가 하면 우리의 지각은 정확하지 않아서 '앎'에로 인도하지 못한다. 그러므로 '다르게' 보기 즉 지각의 전복이 목표이다. (워크북 나는 보기를 원한다. 나는 다르게 보기를 원한다. 나는 무엇보다도 보겠다. 나는 무엇보다도 다르게 보겠다.)

이러한 전복된 지각은 '비전'이다. 더 이상 분리가 아니라 결합을 원하는 것이 비전의 특징이자 지각과의 차이점이다. 이런 지각을 낳게 하는 공격생각을 그치려면 다음과 같은 방법이 있다.

① 두려움과 죄책감의 극복.
② 자신의 정체 발견.
 - 현상과 다른 진짜 자신.
 - 하느님이 창조하신 그대로인 자.
 - 하느님 자신의 거룩한 아들.
 - 몸이 아닌 영.
③ 실재인 것의 특징과 실재 아닌 것의 특징을 이해한 데서 오는 평화(서문).

①~③이 공격생각을 그치게 만들 수 있다.

그 이유는:
우리 마음이 분리를 믿게 된 이유는 우리가 아버지를 **공격했다는 잘못된 생각**을 먼저 가지게 되었던 것이었다. (워크북 22과, 23과)

그러므로 이 마음/에고는 태생적으로 두려움이 많다. 목전에 아버지를 공격한 대가로 그의 복수가 임박했다고 믿기 때문이다.

고로 선제적으로 공격하려는 공격생각이 에고의 기초적인 정서다. 이 공격생각의 추동 원인인 죄책감과 아버지의 복수에 대한 두려움이 자신의 분노를 정당화하고 그 분노에서 나오는 공격도 정당방위가 된다.

그래서 선제적 공격은 임박한 복수의 두려움을 더 강화시키고 더 분노하게 하고 더 잘 공격하게 (그리고 방어하게) 만드는 일련의 악순환적인 사건들을 일으킨다. (워크북 22, 23과) 결국 마음의 죄책감은 두려워하며 복수를 상상하게 하고 방어계획하기 그리고 분노와 공격생각을 추동한다.

이런 근원적이고도 구조적인 이유로 우리의 모든 생각은 반드시 '공격생각'이다. 우리가 스스로 아무것도 의도하지 않고, 생각하지 않고 (내 생각들은 내가 만든 이미지들일 뿐이기에) 하지 않는 것이 즉 하느님이 앞에서 인도하시게 우리는 뒤로 물러나는 것이 필요한 이유다.

또 한편으로는, 공격생각의 또 다른 이유들은 다음과 같다:

① 유전적 이유: 다른 생명을 공격하는 것에 달려 있는 동물의 생존.
② 삶을 이해 못 시키는 교육: 적자생존의 레슨, 결핍과 부족이라는 레슨, 주는 만큼 잃는다는 레슨.
③ 우리가 누군지에 대한 이해의 결여: 사회적으로 전혀 주요 관심사가 아니다.
④ 먼저 공격당했기에 제대로 방어해야한다는 믿음: 선제적 타격의 정당화.

⑤ 물질, 몸, 환상, 꿈, 장난감 등을 실재한다고 여기는 믿음: 몽환허화.
⑥ 평화의 가치에 대한 무지: 공격해서 죽이고 빼앗는 것이 가장 효율적인 생산이라는 믿음.

이렇게 우리는 '속아서' 오해로 인해서 공격생각을 가지게 된다. 분리의 믿음에서 시작된 이런 기만은 더구나 우리를 병들게 만든다. 속아서 공격을 하게 되는데 이런 공격은 분리의 믿음을 반영하므로 우리를 병들게 하는 것이다.

분리의 믿음이기에 우리를 병들게 하는 공격

모두의 일체성을 알면 공격할 수 없다. 공격할 대상이 따로 없어서이다. 마찬가지로 사랑하면 공격은 불가능하다. 사랑을 모든 것을 포괄하므로 역시 공격의 상대를 찾을 수 없어서이다. 분리를 믿을 때만 공격이 가능하다. 공격은 분리의 확신이기 때문이다.

병은 분리를 믿는 것이기에 **공격과 공격생각은 우리를 병들게 만든다.** 기만은 이렇게 공격을 통해서 우리를 병들게 하고 마침내 죽인다. 이런 맥락에서 병의 완전한 치유(cure)는 오직 '분리는 결코 일어나지 않았다는 믿음'인 속죄를 받아들임을 통해서만 가능함을 알 수 있다. 속죄의 의미가 '분리는 없(었)다.' 혹은 '모든 것은 하나다.'이기 때문이다.

> **텍스트 2:39** 속죄가 최후의 레슨이다. (The Atonement is the final lesson.)

워크북 184:12 최후의 레슨은 '모든 것은 하나'라는 가르침이다.
('the final lesson that all things are one.')

지각교정 및 역전을 목표로 삼아서 워크북에서 마음의 훈련을 위한 배움과 연습을 시작하는 이유는 다음과 같다.

① 지각을 낳는 것은 생각이므로
② 지각교정이 가능하게끔
③ 사고역전을 해서

생각의 주체인 마음의 오해와 잘못된 믿음을 해소해서 원래대로 마음이 영으로 돌아가게 하는 것이다. 이때 마음은 오랜 방황을 끝내고 영의 자기표현 도구로 다시 기능한다.

마음의 오해와 잘못된 믿음이란?

① 자신이 창조주와 그리고 형제와 분리되었다는 생각과
② 자신은 세상에 살고 있는 몸이라는 생각이다.

①은 속죄를 받아들임으로써 해소되고 ②는 자신이 몸이 아니라 영이라는 것과 자신은 하느님이 창조하신 대로이고 하느님의 거룩한 아들임을 받아들임으로 해소된다. 그래서 오해는 풀리고 생각과 믿음에 있어서의 실수는 교정된다.

이때

① 드디어 공격생각은 포기되고(따라서 보이는 세상도 사라지고).

공격생각을 포기할 때 그것이 만든 세상이 사라지고 진정한 나, 변함없는 내가 드러난다. 세상은 베일로서 나를 가리고 있었을 뿐이다. 진짜 나는 늘 거룩함 속에 변함없이 거기 있었다.

그래서

② 자신은 병들 수도 아플 수도 없음과

③ 자신은 한계들에서 자유롭고, 안전하고, 치유되었으며, 온전하다는 사실 그리고

④ 자신은 자유롭게 용서하고 또 자유롭게 세상을 구할 수 있다는 사실이 명확해진다.

(3) 죽도록 공격하고 죽도록 계획하며 사는 이유 – 세상에서 사는 '몸의 관점'

공격은 두려움에서 나온다. 계획은 방어하기이기에 역시 두려움에서 비롯된다. 우리가 죽도록 공격하고 죽도록 계획하는 이유는 사랑을 잊고 두려움을 믿게 되었기 때문이다. 모든 꿈은 두려움에서 나온다. 두려움의 반대는 사랑이므로 사랑을 믿지 못하는 한 꿈에서 깨어날 수 없다. 여기에 우리의 불안을 초래하는 공격과 계획의 이유가 있다.

(a) '공격생각 중심의 사회'에서 '몸'을 가지고 사는 우리
우리 삶 전체가 우리는 **몸이라는 전제** 위에서 펼쳐진다.

텍스트 18:63 너는 아직도 몸이 힘의 근원이라고 강하게 믿는다. 네가 세우는 계획 중에 어떤 식으로든 몸의 편안함이나 보호, 혹은 즐거움과 관련 없는 것이 무엇이 있는가?

우리 자신은 곧 우리 몸이라고 믿기 때문에 어떤 일을 계획하든지 몸의 편안함이나 즐거움 혹은 보호를 추구하지 않는 경우는 없다. 계획하는 것 자체가 자신이 몸이라는 믿음에서 나온다. (워크북 135:12 치유된 마음은 계획하지 않는다.) 몸은 도처에서 결여를 느끼고 온통 필요를 보기 때문이다.

우리는 인생을 이렇게 산다. (계획을 통해서 몸의 보호를 추구)

- 공격을 하고(징병과 군대 유지 예산, 훈련 예산, 무기 구입 예산)
- 공격을 준비하고(음식, 영양, 군량 비축과 운송과 저장, 효율 높은 전투 식량 개발)
- 공격을 지원하고(군대용 옷, 주거, 장비, 무기 산업 지원)
- 공격을 연습하고(국방산업, 방위산업, 무기산업, 군대, 군사학교, 전략연구소, 전술연구소, 특수부대훈련소와 관련 인력들)
- 공격을 연구하며(화학, 물리학, 전자공학, 재료공학, 기계공학, 생물학, 유전학 등의 군사용도로의 적용)
- 공격의 결과에 대비하는 것이다. (제약업, 의학과 병원산업, 보험과 징세 관련 산업)

우리가 '공격'하지 않는다면 수많은 직업과 기업들이 사라지게 될 우리 사회

공격하는 때:

① 누군가가 내 권리를 훔치거나 침해할 때.
내 재산을 누가 손상하거나 훔칠 때, 내 배우자를 누가 훔칠 때 - 훔치는 것이 불가능하므로 법적인 근거는 없고 도덕적이고 감정적인 문제(치정살인, 2nd degree manslaughter, not murder if killing in the heat of passion. 영미법에서 흥분 상태에서 저질러진 살인은 1급보다 형벌 수준이 낮은 2급 살인으로 다룬다).

권리 지키기, 찾기, 보전하기, 기록하기, 권리의 확장에 관련된 직업을 가진 사람들은 특히 공격생각에서 벗어나기 어렵다.

예) 변호사, 법무사, 등기소 직원들, 법원 직원들, 공무원들, 국회 멤버들과 스태프들, 세무사, 변리사, 특허청과 관련 기관 직원들, 토지의 기록, 개발, 이전, 보전, 분양, 임대차 등 관련 직업군 (토지공사, 서울시주택공사 등)

② 누군가가 나를 공격해서 생명이나 부상의 위협을 느낄 때.

공격에 대한 문화적 동의와 합의가 반영된 법률들:
어느 수준으로, 아주 약간만 접촉해도 법률적으로 '폭행'에 해당(폭행의 영어 단어는 '공격' assault이다).
사적인 공간(personal space, 신체에서 반경 50센티미터 전후의 개인적 공간) 침범하면 위협 느낌.

사적인 공간(personal space)을 존중하는 social mores(기록되어 있진 않지만 통용되는 사회적 관습).

의도적인 폭력 행사는 정당방위의 폭력까지 정당화함.

생명으로 믿어지는 몸의 건강, 유지, 발전, 보호, 즐거움 증대와 관계된 직업군 사람들:

병원, 의료기관, 제약업, 약사, 의사, 치료사, 한방의학 관련, 조무사, 보조사, 제약회사 연구원, 영업사원, 군대와 경찰 인원들, 보안 관련 산업, 질병예방 관련 산업, 건강증진 헬스 관련, 건강기능식품 관련 직업인들, 무도인들, 요가인들, 파룬궁, 국선도….

요식업 종사자들, 음식 생산자들, 음식 배달원들, 운송관련 업자들, 의류업계 종사자들, 몸의 휴식 위한 오락업, 유흥업, 여행업, 숙박업 등 종사자들.

③ 신체적 공격이 아니라 정신적 공격인 모욕, 음해, 모함, 놀림, 가스라이팅, 소수자 차별 등의 인격에 대한 공격의 경우.

변호사, 심리치료사, 심리학 전공자들, 상담사들, 사회복지사들, 목사들, 종교인들, 정신과 의사들, 정신치료 기관들처럼 정신적인 공격과 방어를 담당하는 직업인들.

정신적인 판단력 향상을 통해 신체적 물리적 공격 대신 사용하는 기술을 갖추도록 훈련시키는 기관들 - 대학, 연구소 등. 모든 학교, 학술기관, 연구기관, 학술과 과학 장려 지원 재단, 기술 연구소 등등과 거기서 일하는 교수들,

교사들, 학교 운영과 지원 시스템에서 일하는 교직원들도 정신적인 공격 능력 함양과 관계있다.

④ 선제적 공격 - 미래 위협 제거 차원, 안보적 차원의 투자, 안전보장이라는 이슈.

제한 없이 사용되는 각국의 정보수집 비용과 비밀공작 (black operations) 비용:

정보기관(중앙정보국 CIA, 국가안보국 NSA, 연방수사국 FBI, 마약수사국 DEA, 총기담배수사국 TFA, 범죄현장수사단 CSI, 이민수사국 INS, 국토안보국 HSA, 헌병대, 보안관, 비밀경호국 Secret Service 등 흔히 목적과 역할들이 중복되지만 두려움을 반영해서 항상 더 많이 생겨나는 경향의)들의 유지비용.

경찰과 군대 예산과 국방비⋯ 보안 관련 기술개발 회사들⋯ 사병 조직 용역업체들, 경비업체들, 무장 운송업체들⋯ 국방산업 종사자들 및 무기제조회사들의 직원들과 연구자들⋯.

①~④의 직업군과 산업군을 모두 더하면 음식, 요식, 음료, 의류, 과학, 기술, 교육, 의료, 법률, 체육 및 건강관리, 제약, 연구 및 개발(R&D) 등 우리 경제와 산업의 거의 모든 주요 업종들이 망라된다. 여기에다가 운송과 자동차, 비행기 업계도 인간 이동과 수송 능력의 극대화와 신속화를 통해 공격능력의 극대화와 관련이 밀접한 사업들이다.

과연 인간은 공격이 없다면/사라진다면 어떤 일을 할까? 대체 무슨 직업들이 살아남을까? 어떤 문명이 유지 가능해질까? 심지어 명상이나 영적 훈련 업계도 초능력 개발을 통해서 무기화(즉 공격 능력의 극대화)하는 것과 연관 시키는 것이 우리 인간 아닌가? 과거에 전쟁 이전에 혹은 수행 중에 마법사들의 예언을 듣고 주요 전략 결정을 하거나 전투에서의 성공을 불러오려던 왕들의 얘기를 제쳐 두고서도 말이다. 그리고 보면 최근에 심지어 외계인들의 공격에 대비한 방어와 공격기술을 개발하기 시작한 것은 전혀 놀랄 일이 아닙니다.

⑤ 복수, 대응공격 - 복수의 허용 기본 한계 유념할 것 in-kind; same amount(같은 종류와 같은 양의 허용).

⑥ 정당방위, 어디까지 허용? 집 침입한 경우 가중처벌, 등을 보인 상태! ? 도망가고 있었나? 어디를 타격했느냐? 숨어 있다가 했느냐? 매복의 법적 의미 - lying in wait, ambush 숨어서 기다림의 요소.

⑦ 함정수사(entrapment) - 함정에 빠뜨리는 것도 변형된 형태의 공격이다. 선제공격.

⑧ 먹이 확보의 경쟁자 제거 - 직장 동료, 경쟁 상대를 모함해서 미리 제거하기, 정치기술의 공격적 발전: 마타도어, 필리버스팅.

투표용지 등 선거결과 조작, 유권자 매수, 친위 쿠데타 일으키기, 반군 지원하기, 요인암살, 체제전복 지원 등.

이렇게 공격생각으로 사는 삶은 판단과 공격과 방어로 가득한 삶이다. 달리 표현하자면 그것은 자신이 몸이라고 믿고 전혀 의심하지 않고 사는 삶이다. 그러나 이런 삶은 기쁨과 행복과 평화가 지속되지 못한다는 의미에서 진정한 삶도 풍요로운 삶도 의미 있는 삶도 아니다.

(b) 몸에 대한 오해와 교정

예수의 몸에 대한 관념과 접근

병든 자를 고치고, 일부는 접촉 없이 오직 말만으로도 고치고, 믿음으로 나은 것이라 하고, 죽은 자를 쉽게 살리고, 천국은 세상에 있는 것 아니라 너희들 마음속에 있다고 하고, 오히려 자신의 몸에 대해서는 거의 무관심하고(십자가 사건에 대한 해석), 아무도 '몸으로 보지 말라'고 하고, 사람은 빵만으로 사는 것이 아니라고 한다.

수업의 몸에 대한 해석

우리들이 짜는 계획의 전부가 몸에 대한 것이라는 사실이 몸에 대한 우리의 확신을 보여 준다.

"몸의 보호, 편리함, 즐거움을 위한 계획들이 계획들의 전부이다."
(계획을 한 뒤에 실행한다고 볼 때 인간이 인생에서 하는 모든 일은 몸의 보호, 편리함, 즐거움을 위한 것이다.)

텍스트 3:65 끊임없는 판단으로 인한 긴장은 사실상 견디기 힘든 것이다. 자신을 그렇게도 쇠약하게 만드는 능력을 그렇게도 끔찍이 아끼다니, 참 특이한 일이다.

결국 하는 일도 몸 정체성을 확인하는 것인 판단, 공격, 계획이고 계획하는 것도 오직 몸에 관한 것뿐(보호, 편리함, 즐거움)이다.
오직 몸, 몸, 몸밖에는 관심이 없다. 그래서 점점 마음이 약해지고, 영적 관점이 사라지고, 영원이라는 차원에 흥미를 가질 수 없게 된다.

텍스트 29:46 몸의 개선이 주된 혜택으로 제시된 목표를 달성하려고 시도할 때마다 너는 죽음을 자초하는 것이다. 그럴 때 너는 **결핍에 시달릴 수 있다고 믿는 것**인데, 결핍은 곧 죽음이기 때문이다.
교사지침서 5:5 몸을 사용해서 이루려고 하는 목적을 가지기로 하는 마음의 결정이 질병이다.)

몸을 더 낫게(betterment of the body) 하려는 모든 시도(그리고 몸에 관한 다른 모든 시도, 즉 몸의 보호, 편안함, 즐거움을 이루려는 모든 시도)는 죽음을 믿기 때문에 한다. 죽음이 오기 전에 보다 안락하게 살고 싶어 하고 가능한 한 몸을 잘 보호해서 죽음의 시간을 늦추려고 한다.

이런 목적으로 목적을 이루기 위한 계획을 세운다. 자신은 결국 죽는다고 믿기에 몸의 안전을 더 지켜야 하고 죽기 전에 조금이라도 더 편하고 즐겁게 지내려 한다. 아이러니는 이런 죽음에 대한 믿음이야말로 죽음을 가져온다는 것이다. (bring about your death)

- 몸의 보호: 의식주와 관련된 산업(먹는 것 관련 산업에만 지구의 담수 70%, 토지 40% 사용하고 온실가스 25%가 배출됨), 경비 및 국방 산업, 의료 및 제약 산업, 보험 산업 등 몸의 안전 관련 산업의 발전.

- 몸의 편리함: 산업혁명 이후의 발전들(효율과 편리함 증대를 위한 구산업의 혁명적 개조나 새로운 산업의 발명)이 목표로 삼은 몸의 편리함 추구(이동, 통신, 수송, 항공, 철도, 선박, 수송 산업, 광고, 미디어 산업의 발전).

- 몸의 즐거움: 의식주와 수송, 이동, 휴가 등에서의 최고급 상품들 제공 산업 즉 럭셔리 산업, 엔터테인먼트, 레저, 스포츠 산업, 관광업, 숙박업, 명품 산업, IT 산업, 특히 편의와 쾌락을 극대화시키는 전자제품들과 서비스의 생산과 유통업의 발전.

나는 아무것도 할 필요가 없다. (I need do nothing.)

우리가 늘 계획하는 이유는 "나는 무엇인가 해야만 한다."는 매우 근본적인 믿음에서 나온다. 내 구원도 내가 내 힘으로 무엇인가 해야만 얻을 수 있고, 내 인생도 내가 하는 것에 따라 성과의 유무와 성공의 정도가 좌우된다는 것은 대부분의 사람들에게 너무나 당연한 전제로 받아들여져 있다. 그러므로 만약 기적수업이 가르쳐 주는 주요 아이디어들 중의 하나인 "나는 아무것도 할 필요가 없다."라는 생각을 제대로 인식하고 받아들인다면 계획하기의 압력에서 벗어날 가능성이 생긴다고 할 수 있다.

텍스트 18:69 무엇이든 행하는 것은 몸과 관련된다. 네가 *아무것도*

할 필요가 없음을 인식한다면, 너는 마음에서 몸의 가치를 거둬들인 ***것***이다. 아무것도 할 필요가 없는 자에게는 시간이 필요 없다. 아무것도 하지 않는 것은 안식하는 것이며, 몸의 활동이 주의를 요구하기를 멈추는 자리를 너의 내면에 마련하는 것이다. 성령은 이 자리로 들어와서, 그곳에 머물러 산다.

나는 아무것도 할 필요가 없다는 사실을 알아차리면(인식하면) 마음에서 몸의 가치를 제거한 것이다. 이때 시간이 부정되고 과거와 미래가 사라진다. 몸의 가치를 제거하는 것은 몸이라는 정체성을 더 이상 믿지 않는 것이고, 이것은 곧 판단과 공격생각과 계획하기를 포기하는 것이다.

계획하기란 방어이고 방어는 공격생각과 판단이 전제조건이므로 결국 아무것도 할 필요가 없다는 깨달음은 계획하지 않겠다는 선택이 된다. 그러므로 아무것도 할 필요가 없다는 것을 깨닫는 것은 '몸이라는 정체성'의 부정이자 치유이며 '하느님이 창조하신 그대로인 자신'을 받아들이는 것이기에 '세상은 없다'는 믿음과 마찬가지이다. 이렇게 판단과 공격생각과 계획하기와 몸과 '아무것도 할 필요가 없다는 깨달음'은 서로 맞물려 있는 개념들이다.

그래서 이런 개념들을 받아들이는 것으로부터 "나는 몸이 아니다. 나는 자유롭다. 나는 영이다."라는 선언이 나온다. 이것은 곧 나는 하느님이 창조하신 그대로이며 또 하느님의 거룩한 아들이라는 인식으로서 몸 정체성의 부정이다.

몸이 실재한다고 입증하는 고통과 쾌락이 우리가 가장 민감하게 반응하고 열렬히 추구하는 것이다. 우리가 살면서 어떻게든 고통을 피하려하고 쾌락 (돈, 명성, 몸의 즐거움들, 권력이 가져다주는 것으로 알려진)을 추구하려는 보편적인 모습은 몸의 실재성을 아무도 전혀 의심하지 않고 받아들인다는 증거이다.

> 텍스트 27:54 고통은 몸이 틀림없이 실재한다고 입증한다. 고통은 시끄럽게 덮어 감추는 음성으로서, 그 비명 소리는 성령의 말을 너의 의식으로부터 차단한다. 고통은 주의를 기울일 수밖에 없도록 만들며, 그러면 주의는 성령으로부터 빠져나와 고통으로 집중된다. 고통과 쾌락은 둘 다 몸을 실재화하기 위한 수단이며, 따라서 고통의 목적은 쾌락과 같다.

자신이 몸이라 믿는 몸 정체성을 가지는 것과 그 믿음의 재확인의 결과

① 병을 얻게 된다.
② 치유된 병이 재발한다.
③ 이렇게 사는 것은 단지 소란스럽고 분노로 가득하며('full of sound and fury' 맥베스) 본능만 따르는 삶일 뿐이다. 이것은 진정한(풍요롭고 가치 있으며 의미로 차 있다는 뜻인) 삶이 아니다.
④ 병든 몸은 고통받고 아파하다가 결국 죽는다.

오해를 교정하기

① 아무도 몸으로 보지 말라. (See No One as a Body.)

우리는 몸이 아니다. 판단하고 공격하고 계획한다면 우리가 몸이라는 것을 인정하고 재확인하는 것이다. 그러므로 우리는 자신을 포함해서 그 누구도 몸으로 보지 말아야 한다. 이것은 기적수업 전체의 결론이기도 하다.

혼란에 빠져서 에고를 만들어 내기까지에 이르렀던 마음, 그래서 고통스럽게 행복, 기쁨, 평화의 결여 속에 있던 우리의 마음이 우리는 몸이 아니고 영이라는 진실을 아는 것 그래서 영으로 마음이 회복되는 것이 목표이다. 우리가 몸이 아니기에 우리는 '아무도 몸으로 보지 않는다.'

② 이런 결론에 이르기 위해 기억되고 사용되어야 할 중요한 수업의 원리.

너는 단지 너 자신에게만 준다. (You give but to yourself. You receive what you give; What you give is given to you)

공격할 때 너 자신을 공격하는 것이다. (자해)
판단할 때 너 자신을 판단하는 것이다. (자해)
계획할 때 너 자신을 방어하는 것이고 이것은 불가능한 공격을 이미 받았다고 믿는 것이다. (환상)

③ 또 하나의 원리, "세상은 없다."

이 추가적인 원리는 "너는 오직 너 자신에게만 줄 수 있다."라는 원리보다도 **더 근본적이고 더 포괄적인 기적수업의 원리**이다. 이 원리는 보이는 것, 지각되는 것은 실재하지 않기에 아무런 의미도 가치도 없다는 것이다. 이 원리를 받아들이면 판단과 공격과 계획은 전혀 그 근거도 없어지고 정당성과 필요성도 사라진다.

세상은 없다. 이 세상은 환상이다. 세상은 내가 지어낸 것이다. 세상은 내가 꾸고 있는 꿈일 뿐이다. 그래서 이 세상은 아무런 가치가 없고 의미가 없다. 가치와 의미가 있다고 여기기에 형제와 세상을 공격하고 판단하며 방어한다. 아무것도 아닌 것을 가지고 판단하거나 공격하거나 방어할 필요는 없어진다.

물론 의식 자체가 공격생각으로 차 있고, 판단은 본래적으로 지각에 내재되어 있으며, 공격생각은 동전의 뒷면처럼 방어계획을 동반하지만 세상과 그 안의 것들, 그리고 그 안에서의 경험이 가치와 의미를 결여한 것을 안다면 판단을 더는 하지 않고, 공격생각을 더 이상 보존하지 않고 버리며, 계획할 이유는 사라진다. 세상은 실재하지 않는 것이고 단지 내가 꾸는 꿈이자 내가 만들어 낸 이미지일 뿐임을 알게 되기 때문이다.

거꾸로 말하자면 판단에 굴복하지 않고, 공격생각을 지니지 않고, 계획하지 않는 연습으로 그런 **습관이 생길 때만** 세상이 없다는 진리를 진심으로 이해하고 받아들일 수 있다. "아무도 몸으로 보지 말라"와 "너는 너 자신에게만 줄 수 있다"는 수업의 원리들도 마찬가지로 판단하지 않기, 공격생각 포기하기, 계획하지 않는 **일상의 삶을 살기가 가능해질 때에야** 비로소 자신의 새로운 사고체계로 진심으로 받아들여진다.

이런 맥락에서 기적수업 전체의 요약으로 서문에서 소개되는 다음의 문장들은 참으로 간결하고 예리하게 적절하다.

Nothing real can be threatened. (실재하는 것은 위협받을 수 없다.)
Nothing unreal exists. (실재하지 않는 것은 존재하지 않는다.)
Herein lies the peace of God. (여기에 하느님의 평화가 있다.)

④ 공격생각 보존함, 판단에 굴복함, 계획을 통한 몸 정체성 확인이 더 이상 일어나지 않을 때 가능한 결과.

첫째, 몸이 병들지 않게 된다.
둘째, 병든 몸은 치유된다.
셋째, 자신이 영임을 아는 사람은 "자신이 하느님이 창조하신 대로 '임과' 자신은 하느님의 거룩한 아들"임을 아는 자이다. 그는 속죄를 받아들인 자이다. (또한 세상이 없고, 자기 마음은 공격할 수 없음을 알기에 병들 수 없는 자이다.) 그러므로 완전히, **영원히 치유**된다. (cure가 일어난다.)

    a. Free of all limits, safe, healed, and whole, free to forgive and to save the world (모든 한계들에서 자유롭고, 안전하고 치유되었고 온전하며, 자유롭게 용서하고 자유롭게 세상을 구한다.)
    b. 더 이상 죽음에 의해서 영향받지 않는다. 더 이상 삶이 부인되지 않는다. (워크북 167:2)

우리가 모든 슬픔, 상실, 불안, 고난과 고통, 심지어 작은 쓸쓸함의 한숨, 가벼운 불편함 또는 가장 작은 찡그림이라도 경험하는 것은 죽음을 인정하고 예상하고 두려워하기 때문이다. 그래서 우리가 살아 있음을 부정하기 때문이다.

우리가 몸이 아님을 믿고 이해하고 받아들일 때 우리는 죽음을 인정하지 않는 것이다. 그러므로 위에 열거된 죽음의 모든 부산물은 우리에게 영향을 미치지 못한다. 우리 삶이 부정되는 그 오래된 상태가 드디어 끝난다. 멈춤 없이 그리고 진정으로 기쁘고 행복하고 평화로울 수 있는 이유이다.

(c) 판단의 양상들(성서와 기적수업 비교)

판단, 공격, 방어, 계획하기의 연관성 이해하기

• 신약성서(로마서 2:1, 야고보서 4:11):
판단하면 그 판단으로 네가 판단받는다. 하나님만 판단할 수 있고, 판단하는 그 일을 너도 행하기 때문이다. - 뉘앙스는 기적수업의 가르침과 다소 다름.

• 기적수업:
공격하면 네가 공격/상처받는다. 용서하면 네가 용서받는다. 우리가 하는 모든 것은 자신에게 하는 것이므로. 너와 형제는 하나라서 형제는 곧 너이므로. 너의 투사일 뿐인 형제의 몸은 환상이고, 너와 형제의 본질인 영은 하나이므로.

일체성의 원리가 판단을 의미 없게 만드는 것처럼 환상을 상대로 만들고 힘이나 반대함으로 다루려고 하는 실수가 판단의 기초이다. 그러므로 판단은 환상을 지탱하고 강화한다. 이런 의미에서 판단은 불만과 공격처럼 실재를 가리고 환상을 더욱 살아 움직이게 만든다.

(d) 판단, 분노, 공격, 방어, 계획하기에 대한 수업의 해설

보다 잘살겠다고 우리가 하는 것이 고작 죽자고 공격하고, 죽도록 계획하는 것이라면 너무 큰 아이러니가 아닌가? 우리는 살기를 원하는 것인가, 죽기를 원하는 것인가?

하루, 아니 한 시간, 아니 단 한 순간이라도 공격하지(판단하지) 않고 계획하지 않으면서 살 수는 없는가?

> **텍스트 27:46 공격 없이 사랑**하는 단 한 순간이 치유를 가져온다.
> (Just **one instant of your love without attack** is necessary that all this occur.)

현실생활에서 피하기 어려운 것

① 판단에 굴복하기.
판단이 빨라야 산다는 믿음: 공격이 최선의 방어다. 느린, slow와 빠른, quick이라는 형용사는 각각 어리석은, dumb와 똑똑한, smart라는 의미이다. 판단을 정확하게 빨리 해야 경영도 성공, 전투도 성공, 싸움도 성공, 전쟁도 승전할 수 있다. 일반적으로 잘 속지 않는다는 아이디어는 판단을 잘 한다는 것과 같은 아이디어이다. 지각에 내재된 성격이 판단이므로 우리는 보다 나

은 판단을 하도록 지각 능력과 기술의 교육과 훈련을 시키는 사회와 학교와 직장에서 벗어나기 어렵다.

② 항상 공격생각으로 살기.

텍스트 28:57 자신이 공격받았고 공격으로 잃는다고 보지 않는 한, 그 누구도 고통받을 수 없다. 말로 하지도 않았고 듣지도 않았지만, **의식 안에는** 병에게 바치는 모든 다짐이 들어 있다. 하지만 그것은 네가 형제에게, 그로부터 상처를 받을 것이며 그것을 **공격으로 갚아주겠다고 하는 약속**이다.

이 아이디어의 시사점은 **우리의 모든 생각은 공격생각**이라는 것이다. 모든 생각은 사랑하는 생각이든지 공격생각이다. 그 중간은 없다. 우리가 아직 완전히 용서하지 못한다면 우리의 생각은 공격생각임에 틀림이 없다.

③ 계획하기.
제대로 된 계획 없이는 아무것도 하지 말라! 플랜 B를 항상 준비하라(meaning 항상 계획해서 가장 좋은 플랜 A를 사용하라). 공격할 때는 항상 방어를 마련해 놓고 하라. 예상 못 하는 미래에 대해 대비하는 계획을 만들라. 보험을 들어라. 재보험 들어라. 다수 보험 들어라.
이상 ①에서 ③까지(판단에 굴복, 공격생각 지님, 계획)가 몸 정체성 확인의 **3요소**인데, 대부분의 우리가 살면서 너무나 당연한 듯 자기도 모르게 하는 일들이다. 이런 당연성과 자동적인 성격이 우리의 몸 정체성을 강력하게 옹호한다.

내가 뒤로 물러나기(step back) 위해서 필요한 것

뒤로 물러나려면 **목적이 없어야 한다.** (그래야만 병도 생기지 않는다.) 마음에 어떤 목적이든지 가지면 몸을 involve하는(개입시키는) 것이다. 그래서 병이 생긴다. 몸에서 가치를 withdraw하는(제거해 내는) 유일한 길은 목적 자체가 없이 사는 것이다. 목적이 있는 한 나는 진정한 의미에서 '뒤로 물러날 수' 없다.

목적을 가지고 사는 것의 의미

마음속에 어떤 목적을 가지는 것/만드는 것이 질병의 원인이다.

(몸을 사용해서 이루려고 하는 목적을 가지기로 하는 마음의 결정이 질병이다. 교사매뉴얼 5:5 "치유는 어떻게 이루어지는가?")

* 여기서 '목적'이라는 것은 몸을 성령에게 드려서 그의 목적대로 사용하게 하는 것인 '용도'(a use)와는 다른 것임을 기억해야 한다.

우리의 마음이 목적을 이루려면 몸이 필요하고, 몸을 사용하다 보면 십중팔구는 그것을 실재로 믿게 되고 말기 때문이다. 몸을 사용할수록 또한 몸은 마음의 영향을 부정적으로 받을 수 있다고 믿게 되는 것을 피하기 어렵다. (2:53)

실재가 아닌 것(창조가 불가능하고 잘못을 할 수 없는 중립인 몸)을 창조도 할 수 있고, 잘못도 할 수 있는 마음과 혼동하거나 혹은 "바르지 않은 마음 상태"로서 마음의 문제일 뿐이고 몸과는 전혀 상관이 없는 것인 병과 관련해서 "한 수준(마음)에서 잘못된 것이 다른 수준(몸)에 영향을 부정적으로 끼칠 수 있다는 믿음"을 항상 수반하게 되는 이런 수준 혼동이 바로 질병(실제로는 "바르지 않은 마음 상태")의 원인이다.

텍스트 2:53 "몸은 중립일 뿐이라 마음의 영향을 받지 않음에도 불구하고 그럴 것이라고 믿는 것 그리고 창조할 수 없는 몸이 창조할 수 있다고 하는, 근본적으로 잘못인 믿음을 갖는 것이 수준혼동이다." - 실재와 실재 아닌 것에 대한 혼동이 수준혼동이며 병을 낳는다는 것.

시간과 물질 차원의 세상속의 삶에서 목적을 가지고 산다는 것은 시간 안에서 시간을 믿으면서 사는 것을 의미한다. 시간 안에서 시간의 경과와 함께 몸을 사용해야만 목적이 이루어지기 때문이다. 목적을 가지고 사는 삶이란 또한 마음에 어떤 생각이 점유하는 것을 허용하는 것이다. 대부분의 경우에 마음에 목적이 자리 잡게 하고 그 생각으로 채워지고 머무르게 하지 않으면 목적을 이룰 수 없기 때문이다.

이렇게 목적을 가지는 것은 몸을 믿고 사용하는 것과 시간 안에서 벗어나지 못하고 머무르는 것 (즉 과거에 집착하고 현재에 존재하지 못하는 것) 그리고 마음에 어떤 생각이 점유하도록 허용하여 그 생각에 지배받게 하는 것이다. 이런 상황(몸을 피로에 이르도록 사용하고, 믿고, 자기의 정체로 여기고, 마음과 혼동하는 상황)에서 몸에 질병이 생기지 않을 도리는 없다. 이런 혼동 속에서 실재가 아닌 것을 실재로 믿고 있기에 몸에 나타나는 증상이 질병이기 때문이다.

우리는 과연 우리의 믿음대로 몸에 질병을 일으키고 고통받다가 (결핍과 희생의 믿음은 피곤하게 사용한 몸은 노쇠해지고 아플 것이 당연하다고 믿게 만든다.) 마침내는 피곤한 몸의 사용을 그친다. 그것이 우리가 아는 대로의 죽음이다.

아무 일없이 아무 목적 없이 그냥 마음 흘러가는 대로, 마음이 무엇인가에 머물러 점유되지 않게 마음이 아무것에도 집착하지 않게 현재에만 머물며 욕심 없이 목표 없이 그렇게 사는 것이 오히려 잘 사는 것이다.

워크북 254:2 그런 생각들이 일어날 때, 우리는 조용히 물러서서 그것들을 바라보고는 놓아준다. 우리는 그 생각들이 가져올 결과를 원치 않는다. 따라서 그것들을 간직하겠다고 선택하지 않는다.

시간 안에서 이룰 수 있는 나의 어떤 목적도 사실은 아무 의미가 없고, 구원도, 치유도, 속죄도, 깨달음도 오직 겸손하게 비어져 있는 마음에만 찾아올 수 있어서이다.

워크북 133:14 천국에는 빈손과 열린 마음으로 오는 자들이 도달할 수 있다.

게다가 어차피 몰래카메라에 출연할 뿐인데 웬 목표, 웬 목적이란 말인가?

[선의 4조 승찬의 '심신명' "몽환허화 하로파착"(꿈속에 보이는 가짜 꽃을 무슨 수로 붙잡아서 마음을 둘 것인가?)]

정말로 "나는 아무것도 할 필요가 없다."고 믿는다면 어떤 목적이 또 있어야 하는가?

야심만만한 목적을 마음속 깊이 간직하고서도 세상과 시간과 몸을 실재로 믿지 않을 수 있는가?

혼자서 궁리하고 계획하면서도 성령의 목소리를 놓치지 않고 들을 수 있는가?

오직 내가 완전히 죽을 때, 나의 자기이미지, 자아, 아상, 믿음체계, 환상들이 완전히 버려질 때만 나는 '뒤로 물러날' 수가 있다. 바울의 표현대로라면 '내 안에 더 이상 내가 사는 것이 아니라 그리스도가 사는 것'이다. 이때라야 내 안의 빛이 step forward(앞으로 나서다)한다. 그리고 그 빛은 세상을 (모든 환상을) 감싼다.

그러므로 할 일 없이 살자. 물론 아무것도 하지 않고 살려고 하면 엄청난 마음의 저항이 있을 것이다. 마음은 할 일이 있고 필요가 있어야만 계획하고 통제하면서 스스로의 존재가치를 발견하기 때문이다. 그러나 세상이라는 환상과 몸이라는 에고의 꽃에 다시 속지 않는 유일한 길은 세상, 몸, 나의 이미지, 나의 생각들을 포기했기에 그래서 더 이상 아무 필요를 느끼지 않기에 아무 목적도 할 일도 없이 사는 것이다.

할 일 없이 지내야 할 또 다른 이유(공격생각과 관련해서)

모든 생각은 공격생각이다. 우리에게 중립적인 생각이란 없다. 사랑하는 생각이 아니라면 공격생각일 뿐이다. 일체성을 아직도 배우지 못했다면, 분리를 아직도 믿는다면, 우리가 가질 수 있는 생각이란 공격생각밖에는 없다.

[모든 의도는 목적이고 모든 목적을 가지는 것은 몸을 관여시키고 환상을 놓지 못하게 만든다. 그러므로 하느님과 함께 하지 않는 모든 의도와 목적은 '공격'의 생각이고 계획으로 발전하면서 방어(그러므로 공격)의 모습을 지니게 된다.]

지각을 피할 수 없기에 판단은 불가피하고 판단한다면 분노해서 공격하지 않을 수가 없기 때문이다. 그렇다면 내가 '뒤로 물러나려면' 생각이 없어야 한다. (cf. 마하리쉬 "참나는 생각작용이 있는 한 드러나지 않는다.")

어떤 일이라도 목적을 가지면 몸에 병이 생기듯 어떤 종류라도 생각을 하면 공격생각이기에, 공격하지 않으려면 그나마 생각을 할 필요가 없게끔 할 일 없이 즉 목적 없이 지내야 한다. **'내 것으로 지니고 싶은 것'**이 있거나 '결국 계획으로 나타나는 의도와 연관된, **내 목적/목표로 삼아 찾고 싶은 것**'이 있다면 나는 세상에서 물러날 수 없다. (워크북 226:1 언제 세상을 떠날 수 있는가에 대하여) 생각과 공격에서 벗어날 수 없는 것이다.

하느님이 인도하시게끔 나는 죽기: 나를 몸으로 보지 않기(see no one as a body).

판단이 생기고 느껴지고 자신을 압박하더라도 그것에 굴복하지 않기.

공격생각 품지 않기(판단은 분노; 분노는 공격).

계획하지 않기. 그리고 어떤 목적(몸을 써서 이루게 되는)을 가지지 않기(I need do nothing. 그리고 앞서 인용한 교사지침서 5:5 참고).

공격의 보기들

- 갑작스런 폭력이나 공격생각의 surge(올라옴).
- 공격생각들을 보존하고 지켜서 지님(harbor attack thoughts): 우리 의식 안의 모든 생각들은 공격생각(28:57).
- 폭력 상상과 실행: verbal and physical such as gaslighting and assault 가스라이팅처럼 말로 하는 것과 폭행처럼 물리력으로 하는 것.
- 인내와 비꼼: 평화적 저항, 무저항의 일종(해학, 풍자).
- 절대적 순종: 절대적 무저항으로 상대에게 대립하기, 상대에게 충격 주기.
- 인내와 오직 간헐적 폭발과 평상시 슬픈 표정의 유지: 상대의 양심에 자극주기와 죄책감 상기시키기.
- 무관심 무반응: 무저항 양상.
- 자기 판단 확신하기, 자기 판단에 대한 비평 거부하기, 자기 판단 되돌아보지 않기 등 '판단에 굴복'하기의 고급 버전들(yield to judgment).

내재적인 공격생각의 보기

병원에서 검사결과를 기다리는 사람들의 건강 염려증.

몸의 건강을 염려하고 잘 유지하려 애쓰는 것은 몸이 (질병, 바이러스 등에 의해서) 공격당했고 방어가 필요하다는 생각과 관련이 있다. 동시에 그것은 항상 나 자신인 몸의 보호와 보존을 위해서 애써야 한다는, 보다 심층적인 방어의 생각이기도 하다. 또한 현명한 계획으로 건강 문제를 잘 관리하려는 것이기에 계획하기로 위장된 은밀한 방어(전략)이다. 몸을 잘 간수해서 공격이 필요할 때 제대로 하려는 의도가 저변에 있기에 공격생각에서 궁극적으로 비롯된 것이다.

이렇게 방어의 생각은 공격생각이 생래적이고 본래적이듯 항상 마음 깊은 곳에 존재하고 있다. 방어의 생각은 표면에서 노골적으로 나타나든 계획이라는 명분으로 은밀하게 위장되든 공격생각이 있는 한 사라지지 않는다.

이런 생각들은 특별히 **속지 않으려 경계하고** 오직 천국에만 주의집중을 하지 않으면 **자동적으로 선제적으로** 나를 점령하고 나의 생각에 내재되어 있다. (점령도 내재도 지속성과 선제적 성질을 갖추고 있다는 의미이다. occupy, inherent) 그러므로 이런 '지속성'과 '선제적 점유'에 대항하여 단 한 순간만이라도(for only an instant) 공격생각이 없이 사랑하는 것은 치유를 가져온다.

치유가 공격생각이 사라지지 않은 채, 여전히 세상에 대한 믿음과 미련과 숨겨진 사랑이 있는 채, 자신의 몸 정체성을 완전히 버리지 않은 채 일어나면 오히려 mislead, 잘못 인도할 가능성이 높다. 마법과 기적의 차이가 바로 이것이다. 마법사(magician)가 아닌 치유자(healer)가 되어야 한다고 수업이 가르치는 이유이다.

방어의 양상들

> **텍스트 6:1** 네가 공격받았으며, 따라서 너의 공격은 정당한 근거가 있고, 너는 전혀 책임이 없다고 믿지 않는 한, 분노는 일어날 수 없다.

> **텍스트 7:80** 이것을 부정한다면, 너는 공격받았다고 믿고서 반드시 공격할 것이다. 단지 네 안에서 하느님의 사랑만 보라. 그러면 모든 곳에서 하느님의 사랑을 볼 것이다.

근본적으로 방어는 공격당했다고 믿는 데서 나온다. 방어는 곧 공격에 대한 대비, 계획하기이자 공격에 대한 복수를 준비하는 것이다.

- 군비 조달 경쟁 - 우크라이나 침략 후 독일과 북유럽 국가들의 국방비 증액.
- 자신을 지켜 주고 번영을 유지하게 해 줄 사무라이의 물색 - 영화 〈7인의 사무라이〉 〈황야의 7인〉.
- 스스로 체력 키우고 몸만들기 - 격투기 배우기, 매일 신체 단련을 연습하기 등.
- 특히 계획하기(making plans) - 계획해서 몸의 보호와 안전(군수산업, 군산복합체), 편안함, 즐거움 추구.

III. 가장 심각하게 기만당하는 영역들

- 보험, 최악의 경우 exit(탈출구) 확보, 같이 죽는 폭탄 설치, 인질 확보, 도덕적 우위 확보 위한 투자.
- 동맹 조약 맺기, 외교술 발휘로 공동 목표 가진 연합체 만들기.
- 마타도어 사용.
- 무기고 확충하고 재고 채우기(이를테면 재정적으로는 저축으로 힘을 압축해 저장하기).

그러므로 "속지 말자."라는 목표와 기도가 필요하다.

아무도 몸으로 보지 말라.
몸이, 몸으로 한 짓이 기억나면 속지 말라.
모두 영으로 보라. (누군가를 몸으로 보면서 속지 말라.)
형제의 외양 때문에 영인 모습이 기억나지 않으면, 그래도 속지 말라.

고로 실패하지 않는 방법은 계획하지(판단하지) 않는 것이라는 역설의 주장이 가능해진다….

모든 일에는 무조건 변수가 생긴다. 모든 계획에도 변수가 생긴다. 그러므로 계획은 필히 실패한다. 계획은 판단으로 시작되고 판단으로 완성된다. 판단도 정확하거나 적절한 것이라는 보장도 가능성도 없다. 그러므로 계획은 성공할 수가 없다.

성공할 수 없다는 의미에서 계획하기의 무모함은 판단의 불가능함의 이면인 동시에 방어하기의 어리석음을 나타낸다. 방어는 이미 공격받았음을 인정하는 것이다. 방어는 시작되기도 전에 실패했다는 증거이다.

계획하기는 곧 방어

그러나 계획하기가 방어로 인식되는 경우는 드물다. (계획은 몸의 보호, 편안함, 즐거움 위한 것으로 보호가 필요한 몸을 전제로 한다. 즉 방어의 일종이다.)

> **텍스트 18:63** 너는 아직도 몸이 힘의 근원이라고 강하게 믿는다. 네가 세우는 계획 중에 어떤 식으로든 몸의 편안함이나 보호, 혹은 즐거움과 관련 없는 것이 무엇이 있는가?

우리 자신은 곧 우리 몸이라고 믿기 때문에 어떤 일을 계획하든지 몸의 편안함이나 즐거움 혹은 보호를 추구하지 않는 경우는 없다. 계획하는 것 자체가 **자신이 몸이라는 믿음에서** 나온다. **(워크북 135:12 치유된 마음은 계획하지 않는다.)** 몸은 도처에서 결여를 느끼고 온통 필요를 보기 때문이다.

> **텍스트 4:56** 너의 마음은 에고의 체면(the face of your egos)을 세우기 위한 계획들로 가득 차 있어서, 하느님의 얼굴(the Face of God)을 구하지 않는다. 에고가 자신의 얼굴을 보려 하는 유리는 정녕 어둡다.

계획에 대한 오해

공격을 직접 즉 물리적으로 하지 않고 계획만 하고 있어도 차분하다 혹은 신중하다 심지어 지혜롭다고 칭찬받는다. 계획하기에 대한 큰 오해이다.

계획하기는 두려움으로 하는 것이고, 이미 받은 공격에 아파하며 다시는 당하지 않으려 애쓰임고, 이미 자신이 공격한 것의 결과에 대비하는 눈물 나도록 애처로운 몸부림이다. 그래서 나는 아무것도 할 필요 없고, 치유된 마음은 계획하지 않는다는 것이다

몸 정체성 = 계획하기.

우리 자신은 곧 우리 몸이라고 믿기 때문에 어떤 일을 계획하든지 몸의 편안함이나 즐거움 혹은 보호를 추구하지 않는 경우는 없다. 계획하는 것 자체가 자신이 몸이라는 믿음에서 나온다. (워크북 135:12 치유된 마음은 계획하지 않는다.) 몸은 도처에서 결여를 느끼고 온통 필요를 보기 때문이다. 계획해야만 결여를 채우고 필요한 것을 구할 수 있다는 믿음이다.

왜 우리는 죽도록 공격하는지와 관련해서 수업이 보여 주는 근원적 이유

수업의 가르침에 의하면 우리의 생각은 우리가 만든 이미지들이다. (워크북 15과) 이 이미지들은 분리가 실제로 일어났다고 믿었던 생각, 근원적인 분리의식에서 나오기에 두려움, 죄책감, 공격생각과 복수하는 것에 피할 수 없이 연결되어 있다. 그러므로 우리의 모든 생각은 기본적으로 공격생각이라

고 할 수 있다. 이런 공격생각들은 공격의 지각이라는 결과로 나타난다. ("우리의 지각은 생각의 결과이다." 15과) 우리가 공격생각을 가진 이유로 우리의 모든 지각은 공격을 지각하고 복수를 지각하지 않을 도리가 없다.

분리로 인해 지각이 생기면 지각의 속성대로 판단이 일어난다. - 그 이후 공격까지의 과정이 자연스레 펼쳐진다.

분리가 지각을 소개했고, 지각은 본래적으로 판단한다. (텍스트 3:51)

이 판단으로 분노가 생긴다. (그러므로 분노로 공격하는 것은 판단으로 공격하는 것이다.) 공격은 곧 방어를 일으키고 방어하면 공격받은 것이다.

분리 이후 생겨난 지각의 속성이 본래적으로 판단하는 것이기에, 이 판단으로 비교와 불만(둘 다 동일성에 대한 거부)이 생기고 그러면 분노가 따른다. (카인의 경우)

요약하면, 지각은 이원성의 도입을 의미하고 본래적으로 판단을 내재한다. 그러므로 판단이란 이원성을 보고서 비교하고, 불만을 가지고, 마침내 분노에 이르게 된다.

분노하면 공격은 자연스런 결과이고, 공격은 곧 방어이다. 이 방어의 가장 교묘하고 은밀한 방식은 계획하기이다.

분리 → 지각 → 판단

판단 → (비교와 불만) → 분노

분노 → 공격 → 방어

이원성의 지각이 생긴 것은 분리 이후 어쩔 수 없었다. 지각은 판단을 내재하기에 판단도 불가피하다. 판단을 내릴 때 주로 '비교'하게 되고 비교를 하면 자연스레 '불만'을 느끼고 지니게 된다.

특히나 우리 시대에는 미디어, 광고, 상업주의, 물질주의, 자본주의 시장경제, 제한된 재화의 경제학, 무엇보다도 소비자로 그리고 특별한 존재가 되도록 준비시키는 대중교육이라는, 현대적 삶을 둘러싸고 있는 구조적 요소들이 비교와 불만을 더 촉진하고 강화하며 이끈다. 우리는 주입되는 것을 욕망하지만 사실은, 깊은 마음의 바닥에서는, 본질적으로는 사랑하고 싶어 한다.

① **분노는 판단에서 나온다. (워크북 347과)**

판단은 **비교와 불만을 포함**하고 의미한다.

○ **비교:**

> **텍스트 4:32** 에고는 그야말로 비교로 살아간다.
> **텍스트 4:82** 불멸성은 어떤 연속체도 아니고, 어떤 반대되는 것과 비교하여 이해할 수 있는 것도 아니다. 앎에는 결코 비교가 수반되지 않는다.

이원성적인 것의 특징: 반대인 것에 비교되어야 이해된다.

텍스트 24:12 비교는 분명 에고의 도구이니, 사랑은 비교하지 않기 때문이다. 특별성은 항상 비교한다. 비교는 상대방에게서 보이는 결점에 의해 확립되며, 지각할 수 있는 결점을 모조리 찾아서 눈에 잘 보이게 함으로써 유지된다.

워크북 195:8 비교를 내려놓을 때, 우리는 증오를 잊는다.

워크북 305:1 이러한 평화 (그리스도가 우리에게 주는 평화) 앞에서 비교는 잠잠해진다.

텍스트 4:82 앎은 결코 비교를 포함하지 않는다.

○ **불만:**
사랑은 불만을 간직하지 않는다. (워크북 68:10)
불만은 시각을 가린다.
불만은 용서하지 못하는 것이고, 세상을 바깥에 보이는 것으로만 보기에 실재 세상을 받아들이지 못하는 것이다.

삶은 곧 비교와 불만이다.

○ **비교 대상:**
태어나자마자 아빠와 엄마를 비교한다. (부모의 냄새, 크기, 표정, 목소리,

제스처를 비교하고 선호를 결정한다.)

  이후에도 인생은 비교의 연속이고 비교 없이는 아무런 지적인 작용도 하지 못한다.

  지각은 판단인 만큼이나 비교이다. 판단해서 비교하고 선택하는 것의 연속이다.

  이 외에도 비교할 것은 참으로 많다. 아니, 모든 의식의 순간과 사고의 경우가 지각으로 비교를 거쳐 판단하거나 판단을 해서 비교한다. 비교하지 않는다면 판단과 결정을 할 수 없고 불만도 생기지 않는다. 비교가 없는 무지각의 세계는 일체성과 동등성의 세계일 것이기 때문이다.

  ① 형제, 친구, 성적, 집안 ② 차, 집, 애인 ③ 조국, 사는 나라, 가본 나라 비교 ④ 타 본 차, 사 본 차, 사는 동네, 자란 동네 ⑤ 학교, 회사, 수입, 직장, 직위, 월급 ⑥ 투자성과, 보너스 액수, 배우자 스펙, 자식 직장 ⑦ 개, 고양이 ⑧ 정력, 골프 핸디캡 수, 낚시로 낚은 물고기의 길이 ⑨ 받은 유산, 남길 유산, 베푼 돈, 받을 돈, 준 선물 받은 선물, 축의금 액수 ⑩ 친구들 중 누가 오래 살 것인지 비교, 누가 제일 돈 많은지 비교, 누가 제일 센지 비교, 누구 자식이 제일 잘 버는지 비교….

  특별함은 항상 비교한다. (텍스트 24:12)
  사랑은 비교하지 않는다. (워크북 195:4)
  사랑은 불만을 품고 있지 않는다. (워크북 68:10)

  최종적인 분석에 의하면, 공격은 지각과 판단으로 가능한 비교와 불만이 만드는 분노의 열매이다. 판단이 없거나, 비교가 없다면, 불만이 없거나, 분노가 없다면 공격과 방어는 없을 것이다. 우리는 죽도록 공격하고 죽도록 계획(방어)하며 산다. 비교하지 않고 불만을 품고 살지 않으면 그럴 필요가 없어진다.

② 분노는 공격을 낳는다. (텍스트 6:6)

③ 그러므로 분리 - 지각 - 판단 - 분노 - 공격 - 방어(특히 계획하기)의 순서이다.

폭력성과 공격생각은 누구나의 맘속 깊이에 도사리고 있다. 양순해서 안 그래 보이면 보다 잘 숨기고 있거나 뒤탈이 무서워 평균보다 더 잘 억제하고 있는 것이다. 왜 우리는 이렇게 '죽도록' 공격하며 '삶을 영위'하는가?

① 잘살고 싶다. 처음에는 '남들처럼' (추방, 제외되는 것이 일으키는 두려움의 문제에 대한 대응책으로), 나중에는 '남다르게' (제한된 재화, 제한이라는 배경 아이디어의 믿음이 초래하는 문제에 대한 대응책으로) 살고 싶다는 동기.

동등성은 내가 아쉬울 때까지만 철학적 질문이자 사상적 지주로 고려되는 것처럼 보인다. 인간은 좀 먹고 살만 해지면 곧 특별성을 찾는다. '남다르게' 살고 싶어서(튀고 싶어서) 차를 바꾸고, 이사를 하고, 배우자를 바꾸고, 심지어 키우는 개의 견종까지 바꾼다. (조강지처의 개념, 의리, 신의라는 개념이 이런 맥락에서 처음으로 등장했을지도 모른다.)

동굴생활이나 수렵채집시기와 달리 농경시대가 시작된 이래 빈부의 차이가 생기고 신분의 양극화가 시작되면서 특별성이 돋보이게 되고, 동등성은 하층계급이나 노예들에게나 간절히 선망되는 개념이 되었다. 평균적인 수입도 없고 대접도 못 받았기에 그렇다.

더 많은 사람이 좁은 도시에 모여 경쟁하는 시대 즉 근대 이후에는 자기 것을 뺏기지 않으려고 공격하기 시작했다. 아주 옛적에 먹이를 공격해서 사냥해 먹던 시절의 폭력성이 이제는 집을 침입하거나 자기 이권을 탐내는 자들에게 사용되어도 좋다고 법제화되기까지 했다. (텍사스의 가택침입자 살인에 대한 정당방위 법; "집은 그의 성이다"라는 영국 격언; 사유재산 보장이라는 모든 법의 근간인 사상, 원리)

이제 좀 더 시간이 흐르면서는 공격력이 없으면 자기 것을 지키지 못하는 것은 고사하고 식량을 자기 몫으로 적정량 차지하는 것조차 힘들어졌다. 이제는 공격의 대상은 더 많아지고 공격이 사용될 여지와 경우는 더 많아졌다.

직장에서의 경쟁, 학교에서의 경쟁, 정치에서의 경쟁, 사업에서의 경쟁은 먹이의 확보와 지속적 공급에 관련되어 있고, 더 나아가서 특별성의 확보와도 연결되기에 공격이 최선의 방책이 되는가 하면, 갈수록 현대의 시민들에게 가장 선호되는 기술이 공격기술이 되었다.

유전자 속에 있는 공격본능, 폭력본능은 이렇게 현실적으로 공격이 예찬받게 됨에 따라 보다 많은 자본축적, 보다 많은 학습, 보다 많은 연대를 통해서 만일의 경우에 대비해서 또 평시에도 공격력을 최대한도로 키우는 것으로 유도된다.

시민사회 법치사회의 제약이 있기에 스포츠에 대한 사람들의 열광에 투사되고 반영되어 있는 공격생각과 공격본능은 최소한 모든 현대인의 마음 깊숙이에 꼭 필요하고 요긴한 기술로 인정되고 있음에 틀림없다.

잘 살려면 주변의 맹수들을 포함해서 주위를 잘 살피는 것으로는 이제 부족하고, 적극적인 공격기술을 익혀야 한다. 안 그래도 공격본능이 유전자 속에서 꿈틀대는데다가 학교와 사회에서는 공격기술을 가르치고 진화시키고 찬양하는데 정신을 쏟으니 '공격'은 일상이 되었고 당연한 덕목이 되었고 승자의 삶의 필수 요소가 되었다.

② 또 다른 이유는 다음과 같다.
일단 재산을 형성하고 나면, 원하는 것을 가지고 나면, 목표를 이루고 나면 잃을까 두렵고, 누가 와서 공격하고 뺏을까 두렵기에 조금만 불안하거나 주변에서 이상한 징조, 기색, 징후, 표정을 보아도 공격한다.

또 만들어진 재산, 지위, 이루어진 목표 등으로 에고가 커져서 조금의 모욕이나 무시 그리고 인정받지 못하는 상황을 견딜 수 없어서 또 공격한다.

a) 공격은 자기 내면의 스트레스, 즉 가장 깊게는 죄책감을 외부에 투사해서 희생양을 찾는 것이다. 공격을 통해서 자기를 정당화하고 공격 대상에게서 죄를 발견하면서 자기 죄책감을 약화시키려 시도한다. (쉬지 않고 세상 모두를 비난하고 약점을 찾아 비판하는 사람…독설가… 음울한 유머의 작가들…)

b) 공격을 통해서 우월함을 얻으려 헛되이 시도한다. 이것 역시 너무나 허약한 자신을 느끼기에 공격을 통해 비참함에서 벗어나려는 것이다. 조작된 강함의 이미지를 획득하면 약함의 느낌을 극복할 수 있다고 믿는다. (조폭의 경우? 사납게 짖기만 하는 강아지의 경우?)

c) 결국, 두려움을 해소하고픈 욕구가 공격이 자행되는 또 다른 이유이다.

attack dog, assault rifle, 맹견을 집에 두는 이유.
선제적 공격이라는 핑계로 먼저 공격하는 이유.
자위대라는 이름의 군대가 세계 5위권 공격력을 가진 이유.
토사구팽의 이유. (사나운 공격력은 용도가 제한적이다. 집에서 닭을 공격할지도 모를 개는 죽이고 다른 개를 또 키우면 된다.)
격투기, martial arts의 인기, 경비 경호 산업의 발전, 대리전쟁 사병조직 회사의 인기.
가장 약한 동물이나 동료가 주위의 공격에 희생양이 되는 것을 보고 공격 능력의 함양이 몹시 중요하다고 믿게 된다. (darwinism, 다윈의 적자생존 사상에 대한 확증편향)

희생을 믿을 때 공격을 숭상하지 않을 도리는 없다. 공격만이 자신이 먼저 희생되는 것을 막아 준다고 느껴지기 때문이다.

d) 비교, 질투, 현상에 대한 불만이 공격의 이유이다.
카인의 살해, 폭동, 혁명 등.
일부 문화와 종교에서는 공격과 복수라는 아이디어가 중요한 가르침이자 관습이 되었다. [눈에는 눈; 이에는 이, 응분의 보복(retaliation), 명예 살인, 사무라이의 할복.]

e) 여전히 이원성을 보는 한은 공격하지 않을 수 없다.

이원성을 보고 연이어 자연스럽게 진행되는 판단을 하면 공격할 자와 아직은 아닌 자로 구분하기 때문이다.

③ 공격의 원리와 이유에 대한 수업의 답은 한층 더 어둡게 깊으면서 보다 우울하다.

몸이 있는 한 공격한다. 모든 생각은 공격생각이다. 특별한 관계를 맺는 이유 자체가 공격하기 위함이다…. 등.

수업의 이러한 지적은 성서에 나오는 카인의 경우처럼 질투와 예상이 빗나가서 생긴 당혹감으로 동생 아벨을 공격해서 죽였다는 얘기를 한 편의 귀여운 동화 수준으로 느껴지게 만들 정도이다.

④ 공격을 그치려면 어떻게 해야 하나?

기적수업이 제시하는 공격의 이유들을 하나, 하나 해소 내지 뒤집는다.
사고의 역전이 필요하다.
제한과 한계 개념의 역전.
동등성 몰이해의 역전.

III. 가장 심각하게 기만당하는 영역들

속죄 받아들이기로 죄책감 해소.

사랑을 다시 믿음으로 두려움 해소.

공격생각이 건설한 세상과 그 믿음체계들을 de-construct(해체)함으로써 공격생각은 아무것도 아님을 보기.

세상에서 벗어나면서 공격생각 정리.

이원성 포기하여 공격생각 종식.

비교, 질투, 불만을 끝내고 공격생각으로부터의 해방.

텍스트 9:76 사랑은 공격할 수 없기에, 고통받을 수 없다. 따라서 사랑을 기억하는 것은 사랑과 더불어 상처받을 수 없음도 가져다준다.

공격은 공격하는 자에게 고통을 초래한다. 사랑은 **공격할 수 없기에 고통을 겪을 수 없는** 것이다. 그러므로 우리는 무엇보다 사랑(자신의 진정한 정체인)을 기억함으로써 즉 공격하지 않음으로써 고통의 가능성을 제거할 수 있다.

그러나 공격을 그치기 위한 가장 근원적인 방법은 '진정한 용서'(워크북 134:14 오늘 우리는 **결합의 시간이 더 이상 미뤄지지 않도록 진정한 용서를 연습**한다.)를 하는 것이다.

워크북 134:19 용서는 온종일 연습해야 한다. 너는 아주 여러 번 용서의 의미를 잊고 너 자신을 공격할 것이기 때문이다.

공격과 공격생각의 습관에서 벗어나는 방법은 용서이다. 특히 용서는 온종일, 항상 연습해야 한다. 우리는 하루에도 여러 번 **용서의 의미(우리의 '마음을 우리 안의 실재와 결합'시켜 주는 것 워크북 134:13)**를 잊고 (타인을 공격함으로써) 우리 자신을 공격할 것이기 때문이다.

형제를 공격하는 것은 자신을 공격하는 것이라는 기적수업의 원리를 기억할 때 우리가 스스로를 공격하지 않고 (내면의 죄책감에서 완전히 벗어날 때만 가능하다) 내면의 실재와 결합하기 위해서는 항상 연습해서 실천하는 용서가 필수적이라는 것이 드러난다.

이런 이유로 기적수업은 한마디로 요약해서 '용서에 관한 것'이라고 불릴 수 있다. 또 용서의 정의가 환상들을 실재가 아닌 것으로 알아보고 속지 않아서 그것들에게서 해방되는 것임을 고려하면 기적수업은 텍스트의 서문이 요약한 것처럼 '실재가 아닌 것'은 존재하지 않는다는 문장으로도 단순하게 요약됨을 인정할 수 있다.

> **텍스트 24:26** 용서는 모든 환상들로부터의 해방이다.
> **텍스트 18:93** 실제세상에서는 *죄책감이 용서를 만난다*. 이곳에는 하느님의 아들에 대한 *공격이 없다*.
> **텍스트 서문 4.** 실재인 것은 위협받을 수 없다. 실재가 아닌 것은 존재하지 않는다.

(e) 공격과 밀접한 연관성을 지닌 방어, 판단, 분노, 비교에 대한 수업 구절들

〈공격〉

에고가 죄책감을 이기지 못해서 특별한 관계에서 충족과 구원을 구하는 것은 결국 그 특별한 관계의 대상에 대한 공격으로 귀착된다. 죄를 의식하는 한 몸을 볼 것이고 몸의 주된 용도는 자신과 타인에 대한 공격이다. 특별한 관계는 궁극적으로 특별한 대상을 공격하기 위한 관계이다.

또 공격은 대상에게서 공격받아서 마땅한 죄를 발견하지만 사실은 자신의 죄책감이 외부로 투사되어 대상의 죄로 나타나 보이는 것일 뿐이다. (오직 안에 있는 것만 투사되기에 밖에 보이는 것, 형제에게서 보이는 것은 사실은 자기가 내면에 가진 것이다.)

사실 공격은 깊이 분석해 본다면 죄책감(특히 아버지를 공격했다는 믿음과 관련된 최초의 죄책감)에 기인한 두려움에서 비롯되는 것이고 도움을 요청하는 것이다. 텍스트 11:10에서 지적하듯 공격과 공격에 연관된 두려움은 '도와달라는 요청이자 사랑을 구하는 요청'인 것이다.

두려움은 사랑을 구하는 요청이다. 이것은 네가 공격을 사랑을 구하는 요청으로 지각하는 법을 배우는 데 있어서 궁극적인 가치이다.

오로지 공격만이 두려움을 일으킨다면, 그리고 공격은 실제로 도움을 구하는 요청임을 본다면, 너는 두려움의 비실재성을 분명히 깨달을 수밖에 없다. **두려움이란** 부정된 것을 무의식적으로 인식하면서 **사랑을 구하는 요청**이기 때문이다.

공격하는 이유 1. 공격은 도와달라는 요청이다. 기실 몸의 주된 용도가 자신과 타인에 대한 공격이다.

> **텍스트 11:43** 강한 자들은 공격하지 않는다. 그들은 공격할 필요를 느끼지 않기 때문이다. 공격이라는 아이디어가 네 마음에 들어올 수 있었던 것은 네가 먼저 자신을 약하다고 지각했기 때문일 것이다. 네가 자신을 공격했으며, 그 공격이 효과적이었다고 믿었기에, 너는 자신이 약해졌다고 본다.

강한 자는 필요를 느끼지 못하기 때문에 공격하지 않는다. 우리는 스스로를 공격해서 효과가 있었다고 믿었기 때문에 지금 스스로를 약하다고 보고 있다.

공격하는 이유 2. 스스로를 약하다고 보기에 공격한다. 강한 자는 공격할 필요를 보지 않기에 공격하지 않는다.

> **텍스트 11:43** 너는 더 이상 너와 모든 형제들을 동등하다고 지각하지 않고 네가 더 약하다고 여겨서, 네가 만든 상황을 "동등하게 만들려고" 시도한다. 그러기 위해 너는 공격을 사용한다. 왜냐하면 너는 공격이 너를 약화하는 데 성공했다고 믿기 때문이다.

동등성을 보지 못하게 되어서 아버지를 공격한(그리고 실패한) 일이 자신을 '더' 약하게 만들었다고 우리는 믿는다. (비교는 이미 여기서 시작된다.) 자신이 더 약하다고 믿기에 다른 이들과 균형을 맞추기 위해서 효과가 있다고 믿는 공격을 한다.

공격하는 이유 3. 공격은 동등성을 보지 못해서 상황을 동등하게 만들려고 (equalize) 하는 시도이다.

> **텍스트 25:37** 죄 없음의 상태는 단지 다음과 같다: 공격하려는 모든 욕망이 사라져, 하느님의 아들을 그의 본래 모습이 아닌 다른 것으로 지각할 이유가 전혀 없다. 공격과 죄는 하나의 환상으로 묶여 있으며, 하나는 다른 하나의 원인이자 목적으로서 그것을 정당화해 준다.

죄라는 목표가 없으면 죄책감은 목적과 의미가 사라진다. 공격과 죄는 하나의 환상으로 합쳐져 있다. 죄 없음의 상태란 모든 공격의 욕구가 사라진 상태이다.

공격하는 이유 4. 공격과 죄는 하나의 환상이 되어 합쳐져 있다. **죄 없음의 상태란 모든 공격욕구가 사라진 상태이다.** 몸이 있는 한 공격하듯, **죄를 느끼고 믿는 한 공격한다.** (몸 = 공격, 죄책감 = 공격)

> **텍스트 6:43** 안전이란 공격의 완전한 포기다. 이것에는 어떤 타협도 있을 수 없다. 네가 어떤 형식으로든 공격을 가르친다면, 너는 이미 공격을 배운 것이다.

안전의 비결은 공격을 완전히 포기하는 것이다. 공격을 어떤 형태로든 가르치면 너를 해친다.

텍스트 9:72는 공격의 진정한 의미를 설명해 준다.

모든 공격은 자기 공격이다. 그것은 전혀 다른 것일 수 없다. 그것은 참으로 너인 그것이 되지 않겠다는 너 자신의 결정에서 발생하기에, 너의 정체에 대한 공격이다. 따라서 공격은 너의 정체를 상실하는 방법이다. 공격할 때 너는 네가 참으로 무엇인지 잊었음에 틀림없기 때문이다.

공격하는 이유 5. 공격은 신으로서의 자신의 정체성에 대한 부정, 망각, 상실의 길이다.

텍스트 29:18 신이 되라고 요구받는 몸은 공격받을 것이다. 그러한 요구는 몸이 무임을 인식하지 않는 것이기 때문이다. 따라서 몸은 그 자체 안에 힘을 가진 어떤 것으로 보인다.

몸을 무로 파악하지 않으면 '공격'받을 것이다. 공격받는다는 것은 **즉 누군가가 공격의 대상으로 본다는 것은** 몸이 자체적으로 힘이 있어 보인다는 것이다.

몸 = 공격받음, 몸 = 공격의 주도구이자 주 대상.

워크북 23:1 나는 공격생각을 포기함으로써 내가 보는 세상에서 벗어날 수 있다. 네가 하는 각각의 생각은 네가 보는 세상의 일정 부분을 이룬다. 따라서 세상에 대한 너의 지각을 바꾸려면, 우리는 너의 생각을 가지고 작업해야 한다.

공격(공격의 생각)이 내가 보는 세상을 만들었다. 복수하기 위해서 세상을 만들어 내어 공격하는 것이다.

복수는 증오에 기초하고 있다. 즉 복수는 사랑/구원의 결여이자 반대이다. 또 **증오는 곧 분노이다.** 그러므로 공격을 버리면 구원/사랑이 다시 온다. (복수 = 분노 = 증오 = 공격)

복수하기 위해서 세상을 만들어 낸다. 나의 공격생각이 내가 보는 세상을 만든다.
복수는 증오에 기초하고 증오는 곧 분노이다. (이 분노로 공격한다.)
증오는 사랑의 결여이자 반대이므로 공격이 포기될 때 사랑을 가져온다.

이렇게 공격과 지각 혹은 지각하는 세상의 관계는 수업의 키워드들의 상호 연결성의 예를 보여 준다.

판단의 꿈을 버리거나 공격을 버리면 결국 같은 효과가 생긴다. 즉 증오, 분노, 복수가 사라지고 꿈에서 깨어나 구원을 얻는 것이다.

텍스트 6:7 공격은 결국은 몸에만 가해질 수 있다.

텍스트 22:62 네가 하느님과 하나이고 그러한 하나인 상태를 인식한다면, 너는 하느님의 권능이 곧 너의 권능임을 알 것이다. 하지만 네가 어떤 공격이든 의미가 있다고 믿는 한, 이것을 기억하지 못할 것이다.

공격의 가치를 믿는 동안은 하느님과의 일체성을 인식할 수 없다.

공격하는 이유 6. 하느님과의 일체성을 부인하려는 시도(공격을 믿으면 하느님과의 일체성을 인식할 수 없으므로).

텍스트 22:63 오로지 다른 자들만이 서로 공격할 수 있다. 따라서 너희는 너희가 공격할 수 있기 때문에 다를 수밖에 없다고 결론짓는다. 하지만 성령은 이것을 다르게 설명한다. 너희는 다르지 않기 때문에 공격할 수 없다.

다른 자만이 공격할 수 있다. (동등성이 안보여서 약하게 보이는 자신을 극복하려고 즉 equalize하려고 공격하고, 또 동등성을 보지 못하기에 타인이 다르게 보여서 공격한다. 다르게 보지 않으면 공격 자체가 불가능하다.)

분리가 사실이라야 우리는 각자 다를 수 있고 그래야 공격이 가능하다. 그러나 우리는 **다르지 않기에 공격은 불가능하고 우리는 공격할 수 없다.**
→ 사실은 공격이 불가능한 이유.

텍스트 8:53 공격 = 몸

공격은 늘 몸과 관련이 있다. 마음에 공격생각이 생길 때 우리는 자신과 몸을 동일시하는 것이다.

네가 원하는 어떤 것을 공격이 가져다줄 수 있다고 믿는 것만으로도 그런 해석을 받아들이는 것이다. 네가 그것을 믿지 않는다면 공격이라는 아이디어에 아무런 매력도 느끼지 못할 것이다.

공격하는 이유 7. 공격이 너에게 매력적인 이유는 공격으로 인해서 네가 **원하는 것이 생길 수 있다는 믿음** 때문이다.

텍스트 8:56 소통은 분리를 끝낸다. 공격은 분리를 조장한다.

공격은 분리를 증진시킨다.

텍스트 8:57 너는 그를 공격했지만, 너 자신을 먼저 공격했음에 틀림없다.

자신을 먼저 공격했음에 틀림이 없기에 타인을 공격한다.

텍스트 8:64 분리와 공격의 관계 (공격 = 분리)

소통은 결합이고, 공격은 분리이다.

공격하는 이유 8. 우리는, 분리를 초래하는, 공격의 효과를 원한다. 그러나 타인을 공격하는 것은 자신을 먼저 공격한 것이다.

텍스트 8:66 몸을 공격의 수단으로 보고 공격이 어떤 기쁨을 가져올 수 있을 것이라고 생각하는 것은 제대로 배우지 못한 학생의 선명한 징표이다.

텍스트 8:68 환상으로부터의 자유는 오로지 환상을 믿지 않는 것에 놓여있다. 공격이란 것은 존재하지 않는다. 하지만 제한 없는 소통은 존재하며, 따라서 제한 없는 권능과 온전성도 존재한다.

공격은 불가능하고, 없다.

텍스트 7:55 공격을 받아들이는 마음은 사랑할 수 없다.

공격과 사랑은 양립할 수 없다.

텍스트 7:56 에고가 늘 극도로 초조한 이유.
자신을 보존하려는 에고의 창의성은 대단하지만, 그것도 마음의 권능에서 생겨난다. 하지만 에고는 이것을 부정한다. 이것은 에고가 자신을 보존해 주는 것을 공격한다는 의미로서, 극심한 불안을 일으키는 근원임에 틀림없다.

몸을 찬양하고 우상화하는 에고는 정작 자기가 생겨난 근원인 마음의 힘을 부인한다. 이것은 곧 에고는 마음을 즉 자신을 보존해 주는 집을 공격한다는 의미이다. 그래서 에고는 (이런 자기부정으로 인해서) 극도로 초조할 수밖에 없다.

공격의 결과/효과: 극도로 초조해짐.

텍스트 7:66 자신이 약해졌다고 보는 자들은 공격할 수밖에 없다. 하지만 그 공격은 맹목적일 것이다. 공격할 것이라고는 아무것도 없기 때문이다.

자신을 **약하다고 보는 자가 (두려움 때문에) 공격**한다. 그래서 에고, 환상, 거짓 등의 비실재가 공격하는 것이다. 진리/실재는 공격할 (그리고 아무런 다른) 필요를 느끼지 않고 그냥 조용히 있을 뿐이다.

텍스트 7:66 따라서 그들은 이미지들을 지어내서 그것들을 무가치하다고 지각하고는, 그 무가치함을 이유로 그것들을 공격한다. 바로 이것이 에고 세상의 모든 것, 즉 무다. 그것에는 아무런 의미도 없다. 그것은 존재하지 않는다.

에고가 단지 **공격하기 위해서 일정한 상들을 만들어 내고 그 상들의 가치 없음을 핑계 삼아 공격하는 논리.**

이 논리를 볼 때 에고의 세상은 'nothing'임을 알 수 있다. 어떤 목적을 가지고 만들어 낸(make up) 상들(images; imaginings; shadows, illusions)의 세상이기 때문이다. 에고의 세상은 의미도 없고, 존재하지도 않는다.

전혀 합리적이지 않은 엉망진창인 공격의 논리가 에고에 의해서 사용된다.

텍스트 27:42 공격과 치유의 관계

공격 없는 사랑은 치유다.

공격 없이 사랑하는 것은 치유를 의미한다. 공격 없이 사랑한다는 것은 치유 외에는 다른 아무것도 원하지 않는다는 의미이다. 결국 공격 없이 사랑할 수 있다면 구원/치유를 경험한다.

텍스트 27:45는 단 한 순간만이라도 공격 없이 사랑하면 치유가 가능하다고 알려 준다.

텍스트 27:46 기적이 치유하러 온 곳에 슬픔은 없다. 이 모든 것이 일어나기 위해 필요한 것은 공격 없이 사랑하는 단 한 순간뿐이다. 그 한 순간에 네가 치유되고, 그 단 한 순간 안에서 모든 치유가 이루어진다.

단 한 순간만이라도 공격하지 않고 사랑하기. → 치유의 조건.

텍스트 27:47 죽어 가는 세상은 너에게, 자신이 치유될 수 있도록 너 자신에 대한 공격을 한순간 멈추고 안식하라고 요청할 뿐이다.

한순간만 공격을 쉬어도 죽어가는 세상이 치유된다.

공격은 근본적으로 우리의 몸 정체성의 핵심요소이자 세상이라는 환상의 광기를 유지시키는 동력이다. 그래서 공격을 쉬면, 단 한 순간이라도 쉬면, 세상은 치유된다.

텍스트 30:53 공격에는 환상을 실제화시키는 힘이 있다. 하지만 공격이 만드는 것은 무다.

공격은 **환상들을 실재로 만드는 힘**이 있다. (여기서 실재는 물론 '지각된 실재성'을 가리킨다.)

〈방어〉

공격하는 것의 대응물은 방어이다. 공격할 필요를 느끼지 못하는 것은 방어의 필요도 느끼지 않는다. 진리는 공격하지도 시끄럽게 외치지도 않고 단지 조용히 있을 뿐이기에 방어의 필요를 느끼지 않는다. 비실재 즉 환상만 방어할 필요를 느끼지 실재/진리는 방어할 필요가 없는 것이다.

텍스트 22:50 네가 무엇에 대해서든 방어적이 될 필요성이 일어나는 것을 느낄 때, 자신을 이미 환상과 동일시했음을 잊지 말라. 따라서 너는 네가 혼자이므로 약하다고 느낀다. 이것이 바로 모든 환상의 대가다. 단 하나의 환상도, 네가 분리되었다는 믿음에 의존하지 않는 것이 없다.

어떤 일에 관해서라도 방어를 하고 싶어진다면 자신을 환상과 동일시한 것임을 잊지 말라.

심리학적 관점에서도 방어기제의 작동은 공격받을 경우나 두려움을 지각할 때 시작됨을 알 수 있다. 아무 것도 두려울 것이 없고 그 무엇이든 공격하는 것은 실재가 아닌 환상일 뿐임을 안다면 방어의 필요는 사라진다고 하겠다.

워크북 135:1 자신이 공격을 받았고, 그 공격은 실제이며, 방어를 통해 자신을 지킬 수 있다고 생각하지 않는 한, 그 누가 자신을 방어하려 하겠는가?

방어하는 사람은 공격받았다고 생각하기 때문이다. 공격이 실재이고 방어를 통해 자신을 구할 수 있다고 여기기에 방어한다.

워크북 135:10 네가 몸을 방어한다면, 이미 너의 마음을 공격한 것이다. 그럴 때 너는 너의 마음에서 결함과 약함, 한계와 부족한 점을 보고는 몸을 그것들에서 구해야 한다고 생각하는 것이다.

몸을 방어하는 것은 곧 스스로의 마음을 공격한 것을 의미한다.

워크북 135:15 계획을 세우는 것이 방어로 인식되는 경우는 드물다.

스스로 하는 계획들은 두려움에서 나온 방어일 뿐이다. 그러나 계획하기는 드물게만 방어로 인지된다.

cf) 워크북 135과 **치유된 마음은 계획하지 않는다.** (A healed mind does not plan.)

계획하는 것은 아직 치유되지 않았고, 두려워하기에 방어하는 것이다. 계획하기의 무모함은 판단의 원초적 불가능함의 이면인 동시에 방어하기의 어리석음을 나타낸다.

방어는 이미 공격받았음을 인정하는 것이다. 방어는 시작되기도 전에 실패했다는 증거이다.

워크북 135:24 내가 자신을 방어한다면 공격받았다는 것을 의미한다.

워크북 135:29 나는 나 자신을 방어하지 않겠다. 하느님의 아들은 그의 실재의 진리에 맞서는 그 어떤 방어수단도 필요하지 않기 때문이다.

교사지침서 4:17 그에게는 진리에 맞서 방어할 필요가 있는 어떤 꿈도 없다. 그는 자기 자신을 만들려고 시도하지 않는다. 방어수단이란 단지 미친 환상의 어리석은 수호자일 뿐이다.

텍스트 24장 특별성과 분리
7 (특별성은) 몸을 반드시 소중하고 보존할 가치가 있는 것으로 만들어야 하는 것이다. 특별성은 반드시 방어되어야 한다. 너의 특별성을 유지하기 위해 너의 형제가 반드시 되도록 네가 만드는 것은 환상이기 때문이다. 너보다 "못한" 자는 너의 특별성이 그의 패배를 먹고 살 수 있도록 반드시 공격받아야 한다.

특별성은 실재가 아니고 단지 환상일 뿐이기에 방어를 요한다.

11 특별한 자들은 진리에 맞서 환상을 방어할 수밖에 없다. 왜냐하면, 하느님의 뜻에 대한 공격이 아닌 그 무엇이 특별성이란 말인가?

특별성은 하느님의 뜻에 대한 공격이기에 특별한 자들은 진리에 대항해서 환상들을 방어해야만 한다.

텍스트 26:53 진리는 진리가 되기 위해서 방어가 필요 없다.

워크북 170과
2 두려움으로부터 방어하는 것이 공격하는 것이라는 아이디어는 미친 것이다.
3 어떤 것에 맞서 방어할 때, 너는 그것을 만들어 내는 것이다. 그것은 너의 방어 때문에 실재화되고, 벗어날 수 없는 것이 된다. 무기를 내려놓아라. 그제야 너는 비로소 그것이 가짜임을 지각할 것이다.

우리가 만들어 낸 환상을 방어할 때 그것이 (그 방어로 인해서) 실재성 (지각된 실재성)을 얻는다. 방어의 무기를 내려놓으면 환상은 거짓임이 드러난다.

워크북 190:9 무기를 내려놓고 아무런 방어 없이, 천국의 평화가 마침내 모든 것을 잠잠케 하는 조용한 곳으로 들어오라.

하느님의 평화는 방어가 없는 곳에서 가능.

〈판단〉

(공격의 출발점이자 근거 - 판단을 하기에 분노하고 또 공격함.)

분리가 일어난 이래로 혹은 더 정확하게는 분리의 믿음이 생겨난 이래로 정도들, 양상들, 간격들(degrees, aspects, intervals)의 분별 내지 구분과 관련이 있는 지각을 사용해서 하는 행위는 판단(지각의 내재적인 속성), 비교, 원망, 분노, 공격, 방어, 특별함의 추구('나도 남들처럼 살고 싶다'가 '남다르게 살고 싶다'로 바뀌는 과정에 드러나는) 등이다. (텍스트 3:38 분리가 정도들, 양상들 그리고 간격들을 들여오기까지는 지각은 존재하지 않았다.)

이런 행위들은 결국 다시 심화된 판단으로 이끈다. 그래서 분리 이후의 증상들을 종합해서 요약하자면 '판단'하는 것이라고 할 수 있다. 이런 이유로 분리 이후의 꿈은 다른 표현으로 '판단의 꿈'이라 불린다. (텍스트 29:61, 63 a dream of judgment)

분리 → 지각(근본적으로 우리가 세상을 지각하게 한 것은 분리로 인한 공격생각이었다. 워크북 22, 23) → 판단
판단 → (비교와 불만) → 분노
분노 → 공격 → 방어

분노는 판단에서 나온다. 워크북 347; (판단은 비교와 불만을 포함한다.)
분노는 공격을 낳는다. (텍스트 6:6)
그러므로 분리 - 지각 - 판단 - 분노 - 공격 - 방어의 순서이다.

물론 공격을 하는 것에 대한 보다 근본적이고 이론적인 설명은 그것이 분리 - 죄책감 - 두려움 - 분노 - 공격(선제적 공격 포함)으로 이어지는 전개라는 것이다.

실제로 매일 경험하는 우리의 일상 삶에서 우리는 판단을 하지 않고는 아무 생각도 그리고 아무 일도 하지 않거나 할 수도 없음을 인정할 수밖에 없다. 세상의 삶에서 에고의 생존과 생명의 보존은 적절한 판단을 얼마나 신속히 내리느냐에 달려 있는 경우가 대부분이다.

굳이 일상적 삶에서의 생존이라는 절박한 주제와 관련해서가 아니더라도, 어떤 생각(행동)을 하든 결국 이원성적인 분별과 그에 기반을 둔 판단을 하게 된다. 그런 후에야 그 판단에 기초해서 어떤 행동을 하게 될지 결정하게 되는 것이다.

우리의 생각과 판단은 불가결의 관계임을 부인하기는 어렵다. 몸을 실재로 여기는 한, 몸으로 이루어진 우리 존재의 생명 보존과 유지 전체가 식량을 구하고 위협들에 대응함에 있어서의 적절한 판단에 가장 크게 의지하고 있기에 우리는 곧 판단이다. 인간의 가장 '인간다움'은 자동적으로 일어나는 '판단하기'에 있다고도 할 수 있다. 즉 우리 '생각'의 대부분은 판단과 관련이 있는 것이다.

그래서 만약 우리가 지금 생각하는 'self'의 상이나 자기 정체성이 진실이 아니라 거짓이라면 우리 자신의 진아/참나를 발견하는 가장 빠른 길은 바로 우리의 정체성이라고도 할 수 있는 '판단'을 더 이상 하지 않는 것일 수도 있을 것이다.

 수업에서는 이런 판단하기의 습성이 몸을 가진 한은 그리고 그 몸을 실재로 믿는 한은 멈추지 않을 것이라고도 한다. 판단하기만큼이나 몸은 우리의 현재의 정체성의 중요한 요소인 것이다. (판단 = 죄 = 몸 = lack of vision; see below 텍스트 20:62~67)

> **워크북 352과** 판단과 사랑은 반대이다. (Judgment and love are opposites.)

> **텍스트 2:84** 두려움은 사랑의 결여에서 생겨난다. (Fear arises from lack of love.)

 두려움, 죄, 잘못은 사랑의 결핍이다. 그러므로 두려움, 죄, 잘못과 판단은 같은 것임을 알 수 있다.

> **텍스트 21:23** 거룩한 순간과 판단, 비전의 관계
> 거룩한 순간은 창조의 순간이 아닌 인식의 순간이다. 인식은 판단의 중지와 비전으로부터 온다. 그때서야 너는 내면으로 눈을 돌려 시야에 단순히 나타나 있을 수밖에 없는 것을 아무런 추리나 판단 없이 볼 수 있다.

 우리의 본성, 참된 나를 알아차리는 것은 판단이 중지하고 비전이 생길 때 가능하다. 그때는 내면을 보게 되는 때이다. 추리와 판단을 조금이라도 하는

한 외부의 환상을 보느라 내면을 볼 수 없다. 판단과 추리는 외부에 보이는 것들을 분석하고 이해하는 기능이다. 그래서 아직 추리와 판단을 한다는 것은 내면을 가리고 외부에 집중함을 의미한다.

텍스트 20:62 비전, 판단, 몸의 관계

비전은 소망에 맞춰 조정된다. 왜냐하면, 시각은 항상 열망을 따르기 때문이다. 만약 네가 몸을 본다면, 비전이 아닌 판단을 선택한 것이다. 관계와 마찬가지로, 비전에도 정도가 없기 때문이다. 너는 보거나 보지 못하거나 둘 중 하나다.

몸을 본다면 비전이 아니라 판단을 선택한 것이다. 비전은 관계, 치유, 용서, 기적처럼 등급/수준이 없다. 비전은 있거나 없을 뿐이기에 보거나 **보지 못할 뿐**이다.

20:63 몸과 판단과 비전

형제의 몸을 보는 자는 그에게 이미 판단을 덮어씌운 것이며, 따라서 그를 보지 않는 것이다.

몸을 본다는 것은 그를 판단하는 것이고 그러면 비전은 불가능해서 보지 못한다.

20:64 판단과 죄의 역학

죄를 목표로 삼지 않는 한 판단은 아무런 가치도 없다.

판단의 가치는 죄를 발견하는 것이다.

20:65 몸, 비전, 판단, 죄의 관계
판단을 통해서가 아니라면 몸을 볼 수 없다. 몸을 본다는 것은 너에게 비전이 없으며, 성령이 그의 목적에 기여하라고 제공하는 수단을 거절했다는 표시이다.

죄를 볼 수 없는 비전으로는 몸을 볼 수 없다. (몸 = 죄; 비전과 몸은 양립 불가; 그러므로 비전으로는 죄를 볼 수 없다.)

20:67 판단하지 않았더라면 비전도 필요치 않을 것이다.
(몸 = 죄 = 판단 = lack of 비전)

교사지침서 10. How Is Judgment Relinquished? (어떻게 판단을 포기하는가?)

2 판단을 포기할 때, 그는 단지 가진 적이 없는 것을 포기하는 것이다. 그는 환상을 하나 포기한다. 더 정확히 말하자면, 그는 포기한다는 환상을 하나 가졌다. 실제로 그는 단지 더 정직해졌을 뿐이다. 판단이라는 것은 언제나 자신에게 불가능한 것이었음을 인식함으로써, 그는 더 이상 판단하려고 시도하지 않는다.

판단은 환상이다. 판단을 내리는 것은 항상 불가능한 것이었다.

워크북 169:9 세상의 그 *누구도 이해할 수 없는 것*을 더 이상 밝힐 필요는 없다. (There is no need to further clarify what no one in the world can understand.)

교사지침서 10.
3 우리의 커리큘럼은 세상의 배움과 달리, 통상적인 의미에서의 판단은 불가능하다는 인식을 목표로 한다. 이것은 의견이 아니라, 사실이다.
4 지혜는 판단이 아니라, 판단의 포기이다.

지혜를 원하면 판단을 할 것이 아니라 판단의 포기를 하라.

텍스트 3:51 본질적으로 판단적인 지각 능력은 분리 이후에야 도입된 것이라고 말했다.

지각은 분리 이후에 나타났다. 지각은 본래적으로 판단한다(지각하는 능력에는 **판단이 내재되어** 있다).

텍스트 3장 지각과 판단의 관계

판단은 우리의 인지가 아니라 지각이 의존하는 (그에 따라 좌우되는) 과정이다.
(판단한다고 해서 우리가 제대로 **인지하는** 것이 아니다. 판단은 단지 우리가 **지각하는** 과정이다.)

61. 판단은 인지가 아닌 지각이 기초하는 과정이다.

62. 판단에는 항상 거부가 수반된다.

63. 앎이 있는 곳에서, 모든 판단은 자동적으로 중지된다. 그리고 이러한 과정은 인식이 지각을 대체할 수 있게 해준다.

71. 판단은 아주 불안정한 욕구의 잣대에 따라 실재의 단편들을 분리하기에, 항상 가둔다.

텍스트 29:61 하느님이 당신 자신처럼 완벽하게 창조하신 마음 안으로 **판단의 꿈**이 들어왔다. 그 꿈속에서 천국이 지옥으로 바뀌었고, 하느님이 당신 아들의 적이 되셨다.

텍스트 29:62 하느님의 아들은 꿈에서 어떻게 깨어날 수 있을까? 그것은 판단의 꿈이다. 그러니 그는 판단하지 말아야 한다. 그러면 반드시 깨어날 것이다.

텍스트 29:63 하느님은 처벌이 아닌 정의에 대해 아신다. 그러나 **판단의 꿈속에서** 너는 공격하고 정죄받으며, 너의 판단과 그 판단이 초래하는 처벌 사이에 놓인 우상의 노예가 되기를 소망한다.

텍스트 29:68 시간과 판단의 관계
판단의 꿈을 치워 버렸을 때, 시간이 어디에 있단 말인가?

텍스트 29:69 두려움과 판단
너의 자기 배반은 두려움을 낳을 수밖에 없다. 두려움은 곧 판단으로서 우상과 죽음에 대한 광적인 추구로 이끌기 때문이다.

텍스트 2:106 분리로 인해 생겨난 판단
사람이 판단을 만들어 낸 이유는 단지 분리 때문이었다. 하지만 분리 이후에는, 전체 계획에 내장되어야 했던 많은 학습 도구 가운데 하나로서 판단이 어떤 역할을 갖게 되었다.

텍스트 2:111 시간과 판단의 관계
시간의 목적은 다만 "그에게 시간을 주어서" 이런 판단을 해내도록 하는 것뿐이다. 최후의 심판은 사람이 자신의 창조물들을 완벽하게 판단하는 것이다.

현명한 판단을 할 수 있기까지 주어지는 것이 시간이다. (비전을 얻고 나면 시간이 더 이상 필요 없기에 몸을 벗는 것이 보통의 경우인 이유.)

텍스트 20:20 실재와 판단의 역학; 세상과 판단의 관계.
네가 보는 세상은 단지 너 자신에 대한 판단일 뿐이다. 세상은 전혀 존재하지 않는다. 하지만 판단은 세상에게 형을 선고하고, 세상을 정당화하며, 세상을 실재화한다. 이러한 것이 바로 네가 보는 세상이며, 네가 너 자신에게 내리는 판단이다.

텍스트 11:73 네가 밖에서 보는 모든 것은 안에서 본 것에 대한 판단이다. 그것이 너의 판단이라면, 그것은 그를 것이다. 판단은 너의 기능이 아니기 때문이다.

네가 바깥에서 보는 것은 내면에서 이미 본 것의 판단이다. 성령만이 판단하게 하고 너는 하지 말라. 네가 스스로 판단한다면 맞을 수가 없다. (실재가 아니라 환상인 판단을 포기하라.)

병, 마음, 판단, 지각, 죄책감의 관계

모든 치료가 심리치료이듯 모든 **병은 마음의 병**이다. 그것(병)은 **신의 아들에 대한 판단**이며 판단은 마음의 활동이다.

비교: "네가 몸을 본다면 너는 비전이 아니라 판단을 선택한 것이다."

> **텍스트 20:62** 형제의 몸을 본다면 이미 판단한 것이다. 그러나 판단은 몸에 관한 것이 아니라 마음에 관한 것이다. 몸을 본다면 즉 판단했다면/한다면 이미 마음에서 아들의 죄를 본 것이기에 병은 피할 수 없다. 형제의 죄책을 보는 판단은 마음의 활동이지만 병이라는 형태로 몸에 그 결과가 나타난다.

판단은 창조와 창조주에 반하여, 다시 또다시 행해지는 결정이다. **판단은 그대가 창조하려 했던 대로 우주를 지각하려는 결정**이다. 판단은 진리가 거짓말할 수 있으며 거짓일 수밖에 없다는 결정이다. 그렇다면 병이 슬픔과 죄책감의 표현이 아닌 다른 무엇일 수 있겠는가? 자신의 순결을 잃지 않았다면 누가 울 수 있겠는가?

신의 아들이 **죄책 있다고 보게 되면 병은 피할 수 없다. 병을 요청하였으며**

따라서 받을 것이다. → 판단은 병을 초래한다.

이제는 판단과 밀접하게 연관되어 있는 분노와 비교를 살펴보자.

〈**분노**〉

분노는 판단에서 나온다. (워크북 347과); 분노는 공격을 낳는다. (텍스트 6:6) 그러므로 분리 - 지각 - 판단 - 분노 - 공격 - 방어의 순서이다. 판단은 비교와 불만을 포함한다.

분노하고 있다면 이미 판단한 것이다. 지각으로 비교, 불만, 판단을 하면 결국 분노를 피할 길이 없다. 이런 맥락에서 분노는 곧 에고의 표지이다. 분노는 또한 특별한 관계의 요소이자 그런 관계를 보여 주는 상징이기도 하다. 이런 분노가 마음이라는 내부에서부터 바깥에 있는 몸에게로 향해질 때 질병이 생겨난다.

워크북 347 분노와 판단의 관계; 기적과 판단/분노의 관계(분노는 판단에서 나옴에 틀림이 없다.)

분노는 판단에서 온다. 판단이란, 내가 기적들을 전부 몰아내려고 나 자신에게 겨누는 무기이다.

판단은 분노를 낳고, 분노는 판단을 통해 결국 기적을 막는다.

텍스트 15장 시간의 목적

66. 에고와 화의 상관성
에고는 어떤 관계도 분노 없이 시작할 수 없다.

에고는 본래적으로 분노를 동반한다.

68. 그렇게 에고는 끝도 없고 보람도 없는 특별한 관계들의 사슬을 엮어 나가기 시작한다. 그 관계들은 분노로 날조되었으며, 바깥에다 분노를 더 많이 쏟아부을수록 네가 더 안전해진다는 단 하나의 미친 믿음에 바쳐졌다.

에고와 특별함과 분노의 관계 - 특별한 관계는 분노를 재료로 만들어 낸다.

74. 분노와 특별한 관계의 역학
분노에 휩싸일 때마다, 너는 에고가 "축복한" 특별한 관계를 맺었음을 확신해도 좋다. 분노는 정녕 에고의 축복이기 때문이다. 모든 분노는 단지 누군가로 하여금 죄책감을 느끼게 만들려는 시도에 불과하다. 그리고 이런 시도는 에고가 특별한 관계를 위해 받아들이는 유일한 근거다.

분노와 죄책감의 관계; 모든 분노는 누군가에게 죄책감을 느끼게 하려는 시도이다.
에고가 특별한 관계를 위해서 받아들이는 유일한 기초가 이 시도 즉 죄책감 느끼게 하기이다.

교사지침서 17 하느님의 교사는 제자의 마법생각을 어떻게 다루어야 하나?

5. 분노와 두려움의 관계
지각된 마법 생각에 대한 반응으로 일어나는 분노가 두려움의 근본적인 원인이다.

9. 분노와 실재의 관계
분노는 존재하지도 않는 어떤 실재를 인식한다는 것을 기억하라. 하지만 분노는 네가 그것을 사실로 믿고 있다는 확실한 증거다.

텍스트 6:1 분노와 공격의 관계는 명백하지만, 분노와 두려움의 불가피한 관련성은 항상 그렇게 뚜렷하지는 않다.

공격과 두려움.

텍스트 6:1 네가 공격받았으며, 따라서 너의 공격은 정당한 근거가 있고, 너는 전혀 책임이 없다고 믿지 않는 한, 분노는 일어날 수 없다.

텍스트 6:6 분노와 공격과 두려움의 관계
투사는 분노를 의미하고, 분노는 공격을 낳으며, 공격은 두려움을 촉진한다.

교사지침서 20 하느님의 평화란 무엇인가?

3. 용서와 분노가 평화에 미치는 영향

하느님의 평화는 분노가 있는 곳에는 결코 올 수 없다. 이런 조건에서는 평화를 찾을 수 없다. 그러므로 용서는 하느님의 평화를 찾기 위한 필요조건이다.

텍스트 7:82 투사와 분노, 투사와 사랑의 관계

투사 없이는 분노가 있을 수 없다고 말했지만, 투사 없이는 사랑도 있을 수 없다는 것도 맞는 말이다. 투사는 마음의 근본 법칙이기에, 항상 작동하는 법칙이다.

워크북 192:9 분노가 치밀어 오를 때마다, 너 자신의 머리 위에 칼을 들고 있음을 깨달아라. 그 칼은 너 자신이 유죄 선고를 받을지 자유로이 풀려날지 선택하기에 따라, 네 머리로 떨어지거나 비켜 갈 것이다. 그러므로 네가 분노하도록 유혹하는 듯한 자들은 저마다 너를 죽음의 감옥에서 벗어나게 해주는 구원자를 나타낸다. 따라서 너는 그에게 고통이 아니라 감사를 빚진 것이다.

텍스트 28:58 분노와 몸

병이라는 것은 몸이 고통 받도록 몸에게로 방향을 돌린 분노이다.

질병은 몸에게로 방향이 돌려진 분노이다.

워크북 181:5 우리는 내면의 죄 없음을 본다는 단 하나의 의도만 가지고 연습에 임한다. 분노가 어떤 식으로든 우리의 길을 가로막는다면, 우리는 이 목표를 잃어버렸음을 알아차린다.

우리에게 어떤 형태로든 분노가 있다면 내면의 죄 없음(거룩함)만 보겠다는 의도라고 하는 목표를 잃어버렸다는 의미이다.

공격을 더 잘 이해하려면 그것의 이면인 방어를 이해해야 한다. 또 공격하는 이유인 판단을 잘 이해하려면 분리 이후에 생겨난 지각을 사용해서 비교하고 불만을 가지는 것을 들여다보아야 하고, 판단의 열매인 분노를 이해할 필요가 있다.

⟨비교⟩

지각은 분리 이후에 소개된 정도, 국면, 간격과 함께했다. 그래서 각각 다른 정도들과 국면들과 간격들을 재료로 지각은 비교하기를 피할 수가 없다. 더 나아가 지각이 주로 하는 일이 비교이기에 우리는 이원성에 기초한 인식을 한다. 이원성은 차이와 비교에 관한 것이기 때문이다.

이런 맥락의 비교를 통해서 대상의 형태와 정체성에 대해 선악, 미추, 명암, 장단, 난이도 같은 기초적인 판단을 하고, 공격할 대상을 정하며, 공격의 이유를 만든다. 동등성의 몰이해는 특별함의 추구를 낳는 것처럼 (거의 자동적으로) 비교와 판단을 하도록 이끈다.

모든 것의 일체성을 이해하지 못하기에 분리된 듯 보이는 것들의 비교를 한다. 좋고 나쁜 것, 우월하고 열등한 것, 밝고 어두운 것, 선하고 악한 것 등의 개념을 기초로 대상과 사물을 비교하는 것은 모든 것의 일체성을 이해하지 못하는 것이며 사물의 이원성에 대한 집착인 동시에 세상의 모든 것이 실재가 아닌 환상임을 받아들이지 못하기 때문이다. 좋은 것이나 좋은 생각도 나쁜 것이나 나쁜 생각과 마찬가지로 실재이거나 실재생각이 아님을 알면 이원성에 집착하지 않고 비교도, 비교에 기초한 판단도 아무 의미가 없음을 알게 된다.

텍스트 24장 특별함과 분리

12 비교는 분명 에고의 도구이니, 사랑은 비교하지 않기 때문이다
특별성은 항상 비교한다.

워크북 195:4 사랑은 비교하지 않는다.

워크북 195:8 비교를 내려놓을 때, 우리는 증오를 잊는다. 그러니 더 이상 무엇이 평화의 장애물로 남아 있겠는가?

비교를 넘어서야 평화가 온다. 비교를 포기할 때 평화가 가능하다.

텍스트 4:82 모든 악의 뿌리.
앎에는 결코 비교가 수반되지 않는다.

앎은 비교를 포함하지 않는다. 비교에 의해 무엇인가에 대해 정보를 얻는 것은 지각이다.

텍스트 18:3 몸은 특정한 부분에 대한 특별한 강조와 함께 강조되며, 특정한 형식의 두려움을 행동화하는 데 적합한지 아닌지를 판단하는 비교 기준으로 사용된다.

몸과 비교의 관련성

텍스트 24:6 하느님이 창조하신 것은 공격받을 수 없다. 온 우주에 그것을 닮지 않은 것은 아무것도 없기 때문이다. 하지만 다른 것은 판단을 요한다. 그리고 이러한 판단은 "더 나은" 어떤 사람, 자신이 정죄하는 대상 "위에" 있고 그 대상과 비교하여 죄가 없는, 그 대상을 닮을 수 없는 어떤 사람이 내려야 한다.

같은 것은 공격할 수 없다. 공격하고 판단하는 것은 다른 것인데 여기서 이 다름의 내용은 죄 없는 **자신과 비교해서 죄가 있다**는 것이다.

(4) 방어한다면 이미 공격받은 것이다

① 방어는 공격을 의식하는 것이다. 이미 공격받았다고 믿지 않는다면 (그리고 그 공격은 또 임박했다고 생각하지 않으면) 방어를 계획할 이유가 없다.

② 계획하기의 형태로 나타나는 방어.

"계획하기가 방어로 인식되는 경우는 드물다."(워크북 135:15)

(5) 공격 - 방어 문화의 출발점

① 분리의 경험.
② 찬탈의 콤플렉스.
③ 복수의 두려움과 선제적 공격.

워크북 22:1 오늘의 아이디어는 마음에 공격생각을 품은 사람이 세상을 바라볼 수밖에 없는 방법을 정확히 묘사한다. 그는 자신의 분노를 세상에 투사하였기에, **복수가 곧 자신에게 들이닥칠 것**이라고 본다. 그의 공격은 이렇게 하여 정당방위로 지각된다. 그가 보는 방법을 기꺼이 바꿀 용의를 낼 때까지, 이것은 점점 더 심한 악순환이 된다. 바꿀 용의를 내지 않는다면, 공격과 반격생각이 그를 사로잡고 그의 세상을 가득 채울 것이다. 그러니 그가 과연 어떤 마음의 평화를 누릴 수 있겠는가?

④ 죄책감과 공포.

워크북 26:2 너의 공격생각은 투사될 것이므로, 너는 공격을 두려워할 것이다.

3) 복수의 형태들인 세상의 모든 것

(1) 복수심으로 불타는 세상

워크북 22과 내가 보는 것은 복수의 한 형태다.

분노를 세상에 투사하는 마음(투사는 분노를 의미한다. 내면에서 두려움에 시달리기 때문에 밖으로 분출해 내어야 하는 압력이 분노로 나타난다. 그래서 모든 투사는 분노를 동반한다. 자기 내면에 있는 죄를 바깥에서 죄를 보기 때문이다.)은 공격으로 나타난다.

이런 마음의 상태에서는 보이는 모든 것이 피할 수 없는 것으로 여겨지는 복수를 가리킨다. 이런 마음으로는 복수가 곧 자신에게 닥쳐올 것을 본다. 그러므로 자신이 먼저 공격하는 것은 자기방어로 정당화된다.

① 공격(공격생각), 분노, 판단, 질병과 복수의 관계.

워크북 347과 분노는 판단에서 나온다.

투사가 분노를 의미하고, 판단은 분노를 낳는다. 투사와 판단이 분노의 기본적인 이유이다. 분노는 특별한 관계의 재료이다. 그것은 또 누군가에게 죄의식을 느끼게 하려는 시도이다.

텍스트 15:68 그 관계들은 분노로 날조되었으며, 바깥에다 분노를 더 많이 쏟아부을수록 네가 더 안전해진다는 단 하나의 미친 믿음에 바쳐졌다.

아직도 용서하지 못한 환상들과 꿈들이 있으면 판단을 그치지 못한다. 이런 판단을 하면, 실재로 보이는 얻고 싶은 것을 다 못 얻으니 분노하고, 공격하여 다 복수하지 못하니 분노할 수밖에 없다.

용서하지 못하고 있는 증거는 판단과 분노함이다. 분노는 판단에서 나오기 때문에 분노의 증거들은 동시에 우리의 판단을 증언하기도 한다.

텍스트 28:58 질병은 몸이 아프게 하려고 몸에게로 방향이 돌려진 분노이다.

그러므로 우리가 얻는 병은 우리의 몸에 대한 믿음과 우리가 지닌 분노를 보여 주는 동시에 우리가 판단함을 입증한다.

교사지침서 20. 하느님의 평화란 무엇인가?
3. 용서와 분노가 평화에 미치는 영향

하느님의 평화는 분노가 있는 곳에는 올 수 없다. 그러므로 하느님의 평화를 찾기 위한 필요조건은 용서이다.

죄책감으로 인한 투사가 환상을 만든다. 이 환상을 판단하는 것이 분노의 원인이다. 투사가 없이는 분노가 있을 수 없으므로 결국 투사의 열매인 환상의 용서만이 분노를 (그리고 판단도) 없애고 하느님의 평화를 가져올 수 있다. 계단을 거꾸로 올라가는 것이다.

텍스트 6:6 분노와 공격과 두려움의 관계

투사는 분노를 의미하고, 분노는 공격을 낳으며, 공격은 두려움을 고양시킨다.

워크북 347과 분노와 판단의 관계; 기적과 판단/분노의 관계

분노는 판단에서 온다. 판단이란, 내가 기적들을 전부 몰아내려고 나 자신에게 겨누는 무기이다.

판단은 분노를 낳고 분노는 판단을 통해 결국 기적을 막는다.

텍스트 15:66 분노 없이 에고가 어떤 관계라도 맺는 것은 불가능하다.

에고와 분노의 상관성은 에고의 모든 관계는 분노에 기반을 두고 있다는 것이다.

텍스트 15:68 그렇게 에고는 끝도 없고 보람도 없는 특별한 관계들의 사슬을 엮어나가기 시작한다. 그 관계들은 분노로 날조되었으며, 바깥에다 분노를 더 많이 쏟아 부을수록 네가 더 안전해진다는 단 하나의 미친 믿음에 바쳐졌다.

III. 가장 심각하게 기만당하는 영역들

특별한 관계는 분노를 재료로 만들어 낸다.

텍스트 15:74 분노에 휩싸일 때마다, 너는 에고가 "축복한" 특별한 관계를 맺었음을 확신해도 좋다. 분노는 정녕 에고의 축복이기 때문이다.

모든 분노는 누군가에게 죄책감을 느끼게 하려는 시도이다. (분노 = 죄의식) 에고가 특별한 관계를 위해서 받아들이는 유일한 기초가 이 시도 즉 죄책감을 느끼게 만들기이다.

교사지침서 17:9 그렇다면, 하느님의 교사여, 분노는 존재하지도 않는 어떤 실재를 인식한다는 것을 기억하라. 하지만 분노는 네가 그것을 사실로 믿고 있다는 확실한 증거다.

분노와 실재의 관계는 분노가 실재가 아닌 것을 실재로 인식하게 만든다는 것이다.

② 공격과 같은 의미인 분노와 공격생각 안에 *숨어 있는* 분노.

'분노 없음'이 의미하는 상태

교사 지침서 18:2 하느님의 교사에게 주어진 주된 레슨은, 마법 생각에 *전혀 분노 없이* 반응하는 법을 배우는 것이다. 그는 자신에 대한 진리를 오로지 이런 식으로만 선포할 수 있다.

텍스트 6:19 그들 (사도들)은 *전혀 분노하지 않고서*는 십자가형에 대해 말할 수도 없었다. 왜냐하면, 그들 자신의 죄책감이 그들을 분노하게 만들었기 때문이다.

텍스트 15:66 에고는 어떤 관계도 *분노 없이* 시작할 수 없다.

'공격 없음'이 의미하는 상태

텍스트 19:49 사랑은 *공격이 전혀 없기에*, 두려워할 수 없다.

텍스트 27:46 이 모든 것(기적/치유)이 일어나기 위해 필요한 것은 *공격 없이* 사랑하는 단 한 순간뿐이다.

텍스트 27:53 *공격 없이* 사랑이 들어온 순간에 일어난 것은 영원히 네 곁에 머물 것이다. 네 형제의 치유처럼 너의 치유도 그 순간의 결과들 중에 하나다.

워크북 55:4 *공격생각이 없다면*, 나는 공격의 세상을 볼 수 없을 것이다. 용서를 통해 사랑이 나의 의식에 돌아올 때, 나는 평화롭고 안전하고 기쁜 세상을 볼 것이다.

이 인용들에서 알 수 있듯이 공격이 없다면, 단 한 순간이라도 공격에서 벗어날 수 있다면 그것은 곧 치유이자 기적이고 구원이자 해방을 의미한다. 거꾸로 말하자면 우리가 스스로를 몸이라고 믿고 세상이 우리에게 보이는 그대로 있다고 생각하면서 사는 한은 단 한 시도 공격(공격생각)에서 자유로울 수 없다.

(2) 생각이 낳는 지각 - 내가 보는 복수의 형태들을 낳은 공격생각

영을 떠난 마음은 에고로 살아간다. 분리되었다고 믿는 마음인 에고는 공포와 죄책감에서 벗어날 수 없다. 자신의 공격이 정당하다고 믿으면서 공격생각은 마음의 가장 기초적인 내용물이 된다. 공격생각은 세상을 만들어 내고 두려움과 복수의 세상을 지각하게 한다. 그러므로 그 세상의 모습은 복수의 상징들로 그득하다. 우리가 지각하는 세상이 나타나는 것 자체가 우리의 공격생각에서 시작되었다.

이 공격생각은 우리가 자신의 참정체인 '하느님의 거룩한 아들'이 아니라 안전을 갈구하고, 두려움에서 해방되기 원하며, 외로워하면서 먼저 공격하려는 존재인 것으로 스스로를 믿게 만든다. 그래서 "나의 공격생각은 나의 상처받을 수 없음을 공격한다." (워크북 26과)

결국 공격생각을 그치지 못하고 계속 지니고 사는 것이 질병으로 이어지는 것은 오히려 자연스럽다고 할 수 있다. (워크북 136:21)

4) 치유가 가능해지는 조건 - 공격의 포기

(1) a lack of fear 두려움이 없는 것

분리는 두려움이다. 죄책감으로 복수를 예상하기 때문이다. 그렇다면 두려움 속에서 고통의 삶을 피할 수가 없다. 고통에 대한 치유는 두려움이 없는 것인데, 두려움이 없으려면 아버지를 공격했고 복수를 예상해서 공격당하기 전에 미리 선제공격을 하려는 계획을 포기해야 한다.

(2) 두려움을 없애는 유일한 방법은 '공격생각'을 포기하는 것 (워크북 23과)

(3) 텍스트 27:45 단 한 순간이라도 공격 없이 사랑하면 치유가 일어난다

(4) 치유의 유일한 조건이 두려움이 없는 것이기에 치유란 곧 두려움이 없어지는 것이다

그러므로 치유는 곧 두려움의 부재이고 동시에 공격생각을 포기하는 것이다.

"The fearful are not healed and cannot heal." (두려워하는 자는 치유되지 않고 치유할 수 없다.)

5) 공격생각과 두려움과 세상의 관계

텍스트 16:35 모든 환상은 어떤 형식을 취하든 *두려움의 환상*이다.

진정한 용서가 일어나기 전에는 우리의 내면에는 죄책감 그리고 바깥에는 환상들만 있다. 죄책감으로 내면을 보기 싫어서, 더 정확히는 내면을 보는 것이 두려워서 바깥에 만들어 낸 환상이 우주, 세상, 시간, 몸이라는 것이라고

기적수업은 가르친다. 그러므로 모든 환상은 두려움의 환상이다.

> **텍스트 29:26** 모든 꿈은 어떤 형식을 취하든 *두려움의 꿈*이다. (For every dream is but a dream of fear, no matter what the form it seems to take.)

우리의 삶은 꿈이자 환상이다. 모든 꿈이나 환상은 두려움에서 비롯되므로 두려움은 세상을 지탱하는 에너지다. 그러므로 세상이 있는 한은 두려움이 있을 것이고 이 두려움이 있는 한은 공격생각은 존재할 것이다.

> **워크북 199:2** 두려움이 공격생각의 바탕이라면 두려움은 사랑의 부재이므로 사랑에 연결된 마음은 공격할 수 없다.

그렇다면 단 한 순간이라도 공격 없이 사랑한다는 것의 의미는 진정한 사랑, 두려움이 전혀 없는 사랑을 한다는 것이다. 이런 사랑이 치유할 것은 당연하다.

또 성령에게 봉사하는, 성령을 섬기는 마음은 사랑의 원천에 주어진 것이기에 그런 마음에는 사랑의 부재인 두려움과 연관된 공격생각이 들어올 수 없다.

두려움의 해결책으로 제시되는 것은 다음과 같다:

> **텍스트 2:15** 해방은 속죄를 받아들일 때 일어난다.

두려움(텍스트 29:26 '두려움의 꿈' 'a dream of fear'), 죄책감(워크북 313:1 '죄책감의 꿈' 'the dream of guilt'), 판단(텍스트 29:62 '판단의 꿈' 'a dream of judgment'), 시간(Our Final Lessons 2 '시간의 꿈' 'in the dream of time'), 증오(텍스트 11:18 '증오의 꿈' 'dream of hatred'), 그리고 갈등('갈등의 꿈' 'the dream of conflict' 워크북 333과)에서의 자유는 속죄를 받아들임에 의해서만 가능하다.

참고: 워크북 136과 "속죄를 받아들일 때만 영원한 치유, 즉 cure(치료)가 가능하다."

분노가 질병을 일으키고, 분노는 두려움이기에 완전한 치유인 치료(cure)는 '두려움의 꿈'의 완벽한 해결책인 속죄를 받아들임에 의해서 가능하다.

6) 공격생각과 질병의 관계

워크북 136:21 마음이 **공격생각**을 계속 지니고 있을 때 **병이 발생**한다.

공격생각이 들 때 바로 물리치지 않고 혹은 바로 지나가게 하지 않고 마음 안에 지니고 있으면 자신의 정체를 몸인 것으로 잘못 정의하는 것이 된다. 이 잘못된 정체성 확인을 마음을 아프게 하기에 몸을 공격하여 병들게 한다.

오직 공격할 수 없는 마음이라야 몸을 아프게 만들지 않는다. 공격할 수 없음을 아는 마음은 자신이 "하느님이 창조하신 그대로"임을 아는 마음이다. 그것은 또한 사랑에 연결된 마음이다. 그런 마음은 공격할 수 없고 자신이 그런 마음임을 아는 자는 몸이 아플 수 없다. 따라서 '단 한 순간이라도 공격 없이 사랑'하는 것이 치유를 가져온다. (텍스트 27:45-46)

(1) 원하는 것이 있는 한 공격생각으로 인해 몸은 아프고 병든다

교사지침서 5:5 병이란 마음이 어떤 목적을 위해 몸을 사용하려는 결정이다. 이를 받아들이는 것이 치유의 기반이다.

내가 보는 세상은 나의 공격생각이 만들었다. 세상을 용서한다는 것은 나의 공격생각도 포기한다는 의미이다.

공격생각이 그 원인인 세상에 어느 정도는 실재성이 있다고 믿는 한은, 혹은 달리 말해서 세상이 완전히 환상인 것은 아니라고 생각하는 한은 세상을 완전히 용서할 수가 없다. 다시 말하자면 세상을 여전히 조금이라도 원하고 실재라고 보는 한 세상을 완전히 용서하지 않은 것이기에 **공격생각을 여전히 지니게** 된다.

(이 말은 다르게 표현하자면 '에고의 구원계획'을 조금이라도 믿는 한은 환상들에 대한 완전한 용서가 불가능하고 따라서 공격생각에서 완전히 벗어날 수는 없다는 것이다. 워크북 71과 오직 하느님의 구원계획만이 효과가 있을 것이다. 중심 아이디어 참고.)

원하는 것이 없이 '응무소주 이생기심'의 자세로 사는 것이 이래서 필요하

다. 적어도 세상을 용서하고 싶고, 지금 보이는 복수의 세상, 광란의 거친 꿈들의 환상('a wild illusion' 워크북 49:2)에서 벗어나고 싶은 사람에게는 말이다.

세상에서 원하는 것이 조금이라도 있다면 ('무소구 무소득 무소주'의 상태에 이르지 못한다면) 세상의 실재성을 인정하는 것이므로 공격생각은 완전히 포기되지 않는다. 이것은 곧 분노와 두려움이 포기되지 않는다는 의미이다. 결과적으로 몸이 병들고 아프지 않을 도리가 없다. (무소구: 구하는 것이 없고 무소득: 얻을 것이 없다. 무소주: 집착할 곳이 없다.)

교사지침서 5:5의 가르침은 마음이 목적을 가지고 몸을 사용하기로 결정하는 것이 곧 질병이라는 것이다. 그런 이유로 질병이 생긴다는 것을 받아들이는 것이 치유의 기반이라고 수업은 말한다.

세상을 용서한 사람, 공격생각을 포기한 사람, 세상이 하나의 광란의 환상일 뿐임을 아는 사람은 그 안에서 아무것도 원하지 않는다. (I want nothing. I need nothing.) 그리고 아무것도 할 필요를 느끼지 않는다. (I need do nothing.) 또 자신이 몸이 아님을 안다. (I am not a body; I am Spirit.)

이것은 실로 자신이 가진 지각과 사고가 뒤집어진 결과이고 (전도몽상 구경열반, reversal of thought 사고역전), 나는 아무것도 모른다는 고백이다. (I know nothing.)

이런 사람에게 하루하루의 일상생활은 '자동적으로' 일어난다. (involuntarily;

as in "miracles should be involuntary." 텍스트 1:5)

마음은 허상을 떠나서 실재로 다가가기에 (leave appearances and approach reality) 최소한의 주의만 '하느님과 그의 나라'가 아닌 것에 주어진다. 어떤 의도도 없이 (세상을 구하는 의도 이외에는; 물론 이 의도도 자신이 공격생각을 포기함에 의해서 이루어지고 눈에 보이는 세상에 변화를 시도해서 이루어지는 것이 아님을 잘 안다.) 오직 하느님의 나라에만 주의를 집중하고 (이 집중의 vigilance는 마침내는 평화로 변화된다.) 있기에 일상의 생활에서의 사건들과 경험들은 '자동적으로' 일어나고 '자동적으로' 사라진다. 의식을 쏟아서 의도를 형성하고 계획을 세우고 (계획하기는 방어이다.) 하는 양상은 더 이상 일어나지 않는다.

실로 "자신은 뒤로 물러나고 하느님이 인도하시게 한다." 그리고 "나는 하느님 안에서 안식한다."의 상태이다. (I will step back and let Him lead the way. 또한 "나는 미래를 하느님의 손 안에 둔다."의 상태 I put the future in the hands of God.) 이 사람은 하느님이 창조하신 그대로 있기에 하느님의 거룩한 아들로서 "안전하고, 치유되었고, 온전하다." 그의 거룩함이 세상을 축복한다. 그렇게 그는 세상을 구원한다. (My holiness blesses the world. Free to save the world. 이무소득고 - 구해서 얻을 것이 아무것도 없음)

(2) 질병의 또 다른 원인 - 분노

텍스트 28:58 질병은 몸이 아프도록 몸에게로 *방향이 돌려진 분노*이다.

분리의 믿음(일체성의 부정)인 공격이 우리를 병들게 한다

모두의 일체성을 알면 공격할 수 없다. 공격할 대상이 따로 없어서이다. 마찬가지로 사랑하면 공격은 불가능하다. 사랑은 모든 것을 포괄하므로 역시 공격의 상대를 찾을 수 없어서이다. 분리를 믿을 때만 공격이 가능하다. 공격은 분리의 확신이기 때문이다.

텍스트 28:47-66에서는 병이 생기는 이유들을 나열하면서 병이 분리의 확신임을 상세히 설명한다.

병을 얻게 되는 이유들은 다음과 같다. 분리를 확신하여 공격할 때 병은 찾아온다.

분리를 확신하고, **분노**를 밖으로 내보내서 몸에 얹고, 다른 사람이 준 상처에 대한 보복으로 그를 **공격하기로** 약속하고, **공격당해서** 잃고 있다고 보고, **한계의 느낌**을 가지고, 자신들과 건강으로 보이는 것 사이의 간격을 보고, **분리되어 있으려는** 다른 사람의 비밀스런 **소망에 합의**하고, 다른 사람의 마음과 내 마음 사이의 **간격을 믿**고, 자신의 온전함, 치유로의 부름, **치유하라는 부름을 부정**하고, 몸의 목적이 치유를 돕는 것 즉 천국에 가는 데 도움 되는 것으로 올바로 인식되지 않고, **분리를 확신**하거나 **선택**하고, 하느님과 형제와의 **일체성에 대해서 불충실**할 때.

워크북 136:22 나의 마음은 공격할 수 없다. 그러므로 나는 병들 수 없다. (My mind cannot attack. So I cannot be sick.)

병은 분리를 믿는 것이기에 일체성의 부정 즉 분리의 확신인 **공격과 공격 생각은 우리를 병들게** 만든다. 기만은 이렇게 공격을 통해서 우리를 병들게 하고 마침내 죽인다. 여전히 하느님이 창조하신 그대로인 우리의 참된 마음은 공격을 할 수가 없기에 우리는 사실은 병들 수가 없다.

이런 맥락에서 병의 완전한 치유(cure)는 오직 '분리는 결코 일어나지 않았다는 믿음'인 속죄를 받아들임을 통해서만 가능함을 알 수 있다. 속죄의 의미가 '분리는 없(었)다.' 혹은 '모든 것은 하나다.'이기 때문이다.

워크북 140과 오직 구원만이 치료(완전히 치유)한다고 할 수 있다. (Only salvation can be said to cure.)

결론.
평화와 관련해서 결과와 조건을 구분하기

우리의 친절, 미소, 온유함, 차분함, 감사함, 사랑하는 생각으로 표현되는 평화는 공격이 멈춰지고 용서가 가능해진 **'결과'**이다. 불만과 공격 사이에 머무르던 우리 삶은 용서가 삶의 습관이 될 때 평화(기쁨, 행복이기도 한)라는 특성을 지니게 되는 것이다.

Kind, serene forehead, quiet eyes, gentleness(친절하고, 차분한 이마, 고요한 눈길, 온화함); more frequent smile, thankful hearts and loving thoughts(더 자주 미소 짓고, 감사하는 마음과 사랑하는 생각들을 가진).

이러한 평화의 열매들은 평화의 **조건이 아님을 잊지 말아야 한다.** 만약 이것들이 평화를 얻는 조건이라면 평화에는 행동이 즉 몸이 필요하단 의미가 된다. 게다가 세상 안에서의 변화, 우리가 하는 행동의 변화가 먼저 있어야하고 그러기 위해서 우리의 노력이 있어야 한다는 뜻이 된다. 평화는 우리의 행위라는 값을 치를 때만 얻을 수 있는 무엇이라는 의미가 된다.

하지만 이 평화의 특징들은 우리가 먼저 몸을 써서 일정한 행위를 함으로써 얻는 무엇이 아니다. 그것들은 우리가 조용한 인식으로써 발견한 내면의 빛 즉 이미 하느님이 거기 두신 빛의 열매이자 결과이다. 우리의 본래의 거룩함, 항상 거기 있던 내면의 그리스도를 우리가 다시 인식한 결과이다.

한편으로는 현실의 삶에서 우리가 기쁨과 행복과 평화를 누리지 못하도록 가로막는 것들이 있다. 그것들은 기만과 관련된 것이다. '잘 속이는 것들'이라고 불릴 수 있을 위의 보기들(몸과 세상, 불만, 죄책감, 특별함, 난이도의 믿음, 자율성의 신뢰, 공격)은 우리의 정체와 관련해서 우리를 속임으로써 또 세상을 존재한다고 믿게 만듦으로써 우리의 기쁨 평화 행복을 가로막는 것들이다.

보다 구체적으로 말해서 우리가 자주 미소 짓지 못하게 하고, 차분한 이마 대신 찡그린 이마를 보이게 하고, 고요한 눈길이 아니라 분노의 눈길을 보내게 만드는가 하면 마음속에서부터 친절하지 못하게 만든다. 이런 '잘 속이는 것들'과 연관해서 우리는 대표적으로 공격생각과 불만의 의미와 파장에 대해서 살펴보았다.

- 공격생각: 세상과 환상의 원인이다.
- 불만: 공격생각이 세상과 환상의 원인이지만 불만은 환상의 비실재성에 속은 우리에게 세상과 그 안에서의 말, 행위, 사건, 상황에서 실재성을 지각하게 함으로써 만들어진 환상이 더 오래 지탱되고 강화되게 만든다.

그래서 《기적수업이란 무엇인가》 제3권의 부제는 '공격과 불만의 기원과 의미'이다.

우리에게 기쁨 평화 행복이 없고, 단지 몸의 욕구를 따르고 세상의 풍조와 유행을 좇으면서 생을 영위하고 있는 삶의 상황에서는 공격은 분노, 판단, 두려움, 죄책감, 방어 그리고 끝없는 계획하기를 의미하고, 불만은 비교, 판단, 분노, 그리고 타인과 세상을 향한 투사를 의미한다. 삶이 불만과 공격 사이에서 머무는 이유는 우리 스스로 만들어 낸 환상에 속아서 그것을 실재로 착각하고 세상과 그 안의 등장인물들을 진짜로 여기고 상대하려 해서이다.

그렇기에 판단하지 않고 용서함으로써, 불만이 아니라 기적을, 공격생각이 아니라 사랑하는 생각을 이끌어내는 것이 평화와 기쁨과 행복의 삶으로 해방되는 길이다.

워크북 255:1 하느님의 아들은 그 어떤 걱정거리도 가질 수 없으며, **천국의 평화** 속에 영원히 머물 것이다. 그의 이름으로, 나는 아버지가 나를 위해 뜻하신 것을 찾고 내 것으로 **받아들여서**, 나와 더불어 내 아버지의 모든 아들들에게 주기 위해 오늘을 바친다.

결국 구원이란 이미 받았기에 내 것인 것(평화)을, 하느님이 주셨기에 변하지도 사라지지도 않는 그것을 내가 나의 지금의 상황을 알아차리고 난 후에 다시 '받아들이는' 문제이다. 그리고 이런 받아들이기는 주기 위한 것이다. 내가 먼저 받아 형제에게 주어서 그를 구원하고 내 구원도 완성하기 위함이다. 결국 이러한 '받아들이는 것'이 삶의 목표다 또 배움의 목표다. 그럴 때 즉 그 받아들인 것을 삶의 정황(sits im leben)에서 적용할 때 세상의 구원이 이루어진다.

그렇기에 구원(혹은 치유, 용서, 진리와 평화의 재발견)은 배운 것의 이해, 연습, 받아들이기 그리고 적용의 네 단계를 지나서 확인하는 것이다. (워크북 복습 6. 2 "각각의 레슨을 **이해하고, 연습하고, 받아들이고**, 온종일 일어나는 듯한 모든 사건에 **적용한다면**") 이미 내 것이지만 네 개의 단계를 거치면서 기억해내고 확인하는 것이다.

"나는 몸이 아니다. 왜냐하면 나는 하느님이 창조하신 그대로이기 때문이다."

이것은 우리가 당해 온 기만을 종식시키는 해방선언이다. 이 선언이 진실이라면 즉 우리가 하느님이 창조하신 그대로라면 다음의 사실들도 진실로 입증된다.

1. 세상은 없다. 하느님이 창조하신 그대로인 우리가 고통을 겪을 수 있는 장소도 있을 수 없고 우리에게 변화가 일어날 수 있는 시간도 없기 때문이다.

2. 나는 몸이 아니고 마음이며 (아래 인용한 워크북 158:1 참조 "나는 하느님의 마음 안에 있는 마음으로서 순전히 마음이다." I am a mind, in Mind and purely mind.) 내 마음은 공격할 수 없다. 따라서 나는 병들 수 없다.

3. 결론으로, 나는 불만과 공격 사이에 머물던 삶에서, 그러다가 그 결과로 병들고 마침내 죽던 삶에서 벗어날 수 있다.

워크북 158:1 너에게 무엇이 주어져 있는가? 그것은 네가 하느님의 마음 안에 있는 마음으로서 순전히 마음이며, 사랑으로 창조되었기에 영원히 죄가 없고 두려움이 전혀 없다는 앎이다. (The knowledge that you are a mind, in Mind and purely mind, sinless forever, wholly unafraid because you were created out of Love.)

부록.
기적수업의
인상적인 문장들 모음

1

겉모습(형식)과 그것이 가리고 있는 우리의 본질(정체)을 대비시키는 문장들

"보기에는 ~하지만 그 모습이 실재/진리를 바꾸지는 못한다."는 형식의 문장들 - 진리/사랑/하느님의 변할 수 없음을 강조하는 수업 특유의 표현.

그 서론에서 기적수업은 전체 내용을 요약해서 다음과 같이 말한다.

"Nothing real can be threatened. Nothing unreal exists. Herein lies the peace of God." (실재하는 것은 아무것도 위협받을 수 없다. 실재하지 않는 것은 아무것도 존재하지 않는다. 여기에 하느님의 평화가 있다.)

이것은 지각수업 전체의 가장 근본적인 아이디어이자 반복적으로 강조되고 확인되는 주제이다. 무엇이 실재하는지 또 무엇이 존재하지조차 않는지 잘 구분해서, 속아서 두려움에 떨지 말고 영원한 평화를 누리라는 것이다.

아래 선정한 문장들에서도 거듭 실재인 것과 환상인 것의 대비를 통해서 비록 현상이, 그 실재하지 않는 것이 대단해 보이거나 영원해 보이더라도 실제로는 아무것도 아니며, 잠시 있다가 사라지는 환상일 뿐이라고 강조한다. 그런 환상이 우리를 두렵게 할 이유가 없다는 것, 그래서 우리의 평화는 흔들릴 이유가 없다는 것이다.

　전체 문장들이 "실재인 것은 위협받을 수 없고 실재가 아닌 것은 존재하지 않는다."라는 한 가지 아이디어의 재확인이고 반복적인 선언이다. 고로 그 문장들은 변화를 위한 기본적인 틀로서 평화가 없는 삶에 항상 지쳐 있는 우리에게 사고의 역전과 그로 인한 지각의 전복을 가지라고 초청하고 강조한다.

　자기 자신의 모습을 포함해서 지금 보이는 것들의 외양에 속지 말고 그 본질을 파악하라는 것이다.
　보이는 것, 우리에게 지각되는 것, 바깥에 드러난 것이 어떠하더라도 하느님, 천국, 진리, 우리의 정체, 사랑과 같은 실재인 것은 변하지 않음을 강조한다. 그러므로 우리가 자연스럽게 사용하고 있는 지각과 사고와 관련해서 역전과 전복을 촉구한다. 시간 안과 시간 밖(영원), 현상과 본질, 환상과 실재, 가짜와 진짜, 세상의 판단과 성령의 판단, 우리의 지각과 하느님의 시각을 극명하게 대비해서 묘사하고 있다.

텍스트

　1:43 하느님의 피조물들은 자신의 거룩함을 결코 잃지 않는다. 비록 그것이 감춰질 수는 있지만 말이다. (God's creations never lose their holiness, although it can be hidden.)

　1:43 거룩함이라는 것은 결코 실제로 어둠 속에 감추어질 수는 없

지만, 사람은 이에 대해 자기 자신을 속일 수는 있다. (Holiness can never be really hidden in darkness, but man can deceive himself about it.)

1:86 그는 기다리고, 꾸물거리고, 자신을 마비시키고, 자신의 창조성을 거의 없어질 때까지 감소시킬 수 있으며, 심지어 발달 정지나 퇴행을 도입할 수도 있다. 그러나 사람은 자신의 창조성을 폐지할 수는 없다.

1:86 그는 자신의 소통 매체를 파괴할 수는 있지만, 자신의 잠재력을 파괴할 수는 없다.

3:69 네가 무엇을 잃어버렸을 때 그것이 없어졌다는 의미는 아니다. 단지 그것이 어디 있는지 네가 모른다는 의미이다.

5:35 성령의 음성은 네가 들으려는 뜻을 내지 않음으로써 제한될 수는 있지만, 그 자체로 약하지는 않다. (It is not weak in itself, but it is limited by your unwillingness to hear it.)

8:42 세상은 그것을 보는 아들들이 아버지를 못 보게 할 수는 있어도, 하느님과 그의 거룩한 아들들의 권능과 영광을 변화시키지는 못한다. (The world can add nothing to the power and the glory of God and His holy Sons, but it can blind the Sons to the Father if they behold it.)

9:34 하느님의 빛도 너의 빛도 네게 안 보인다고 해서 희미해지지는 않는다. (Neither God's light nor yours is dimmed because you do not see.)

10:9 네게 보이지 않는다고 사랑의 우주가 멈추지는 않는다. 네 눈은 감겼지만 볼 능력을 잃은 것은 아니다. (The universe of love does not stop because you do not see it, and your closed eyes have not lost the ability to see.)

10:13 하느님이 창조하신 것은 잠들 수는 있어도, 죽지는 않는다. (What He created can sleep, but it cannot die.)

10:36 그리스도가 열어둔 문은 네가 들어가기를 거절할 수는 있지만, 잠글 수는 없다. (You can refuse to enter, but you cannot bar the door which Christ holds open.)

10:64 너를 해치고 모욕하고 겁주는 모든 것을 뒤로하고 떠날 자유를 너에게 억지로 떠안길 수는 없지만, 하느님의 은혜를 통해 제공할 수는 있다.

12:47 과거야말로 너에게 하느님의 아들을 가리는 구름이기 때문이다. 그 구름이 지나가서 사라지게 하려면, 그 구름을 지금 보지 말아야 한다. 망상 속에서 그 구름을 지금 본다면, 그 구름은 비록 존재하지 않을지라도 너로부터는 사라지지는 않은 것이다.

13:19 하느님이 완벽한 결백함이 있다고 아시는 곳에서 네가 죄를 볼 수 있겠는가? 너는 하느님의 앎을 **부정할 수는 있지만, 그것을 바꿀 수는 없다.**

18:80 아무도 하느님이 그의 기억에 놓아두신 것을 잊을 수는 없기에 너는 결코 하느님을 잊을 수 없다. 너는 그것 (하느님이 너의 기억에 놓아두신 것)을 부정할 수는 있지만 잃을 수는 없다. (Because of your Father's love you can never forget Him, for no one can forget what God Himself placed in his memory. You can deny it, but you cannot lose it.)

23:42 포장이 네가 주는 선물을 만드는 것이 아니다. 텅 빈 상자는 아무리 아름답고 점잖게 주어질지라도 안에는 여전히 아무것도 없다. (The wrapping does not make the gift you give. An empty box, however beautiful and gently given, still contains nothing.)

26:6 너는 하나인 상태를 보지 못할 수는 있지만, 그것의 실재를 희생할 수는 없다. (You can lose sight of oneness, but can not make sacrifice of its reality.)

워크북 299:2 저의 거룩함은 환상에 의해 가려질 수는 있지만, 그 광휘를 잃거나 그 빛이 흐려질 수는 없습니다. [Illusions can obscure it (my holiness) but cannot put out its radiance nor dim its light.]

기타

구름은 햇빛을 **가릴 수는 있어도, 사라지게 하지는 못한다.**
어둠은 빛이 **안보이게 할 수는 있지만, 없는 것으로 만들지는 못한다.**
포장(시간 안에서 몸을 가지고 한계를 겪는 우리의 모습)은 내용물(하느님의 거룩한 아들)을 **감출 수는 있어도, 변화시키지는 못한다.**

이런 종류의 문장들이 강조하는 것은 결국 형상, 겉모습, 바깥, 지각의 결과물이 어떻더라도 본질, 내면, 원래의 모습, 참된 자아, 진정한 정체를 보여 주는 것이 아님을 알라는 것이다. 달리 표현하자면, 이런 표현을 사용하는 문장들은 우리에게 지각에 있어서의 역전과 사고의 전복을 촉구함으로써 진리, 진면목, 본성, 참된 정체에 다가갈 수 있게 준비시키는 역할을 한다.

"아무도 몸으로 보지 말라."(See no one as a body.)

2

이미지의 선명한 대비와 예술적 묘사로 수업의 중심메시지를 표현하는 문장들

텍스트

11:15 그들 안의 빛은 그것을 덮어 감추는 안개가 아무리 짙어도 전혀 상관없이 밝게 네가 그 빛을 덮어 감출 힘을 부여하지 않는다면, 안개는 힘이 전혀 없다.
(The light in them shines as brightly, regardless of the density of the fog that obscures it. If you give no power to the fog to obscure the light.)

빛과 그것을 덮은 짙은 안개의 대비.

21:72 꿈속에는 이성이 없다. 꽃이 독 묻은 창으로 바뀌고 아이가 거인이 되며, 쥐가 사자처럼 포효한다. 그리고 사랑도 아주 쉽게 증오로 변한다. 이것은 군대가 아니라 정신병원이다. 계획된 공격처럼 보이는 것은 사실 난장판에 불과하다.

(Dreams have no reason in them. A flower turns into a poisoned spear, a child becomes a giant, and a mouse roars like a lion. And love is turned to hate as easily. This is no army, but a madhouse. What seems to be a planned attack is bedlam.)

꽃과 독 묻은 창(독 묻은 창으로 바뀌는 꽃), 어린아이와 거인(거인으로 변하는 아이), 사자와 쥐(사자처럼 포효하는 쥐), 순식간에 증오로 바뀌는 사랑 등.

극도로 대조적인 이미지들의 비유로 꿈의 비이성적인 성격을 설명하고 있다.

22:48 두려움은 얼마나 약한지! 얼마나 왜소하고, 얼마나 무의미한지! 사랑이 결합시킨 자들의 고요한 힘 앞에서 얼마나 하찮은지! 우주를 공격하려는 겁에 질린 쥐, 이것이 바로 너희의 "적"이다. 그 쥐가 과연 성공할 리 있겠는가?
(How weak is fear - how little and how meaningless! How insignificant before the quiet strength of those whom love has joined! This is your "enemy" - a frightened mouse that would attack the universe. How likely is it that it will succeed?)

지극히 미미하고 중요하지 않은 것의 상징으로 쓰이는 '겁먹은 쥐'와 그 쥐가 공격하려는 전체 우주의 대비.

겁먹은 생쥐 vs. 거대하고 광활한 우주.

22:48 어느 쪽이 더 강한가? 이 작디작은 쥐인가, 아니면 하느님이 창조하신 모든 것인가? 너희는 이 쥐가 아닌 하느님의 뜻에 의해 결합되었다. 하느님이 결합시킨 자들을 쥐 한 마리가 배반할 수 있겠는가?

(Which is the stronger? Is it this tiny mouse or everything that God created? You are not joined together by this mouse but by the Will of God. And can a mouse betray whom God has joined?)

작은 생쥐 한 마리와 하느님의 창조물 전체의 대비.

19:48 진리의 위대한 날개 앞에서 작은 깃털 하나가 얼마나 강력할 수 있겠는가? 그로 인해 독수리가 날아오르지 못하거나 여름이 더디 오겠는가?

(How mighty can a little feather be before the great wings of truth? Can it oppose an eagle's flight or hinder the advance of summer?)

독수리의 비행과 여름(계절)의 어김없는 다가옴이라는 멈출 수 없는 거대한 세력에 대비되는 작은 깃털 하나의 날갯짓.

작은 깃털 하나와 거대한 날개의 대비.

19:48 사라지는 눈송이들에 눈길을 고정한 채 겨울의 추위를 기억하면서 떨고 있느니, 차라리 여름날의 태양을 맞이하지 않으려는가?

(Would you not rather greet the summer sun than fix your gaze upon a disappearing snowflake and shiver in remembrance of the winter's cold?)

한여름의 강렬한 태양빛 vs. 점점 녹아서 사라지는 눈송이의 대조.

20:31 참새에게 어떻게 독수리가 비상하는지 묻지 말라.
(Ask not the sparrow how the eagle soars.)

참새 vs. 비상하는 독수리.
가냘프고 작은 참새의 날개 vs. 크고 강력한 독수리의 날개.
실재의 차원과 환상의 차원의 대비.
진리나 사랑처럼 참된 것과 거짓이나 욕망에 근거한 집착처럼 진실 되지 않은 것 사이의 건널 수 없는 간극에 대하여 대비.

우리의 본성인 장엄함(독수리)과 세상에서 우리가 익숙해져 있는 우리 모습인 왜소함(참새) 사이의 간극에 대한 묘사.

교사지침서 4:4 독수리의 막강한 힘이 주어져 있거늘, 누가 참새의 변변찮은 날개로 날려 하겠는가? 하느님의 선물이 앞에 놓여있거늘, 누가 에고의 초라한 공물을 믿으려 하겠는가?
(Who would attempt to fly with the tiny wings of a sparrow when the mighty power of an eagle has been given him? And who would place his faith in the shabby offerings of the ego when the gifts of

God are laid before him?)

다시 한번 참새의 작은 날갯짓에 대비되는 독수리의 강력한 힘의 대비.
독수리 날개의 막강한 힘 = 하느님의 선물 vs. 참새의 초라한 날개 = 에고의 선물.

워크북 300과 이 세상은 단 한 순간만 지속될 뿐이다.

1. 하지만 이것은 또한 어떤 거짓된 지각도 우리를 장악하지 못하게 하고, 영원히 고요한 하늘을 지나가는 구름 한 조각 이상의 것을 나타내지 못하게 하는 아이디어다.
(Yet this is also the idea that lets no false perception keep us in its hold nor represent more than a passing cloud upon a sky eternally serene.)

Only An Instant Does This World Endure. (이 세상은 단 한 순간만 지속된다.)

영원히 고요한 하늘의 떠가는 구름 한 조각이 바로 세상이다. 영원성을 지닌 고요한 하늘 vs. 부유하는 구름 한 조각.

9:92 많은 경우에는, 단지 불꽃만 남아 있다. 위대한 빛줄기들이 가려져 있기 때문이다. 하지만 그 빛줄기들이 결코 완전히 망각되지 않도록, 하느님이 그 불꽃을 살려 두셨다.
(In many only the spark remains, for the Great Rays are obscured.

Yet God has kept the spark alive so that the rays can never be completely forgotten.)

작은 불꽃 vs. 거대한 빛줄기.

18:74 그 조각이 자신을 무엇이라고 생각하든, 그것이 존재하려면 태양과 바다에 전적으로 의존해야 한다는 사실을 바꾸지 못한다. 태양이 없다면 햇살은 사라질 것이며, 바다 없는 물결은 상상조차 할 수 없다.
(What it thinks it is in no way changes its total dependence on them for its being. Its whole existence still remains in them. Without the sun the sunbeam would be gone; the ripple without the ocean is inconceivable.)

단 한 조각에 불과한 햇살 vs. 몸체인 태양.
극히 작은 일부분인 물결 vs. 전체인 바다의 대조.

우리의 존재의 연원, 본질적인 능력, 판단할 수 있는 자질과 능력, 현실적인 가능성들을 고려할 때 우리가 아는 것은 아는 것이 아니다. 우리가 판단하는 것은 정확할 수가 없다. 모든 한계들이 우리를 감싸고 있기에 우리는 단지 잠시 고뇌하다가 이 땅의 표면 위에서 사라져 갈 수밖에 없는 하찮은 존재이다.

햇살이 자기 근본인 태양을 부인하고 단지 하나의 물결, 하나의 파도일 뿐인 것이 전체 대양을 기억하지 못하고 부인하는 것이 얼마나 어리석은 일인지 짐작케 한다.

존재하지 않는 '실재 아닌 것'은 용서의 대상일 뿐 아무것도 아니다. 혹은 아무것도 아니기에 용서의 대상이다.

3

수업의 핵심 가르침을 압축, 요약한 문장들

여기서 소개하는 문장들은 대체로 지각의 역전과 사고의 전복이라는 공통된 바탕 아이디어를 가지고 있다. 또한 가장 근본적으로 말해서 '실재인 것'(the real)과 '실재가 아닌 것'(the unreal)의 비교, 대비를 보여 준다. 하느님, 하느님의 창조, 천국, 영처럼 실재인 것은 어떤 경우에도 위협받지 않고 변하지 않으며 영원히 존재함을 강조하는가 하면 우리의 몸, 세상, 눈에 보이는 다양한 현상들, 우리의 생각들처럼 실재가 아닌 것은 변하지 않고 남아 있기는커녕 사실은 존재하지조차 않는 환상이자 신기루임을 지적한다.

이렇게 모든 것은 우리의 지각대로가 아니라 진리대로 인식되어야 함을 가르친다. 그 진리는 우리 바깥에는 아무것도 없고 무엇인가 있는 듯 보이는 것은 환상임을 알려준다. 이런 근본적인 진리가 시간 속에서 세상 안에서 사는 우리에게 흔들리지 않는 평화를 준다. ("Herein lies the peace of God." 여기에 하느님의 평화가 있다.)

1-7 존재하지 않기에 우리의 평화를 깨뜨릴 수 없는 것의 범위에 대해서 - 강

력해 보이지만 아무것도 아닌 것들을 알아보기, 지각의 역전과 사고의 전복.

8-11 나는 누구인가에 대해서 - 실재인 나는 영이고, 하느님이 창조하신 그대로이고, 하느님의 거룩한 아들이지 아프고 병들고 늙고 고통받는 몸이 아니다. 역시 지각과 사고의 역전.

12-13 주는 것의 법칙과 지각의 원리 - 주는 것은 잃는 것이 아니다. 지각의 전복.

14-19 결정, 환영, 투자, 유지함, 물러남이 의미하는 것. 실재인 것/참/사랑과 실재하지 않는 것/거짓/두려움 사이에서 선택하는 결정, 뜻, 의지의 중요성.

20 형제의 의미, 홀로 치유되지 않음에 대해서.

21 기만(속임)에 대하여.

1 **텍스트 서문 4** Nothing real can be threatened. Nothing unreal exists. Herein lies the peace of God. (실재인 것은 위협받을 수 없다. 실재가 아닌 것은 존재하지 않는다. 여기에 하느님의 평화가 있다.)

실재인 것(천국, 우리의 진정한 자아, 사랑, 하느님의 평화, 하느님의 창조, 진리, 하느님이 창조하신 대로의 우리)은 영원히 변함이 없다. 그러므로 평화가 흔들리거나 위협받을 이유가 없다. 실재가 아닌 것(몸, 세상, 시간, 우리의 생각, 꿈, 그림자 세상, 환상)은 모두 다 용서할 대상이다.

그러므로 우리가 **진정한 용서를 하는 한** 하느님의 평화는 항상 우리 것이다. 존재하지 않는 것(실재가 아닌 것)은 우리의 평화를 깰 수 없고 영원히 변치 않는 것(실재인 것)은 우리 평화의 근간이기 때문이다.

서문에 소개되는 3개의 짧은 이 문장들은 기적수업 전체의 가장 근본적인 아이디어이자 반복적으로 확인되는 주제이다.

1. 겉모습(형식)과 정체(본질)를 대비시키는 문장들에 소개되는 표현들에서도 거듭 실재인 것과 환상인 것의 대비를 통해서 비록 환상이, 실재하지 않는 것이 대단해 보이거나 영원해 보이더라도 실제는 아무것도 아니며, 잠시 있다가 사라지는 환영일 뿐이라고 강조한다. 1.에 등장하는 문장들 전체가 "실재인 것은 위협받을 수 없고 실재가 아닌 것은 존재하지 않는다."라는 한 가지 아이디어의 재확인이고 반복선언이다. 고로 그 문장들은 기본적인 틀로서 사고의 역전과 지각의 전복을 초청하고 강조한다.

"실재인 것은 위협받을 수 없다."는 첫 문장은 사실 기적수업 내용의 전부라고도 할 수 있다. 만약 이 문장이 무엇을 의미하는지 안다면 더 이상 기적수업을 공부할 필요가 없을지도 모른다. 현실적으로 말해서 수업을 알게 되고 공부하게 된 학생들이 이 문장의 의미를 처음부터 100% 받아들이기는 어렵다고 가정할 때, 왜 실재가 아닌 것들은 존재하지 않는다는 두 번째 문장이 첫 번째 문장의 부연설명으로서 나오는지 이해할 수 있다.

실재인 것과 달리 실재가 아닌 것은 존재하지 않고 그러므로 우리에게 아무런 두려움을 일으킬 수 없고 어떤 영향도 미치지 못하기에 위협이 되지 않음을 말한다. 실재인 것은 위협받을 수 없으니 영원히 변하지 않으면서 우리에게 고통의 이유가 될 리가 없고, 반대로 실재가 아닌 것은 존재하지 않기에 우리에게 위협이 되거나 고통의 원인이 될 수 없다는 것이다. 이런 원리와 상황을 이해할 때 변함이 없고 그침이 없는 하느님의 평화는 우리의 것이 될 수 있다. 그래서 "여기에 하느님의 평화가 있다."라는 세 번째 문장이 나온다.

서문에서는 이 세 문장들이 수업 전체의 요약이라고 선언하는데 거꾸로 말하자면 기적수업의 모든 내용이 이 세 문장들을 보다 상세히 설명하기 위한 것이라고 할 수 있다.

실재가 아닌 것, 하느님이 아닌 그 외의 신들(other gods), 우리가 그리도 사모하는 갖은 형상의 우상들, 세상과 그 안의 가장 탐스러운 것들, 우리가 그렇게도 간절히 한 평생 추구하고 사랑하며 탐하는 것들이 얼마나 가치 없고, 의미 없는지에 대한 더 이상 간결하고 더 이상 완전할 수 없고 더 이상 정확할 수 없는 선언이다. 그것들은 아무것도 아닌 것들이다. 존재하지조차 않는 것들인 것이다! 그리고 정반대로 실재인 것은 위협받을 수 없어서 영원히 변하지 않는다는 선언이다. 비록 그 실재의 형상은 때로는 작고, 허약하며, 심지어 초라하기까지 하더라도 말이다.

기적수업 서론에 수업 전체를 요약한 것으로 묘사되면서 등장하는 이 세 문장들은 제3번이나 제5번도 아닌, 베토벤 심포니의 제9번을 단 3개의 짧막한 문장으로 묘사한 것처럼 들린다.

또는 셰익스피어의 모든 시극들을 불과 3문장으로 요약한 것이라고 불러도 좋을 것이다. 그렇게나 심오하고 방대한 기적수업의 레슨들의 거의 모든 주요키워드들과 중심 아이디어들이 이 단 3문장 안에 다 녹아들어 있다. 사랑, 판단, 꿈, 몸, 죄, 환상, 세상, 평화, 두려움, 속죄, 용서, 치유, 질병, 속임, 총체성, 받아들이기, 거룩함, 구원 등이다. (아래 텍스트 13:56 "네가 배울 레슨들 가운데 가장 어려운 레슨이며, 궁극적으로 유일한 레슨이다.")

가장 웅장하고 깊은 의미와 내용을 가졌지만 가장 단순하게 (real한 것과 unreal한 것, 즉 실재와 실재가 아닌 것 단 두 가지로) 표현된다. 진리는 참으로 단순하고 기적수업은 누누이 강조되듯 참으로 단순한 수업이다. 그렇게도 심층적이고 광대한 레슨을 이렇게도 단순하게 표현하는 것은 기적수업의 독특한 매력이자 특징 중의 하나이다.

> **텍스트 13:56** 진리가 참이라는 근본적인 가르침으로 단순함에 대한 레슨을 시작한다. 이것은 네가 배울 레슨들 가운데 가장 어려운 레슨이며, 궁극적으로 유일한 레슨이다. 왜곡된 마음은 단순함을 아주 어려워한다. 네가 무를 가지고 만든 온갖 왜곡물들, 즉 무를 가지고 엮어낸 온갖 이상한 형식과 감정, 행위와 반응을 잘 살펴보라. 너에게는 단순한 진리보다 더 생경하고 듣기 싫은 것도 없다. 참인 것과 참이 아닌 것 사이의 대비는 아주 분명하다. **하지만 너는 그것을 보지 않는다.**

단순함에 대한 아주 단순한 대조와 설명

① 실재인 것 - 영원불변임, 도, 공, 브라흐만, 진리, 사랑, 천국 등.
실재가 아닌 것 - 변하는 다른 모든 것. 집착의 대상으로도 목표로도 적절하거나 충분치 않은, 용서의 대상인 것. 환상.

② anything real - 하느님이 창조 create 하신 것, 성령의 목소리가 따르도

록 권하는 것.

anything unreal - 우리가 만든 make 한 것, 에고의 목소리가 따르도록 권하는 것.

둘 사이의 실존적 괴리가 존재하는 이유는 **'deceit'(속임/기만) 때문**이라고 묘사된다. (텍스트 10:84 하느님의 아들에 대해서 속지 말라. 그러면 너 자신에 대해서 속을 수밖에 없기 때문이다. **텍스트 10:90** 너 자신을 **속임수 없이** 지각할 때, 너는 **네가 만든 거짓된 세상 대신에 실재 세상을 받아들일 것**이다.)

우리가 자면서 꿈을 진짜라고 속아서 믿는 때문인 것이다. 이 꿈은 실재가 아니지만 때로 너무 생생하다. 그 꿈의 내용은 'Senseless journeys, mad careers, artificial values'(무의미한 여정과 미친 경로, 조작된 가치관 워크북 298:1)이라고 불릴 만큼 이치에 어긋나고, 미친 것이며, 조작된 것이지만 우리는 평생을 좇고 추구한다.

> **텍스트 21:72** Dreams have no reason in them. A flower turns into a poisoned spear, a child becomes a giant, and a mouse roars like a lion. And love is turned to hate as easily. (꿈속에는 이성이 없다. 꽃이 독화살로 바뀌고 아이가 거인이 되며, 쥐가 사자처럼 포효한다. 그리고 사랑도 아주 쉽게 증오로 변한다.)

③ 아무것도 염려(걱정 내지 두려움)하지 말고 - nothing real can be threatened, 아무것도 집착하지 말라 - nothing unreal exists.

실재인 것(우리를 포함하는 하느님의 창조들, 천국, 사랑, 생명 등)은 결코 사라지지도 파괴되지도 변질되지도 않는다. 실재는 위협받을 수 없는 것이다. (Nothing real can be threatened.) 실재인 것에 대한 위협은 있을 수 없기에 우리는 안전하고 걱정이나 염려나 두려움 없는 평화가 가능하다.

반면에 실재가 아닌 것(우리가 만든 것, 세상과 그 안의 모든 것, 몸, 우리의 생각, 의도, 계획, 목적, 노력, 수고, 두려움, 죄책감, 과거 등)은 시간에 함몰되고, 여건에 따라 변하며, 궁극적으로 소멸한다. 지각되지만 단지 상상일 뿐이고, 만져지지만 오직 환상일 뿐이다. 사실은 실재가 아닌 것은 심지어 존재하지조차 않는다. (Nothing unreal exists.)

이 '존재하지 않음'이 집착을 무의미하게 만든다. 또한 존재하지도 않는 것이 우리를 위협할 수는 없기에 걱정도 염려도 두려움도 더 이상 우리의 문제가 아니다. 여기에 유일하게 참된 평화인 하느님의 평화의 기초가 마련된다.

unreal한 것(실재하지 않는 것, 실재가 아닌 것)의 범위 즉 우리의 삶에서 중요하지도 않고, 그래서 심각해질 이유도 없고, 별로 심각하게 신경 쓰거나 상관하지 않아도 되는 범위(irrelevant한 범위)는 모든 환상이다. 우리의 일상적인 삶을 기준으로 말하자면 우리의 생각, 행위, 목표들, 세상 등 모든 것이다.

달리 말하자면, '사랑하는 생각'이 아닌 모든 생각(unloving thoughts)과 '사랑하는 생각'으로 하지 않는 모든 행위이다. 어떤 고상하거나 추악한 생각들이나 목적들이든 어떤 고귀하거나 비열한 행위들이든 모두 다 포함된다. 우리가 삶에서 필요하고 중요한 것으로 당연시하던 돈과 권력과 육체적 즐거움들과 명성의 추구도, 보다 잘 먹고 잘 입으며 나는 특별하다는 믿음으로 오래오래 사는 것도 다 같이 '실재하지 않는 것들'(things unreal)로서 의미도 없고, 가치도 없다. 존재하지도 않는 상상물이거나 환영이 의미나 가치가 있을 리가 없는 것이다.

그러므로 이런 것들(위 13:56에서는 '**네가 무를 가지고 만든 온갖 왜곡물들, 즉 무를 가지고 엮어낸 온갖 이상한 형식과 감정, 행위와 반응**'이라고 불린다.)이 없다고 염려할 필요도 없고, 있다고 집착할 필요도 없다. (You need be neither careful nor careless. 너희는 염려할 필요도 무심할 필요도 없다.) 이런 상태에 있을 때라야 흔들림 없는 '하느님의 평화'가 보장된다.

두려움과 애증(판단이 동반되는 상태)이 없는 평화의 상태가 가능한 것은 가장 근본적으로는 하느님의 Authorship 때문(하느님이 우리를 '창조'하셨기 때문)이다. 게다가 우리가 여전히 '하느님이 창조하신 대로' 남아 있기 때문이다.

이런 레슨을 받아들이는 것은 세상에서, 시간 안에서 살고 있는 우리에게 매우 어렵게 느껴질 수 있다. 오랜 기간 대대로 전달받은 유전적 암시들과 영향, 시대의 지배적인 물질적 가치관들과 믿음체계들, 사고방식의 역전에 동반될 수밖에 없는 강렬한 저항 등이 "실재가 아닌 것은 존재하지 않는다."는 레슨을 받아들이는 것이 거의 불가능한 목표로 보이게끔 만들 것이다. 하지만 평화로 가는 길을 배우는 레슨이 어렵고 복잡해 보인다고 해서 그 레슨이 단순하지 않다는 의미는 아니다.

④ 죄책감 하나 = 두려움 하나 = 환상 하나 = 과거 하나
　속죄　　　= 해방/구원/치유 = 용서 = 현존

어떤 종류이든 우리의 죄책감은 반드시 두려움을 동반한다. 그런 죄책감 하나에는 상응하는 환상이 하나 있다. 그 환상을 실제로 보이게 만들기 위해서 과거 하나가 생겨났다.

이 계단을 거꾸로 올라가는 방법은 속죄를 받아들여서 **죄책감을 해결**하고, 모든 것에 대한 용서로 마지막 **환상 하나까지 사라지게** 하고, 치유되어서 **두려움에서 해방**되어, 더 이상 과거를 돌아보거나 거기 머물지 않고 그리스도와 하느님의 **현존에 들어가 머무는 것**이다. 이것이 '하느님의 평화'다.

⑤ 서론의 요약 세 문장을 부연 설명하는 워크북 133과.

> 133:14 이것을 배우는 것이 너에게 어떤 유익이 있을까? 그것에는 단지 네가 선택을 쉽고 고통 없이 할 수 있게 된다는 것을 훨씬 뛰어넘는 유익이 있다. 천국에는 빈손과 열린 마음으로 오는 자들만이 도달할 수 있다. 그들은 아무것도 없이 와서 모든 것을 발견하고는, 그것을 자신의 것으로 청구한다. 우리는 오늘 *자기기만을 내려놓고*, 진정으로 가치 있고 실제인 것만을 가치 있게 여기겠다는 *정직한 용의를 내서* 이 상태에 도달하려고 시도한다.

2 *서문* 2 What is all-encompassing can have no opposite. (모든 것을 포괄하는 것은 반대되는 것이 없다.)

실재/사랑의 특징/범위는 반대되는 것(상대)이 없는 것이다. 상대가 있는 한은 이원성적 사고와 관점을 벗어나지 못한 것이다. 누군가가 그 무엇인가가 자신과 구분되는 상대로 여겨지거나 누구든지 무엇이든지 반대하게 되는 것 혹은 반대의 위치에 있게 되는 것은 사랑하지 않는 까닭이다. 우리에게 자기 자신이 아니고 상대로 인식하는 것이 여전히 있다는 것 자체가 우리는 속았다는 증거이다.

이 문장은 또 우리 모두의 일체성(the universal oneness of God's Son 워크북 137:3)과 온전성(wholeness)을 가리킨다. 우리는 하나이기에 진정한 의미에서 상대(반대, opposite)를 가지지 않는다. 나와 내 형제는 하나이기에 내가 치유될 때 그도 함께 치유된다. 내가 구원될 때 그가 함께 구원되는 것도 이 일체성 때문이다. 우리가 완전한 사랑일 때 우리 형제는 더 이상 우리의 상대로 보이지 않을 것이다. 우리는 모든 것을 포괄하여 아우르는 사랑이기 때문이다.

이런 일체성은 신약성서에서 예수가 가르친, "네 형제(심지어 원수)를 네 몸처럼 사랑하라."는 계명과 형제를 대할 때 너 자신과 다르게 보지 말고 자신을 대하듯 똑같이 대하라고 하는 '황금률'이 실천될 수 있게 하는 근본적인 이론적 토대이다. 결국은 하느님의 모든 아들들은 하나이기 때문이다. 이런 일체성을 이해할 때 아무도 제외시키지 않는다는 의미와 나는 나 혼자가 아니라 전체적이라는 의미를 가진 '온전성'(wholeness)을 인정하고 받아들일 수 있다.

3 텍스트 1:1 There is no order of difficulty among miracles. (기

적들 사이에는 난이도가 없다.)

실재하지 않는 것은 존재하지 않는다는 서론 요약의 두 번째 문장의 부연 설명이라고 할 수 있다. 어차피 실재하지 않는 것들은 존재하지 않는 환상일진대 그들 사이에 크고 작거나, 밝고 어둡거나, 길고 짧은 것의 비교는 아무 의미가 없다. 그런 의미에서 지각의 교정인 기적들 사이에 난이도는 없는 것이다.

실재가 아닌 것이 환상인 것, 아무것도 아닌 것(nothing)으로 보이는 것, 즉 지각의 교정이 일어나서 진정한/참된 지각이 생기는 것이 기적이다. 환상이 아무것도 아님을 보게 되는 기적은 그 환상의 대소장단에 따라 난이도가 생길 이유가 없다. 환상은 그 어떤 것이나 다 환상이기 때문이다.

실재가 아닌 것은 많든 적든, 크든 작든, 길든 짧든, 아름다워 보이든 추해 보이든 다 마찬가지로 존재하지 않는다. 지각을 교정하는 데 있어서 어떤 대상과 관련해서든 난이도가 있을 수 없는 이유이다.

4 워크북 132:12 There is no world. (세상은 없다.)

If you are as God created you, if you are real the world you see is false. Hence, there is no world. (네가 하느님이 창조하신대로라면, 네가 실재라면 네가 보는 세상은 거짓이다. 그러므로 세상은 없다.)

실재하지 않는 것은 존재하지 않으므로 우리가 보는 세상은 없다. 우리가 여전히 하느님이 창조하신 대로 남아 있어서 거룩하다면, 그런 우리가 고통 받고 아프다가 죽는 그런 세상은 존재할 리가 없다. 그러므로 세상은 없다. 우리가 하느님이 창조하신 대로라면 고통받을 수 있는 **장소도** 우리의 영원한 본성에 변화가 일어날 수 있는 **시간도** 없다. (워크북 132:10) 따라서 우리에게 지각되는 시공간의 세상은 있을 수 없는 것이다.

세상은 없다면 하느님만 있다. 그러므로 실제로 존재하는 모든 것은 하나로서 하느님이다. 즉 세상이라는 표면 아래에서 모든 것은 하나 즉 일체이다.

실재가 아닌 것, 따라서 존재하지 않는 것의 가장 대표적인 보기가 바로 세상이다. 물론 이 세상은 존재하지 않는다. 다만 있는 것처럼 보일 뿐이다. 이 아이디어가 수업의 중심적인 사고인 이유가 바로 이것이다. I loose the world from all I thought it was. I am affected only by my thoughts. (나는 세상의 나의 모든 생각으로부터 풀어준다. 나는 오직 내 생각에 의해서만 영향받는다.)

'세상은 없다는 것'의 의미의 스펙트럼

수업은 되풀이해서 강조한다. 우리는 창조될 때 창조하신 하느님과 마찬가지로 사랑으로 창조되었고, 여전히 사랑이다. 우리는 빛이기도 하다. 우리는 거룩하다. 우리는 하느님의 아들이다.

이 진리를 받아들이기는 지적으로 감정적으로 심리적으로 결코 쉽지 않다. "우리는 하나다." "우리는 우주의 일부이고 우주도 우리의 일부이다." "사랑 안에서 우리는 모든 것과 연결되어 있다."와 같은 자주 인기를 얻는 말들과 관념들처럼 형제와의 일체성은 그나마 좀 더 받아들이는 것이 쉬울지 모른다.

그러나 하느님과 우리 자신의 일체성이라는 것은 받아들이기가 혹은 믿기가 결코 쉽지 않다. 일체성의 이런 궁극적인 의미에 대해서는 많은 경우에 종교적인 신성모독이라고 느끼거나 마음 깊은 곳에서부터 관념적인 저항을 느낀다. 그 이유들 중의 하나는 '세상'이라는 것이 우리 눈앞에서 우리와 하느님의 연결을 가로막고 있으면서 우리에 관해서 정반대의 증언을 하기 때문이다.

세상과 그 안에서 우리가 가지고 사는 몸은 증언한다. 우리는 약하고 공격적이며 변덕스럽고 잔인하며 난폭하다. 인색하고 비겁하며 꽤나 자잘하고 자주 추악한 짓을 한다. 사랑을 늘 갈구한다지만 주로 받기를 바라고 기껏 주는 사랑을 해 보았자 특별한 사랑일 뿐이다.

환상 속에서, 꿈속에서 즉 세상 안에서 몸을 지닌 채로는 우리가 사랑임을 거룩함을 빛임을 믿기 어렵다. 우리에게 자신의 정체를 받아들이기 저어하게 만들면서 사랑의 실재를 가리고 덧칠하고 왜곡시키는 것이 세상이고 그 안에서 몸으로 사는 우리의 경험들이다.

그러므로 세상이 정말로 존재하지 않는다면, 하나의 꿈이거나 환각이거나 게임 한 번을 하는 것처럼 아무것도 아닌 것이라면, 그래서 참된 지각으로 바로 보았을 때 세상 전체가 완전히 사라진다면, 세상이라는 것과 그 안에서의 일들이 우리 생각과 행동이 형제의 생각과 행위가 다 없다면, 즉 환상이라면, 혹은 꿈일 뿐이고 의미도 가치도 진정 없다면 (깨고 나면 그 뿐이니까 말이다. 몽환허화 하로파착, 원리전도몽상 구경열반) 우리는 진정 우리일 수 있을 것이다.

(몽환허화: 꿈속의 가짜 꽃, 하로파착: 어찌 붙잡을 것인가?, 원리전도몽상: 꿈속의 뒤집어진 이미지들을 떠나서, 구경열반: 열반의 경계에 도달한다.)

우리는 하느님이 창조하신 그대로일 수 있고, 우리 마음은 공격할 수 (공격할 거리, 대상이) 없어서 우리는 아플 수 없고, 우리는 속죄를 받아들이지 못할 이유가 하나도 없어진다.

세상이 없다면 우리는 하느님의 거룩한 아들로서 (창조된 그대로라는 의미이다.) 모든 한계들에서 자유롭고 (우리 한계들은 모두 세상이 있다고 믿어서 생긴다. 세상에서 오는 한계들이다.), 치유되었고 안전하고 온전하며, 또 자유롭게 용서하고 자유롭게 세상을 구하지 못할 이유가 없어진다.

세상이 없다는 가르침은 그래서 타인을, 형제를 치유하는 선물을 그 진리를 받아들이는 자에게 준다. 이것은 구원이고 해방이다.

5 워크북 158:8 See no one as a body. (아무도 몸으로 보지 말라.)

몸은 실재가 아니기에 그 어떤 몸도 존재하지 않는다. 그렇다면 아무도 몸이 아니다. 어떤 예외도 없이 아무도 몸으로 보지 않는 것은 '실재가 아닌 것'

은 그 어떤 것도, 전혀 존재하지 않음을 알 때 가능하다.

6 텍스트 31:23 Forgive your brother all appearances. (형제의 모든 모습들을 용서하라.)

지각되는 어떤 모습들이라도 사실은 존재하지 않으므로 모든 모습들은 예외 없이 용서될 수 있고 되어야만 한다. 용서의 총체성이 바로 이것이다.

7 워크북 10과 My thoughts do not mean anything. (내 생각들은 아무 의미도 없다.)

내가 가지는 어떤 생각도 행하는 어떤 행위도 '사랑하는 생각들'의 예외를 빼고는 실재가 아니고 영원하지 않다. 그러므로 어김없이 공격생각들일 뿐인 나의 생각들은 존재하지 않는다. 어떤 것은 실재이거나 환상이지 그 중간적인 것은 없다.

텍스트 10:76 너는 네가 지각하는 모든 것이 무슨 의미인지 알지 못한다. 네가 지닌 단 하나의 생각도 온전히 참이 아니다. 이것을 인식해야만 확고한 출발을 할 수 있다.

존재하지도 않는 것이 의미를 가질 도리는 없다. 영원한 생각은 사랑하는 생각(loving thoughts)뿐이고, 가치 있는 말과 생각은 하느님의 이름뿐이며, 의미 있는 유일한 소리는 하느님의 이름밖에 없다.

소리 (sound)와 모습(sight)에 대해서도 마찬가지이다. 그래서 우리 마음은 우리가 **하느님과 함께 생각하는 것만을 간직**한다. (My mind holds only what I think with God.)

> **8 텍스트 18:67 I know nothing. I need do nothing.** (나는 아무것도 모른다. 나는 아무것도 할 필요가 없다.)

수업을 이해해서 받아들이는 것이 구원이다. 수업을 제대로 배우기 위해서는 우리가 세상에서 받은 교육의 전복이 요청된다. 그렇다면 '나는 아무것도 모른다.'가 수업을 이해하기 위한 전제다.

전복적 사고로 지금까지 세상에서 배운 모든 것을 부정해야만 수업을 배울 수 있기 때문이다. 그래서 결국 '나는 아무것도 할 필요가 없다.'라고 고백해야 한다. 오직 그때만 '내 안의 빛'이 앞으로 나서고 하느님께서 '길을 인도하시기' 때문이다.

무엇인가 몹시 하고 싶다는 것 혹은 그런 행위를 추동하는 깊은 욕망은 깊은 결여 그리고 그 깊이만큼 깊은 죄책감의 반영이다. 나는 아무것도 할 필요가 없다는 깨달음은 우리의 완전한 치유와 해방으로 가는 관문이다.

> **9 워크북 136:22 I am not a body.** (나는 몸이 아니다.)

몸은 실재가 아니다. 고로 몸은 존재하지 않는다. 그렇다면 지금 실존적으로 생각하고 평화를 찾고 있는 나는 존재하지 않는 몸일 수 없다. 그러므로 나는 일단 몸이 아님에 틀림없다.

"나는 하느님의 거룩한 아들이다." 그리고 "나는 하느님이 창조하신 그대로다."도 나는 영이라는 선언의 부연설명으로 이해할 수 있다. 이 선언은 우리는 몸이 아니지만 우리의 생각이나 마음인 것도 아니라고 한다. 우리는 몸이 아니고, 몸에서 해방되기를 원하는 생각을 하는 기능인 마음도 아니며, 그런 마음을 관찰하는, 마음 상위의 존재 혹은 '거룩한 마음'이라고 불릴 수 있을 영이라고 제시한다.

그렇다면 마음의 조절과 통제가 되는 수준이 구원이 아님을 알고, 그런 마음을 보고 이해하고 알아차린 후에 그 마음조차 진정한 자신이 아니고 단지 창조된 그대로 변함없이 남아 있는 자신 즉 진아 혹은 영의 한 생각일 뿐임을 아는 것이 필요하다. 더 나아가서 자신의 영 혹은 진아는 하느님과 분리된 적이 전혀 없고 하느님과 그리고 다른 피조물들(형제들)과의 변함없는 일체성 안에 항상 그랬던 것처럼 지금도 머무르고 있음을 알게 되는 것이 구원이자 깨달음이며 깨어나는 것임을 배워야 할 것이다. 이것이 바로 "나는 몸이 아니다."라는 가르침에서 궁극의 목표지점으로 삼아야 할 것이다.

이런 맥락에서 지눌이 신심명에서 언급한 '공적영지지심'이란 우리의 일상적 마음과 다른, 마음 상위의 존재나 기능을 가리키는 것임을 알 수 있다. 마찬가지로 마이스터 에크하르트의 'The Intellect'나 대승불교의 '불성', 기독교 신비주의(영지주의)의 '신령한 지식' 그리고 사도 바울이 말했던 '그리스도를 인식할 수 있게 하는 성령의 작업'도 우리의 마음을 넘어서는, 마음 상위의 존재나 차원을 가리키고 그 차원이 바로 영(spirit)의 차원이라고 추측할 수 있게 한다.

10 워크북 97:9 I am Spirit, a holy Son of God. (나는 영이다. 나는 하느님의 거룩한 아들이다.)

워크북 191 I am the holy Son of God Himself. (나는 하느님 자신의 거룩한 아들이다.)

I am free of all limits, safe and healed and whole, free to forgive, and free to save the world. (나는 모든 한계들에서 자유롭고, 안전하고 치유되었으며 온전하다. 나는 자유롭게 용서하고 자유롭게 세상을 구한다.)

하느님의 거룩한 아들인 나는 실재이다. 이러한 나는 위협받을 수도 변할 수도 없다. 그러므로 한계들이 나를 제한하지 못함은 물론이다.

영으로서의 나는 실재한다. (진정한 나는 영으로서의 나밖에 없다.) 그러므로 나는 변화할 수 없기에 하느님께서 창조한 그대로 남아 있다. 나는 실재인 존재이기에 어떤 위협에도 변하거나 위협받을 수 없다. 나의 이 변화할 수 없음이 나의 평화의 토대인 것은 "여기에 하느님의 평화가 있다."라는 서문의 요약과 궤를 같이한다.

11 워크북 94 110 162 I am as God created me. (나는 하느님이 창조하신 그대로다.)

There is no world. My mind cannot attack. So I cannot be sick. I will accept the Atonement for me. (세상은 없다. 내 마음은 공격할 수 없다. 그러므로 나는 병들 수 없다. 나는 나를 위한 속죄를 받아들인다.)

나는 영이고, 하느님의 거룩한 아들이기에 하느님이 창조하신 모습에서 전혀 변하지 않았고 변할 수도 없다. 나는 하느님이 창조하신 그대로라는 이 아이디어는 실로 수업을 요약한다. 나는 실재로서 위협받을 수 없고, 변할 수 없기에 하느님의 평화는 원래가 그리고 지금도 여전히 그리고 앞으로도 항상 나의 것이다.

이 아이디어는 서문의 수업 요약에서도 다른 표현으로 나타난다. 위협받을 수 없는 즉 변할 수 없는 관계였던 하느님과 우리 사이의 실재의 관계는 (분리는 일어날 수가 없었기에) 단절된 적이 전혀 없다고 하는 속죄의 설명이 "실재는 위협받을 수 없다. 실재하지 않는 것은 존재하지 않는다."는 요약에 들어 있다.

비실재는 존재하지 않기에 즉 그림자, 환상으로서 진짜가 아니며 존재하지 않기에 실재인 즉 몸이 아니라 영이자 하느님의 거룩한 아들인 우리는 어떤 비실재로부터도 위협받을 수 없어서 안전하고 보장되는 평화를 누릴 수 있다는 아이디어는 '나는 몸이 아니고 영이라는 선언'과 '나는 하느님이 창조하신 그대로라는 선언'에서도 재차 강조된다. 우리는 영이기에, 비실재가 아니라 위협받을 수 없는 실재이기에, 비록 비실재인 세상과 다른 환상인 것들에 둘러싸여 살고 있더라도 여전히 신이 창조하신 그대로 남아 있다는 것이다.

이 아이디어는 우리에게 우리가 궁극적으로 누구인지, 우리의 진짜 정체는 무엇인지를 알려 준다. 이 아이디어의 중요성은 자신이 누구인지 알기 전에는, 즉 자신이 하느님이 창조하신 그대로이고, 모든 것과 하나이며, 사랑이며, 또 온전한 존재인지 정말로 알기 전에는 진정한 용서는 불가능하다는 사실과 관계있다. 이러한 정체성에 대한 앎(알아차림)을 얻기 전에는 비열하고 극악한 타인의 행위(항상 그의 죄로 지각된다)를 용납(기적수업에서 '용서'라고 한다)할 수가 없을 것이기 때문이다.

위 8번에서 10번까지의 세 아이디어들은 기적수업 전체를 요약한 서문의 세 문장들의 구성 내용인 '실재인 것', '실재가 아닌 것'을 보다 상세히 설명한 것이라고도 볼 수 있다.

12 워크북 187:6 You give but to yourself. (너는 너 자신에게만 준다.)

워크북 292:1 Everything I give I give myself. (내가 주는 모든 것은 나 자신에게 주는 것이다.)

워크북 108 주는 것과 받는 것은 진실로는 하나다.
워크북 126 내가 주는 모든 것은 내게 주어진다.
워크북 344 내가 형제에게 주는 것은 내게 주는 선물이다. (사랑의 법칙)
워크북 158 오늘 나는 받는 대로 주기를 배운다.

이 문장들은 모두 주는 것의 법칙과 원리를 천명한다. 주는 것은 내게 돌아오므로 받으려면 먼저 주어야만 한다. 우리가 주는 것이 그것이 우리의 것임을 증명하기 때문이다.

주는 것은 어떻게 우리에게 돌아오는가? 왜 우리는 오직 우리 자신에게만 주게 되는가?

주는 것이 받는 것이다(가르치는 것이 배우는 것이다; 용서하는 것이 용서받는 것이다)라는 수업 원칙

주는 것만이 혹은 형제에게서 우리가 인지하는 것만이 그에게 있다고 우리가 인정하는 것만이 돌아와서 우리의 것이 된다. 우리에게 주어진다.

우리에게 있는 것만 진짜 우리 것이고 우리가 주는 것만 진짜 우리 것으로 우리에게 있다. 없는 것은 줄 수 없다. 그러므로 형제에게 주지 못하는 것은 사실은 우리에게 없고 우리의 것이 아닌 것이다. 우리 안에 있는 것이 밖으로 흘러나오고 우리 안에 빛이 있어야 형제에게서도 빛을 보는 것과 마찬가지 논리다.

그러므로 형제에게서 죄 없음을 보면 그 안의 그리스도가 우리의 죄 없음을 말해 준다. 형제에게 주면 그것이 돌아와서 우리에게 주어진다. 즉 우리는 줄 때 오직 우리 자신에게만 준다. 형제를 용서하고 오직 그의 신성만 볼 때 그의 신성이 발현되어 우리에게 우리가 신임을 알려 준다. 즉 우리가 형제에게서 보지 못하는 것은 우리에게도 없거나 있어도 우리가 알지 못하는 것이다. 그래서 형제를 용서할 때 그 안의 그리스도는 우리의 죄책감을 치료해 준다. 이렇게 우리는 용서함으로써 용서받는다.

13 텍스트 25:23 You see what you believe is there, and you believe it there because you want it there. (너는 네가 거기 있다고 믿는 것을 보고, 거기 있기를 원하기 때문에 그것이 거기 있다고 믿는다.)

지각의 법칙, 보는 것의 원리.
우리는 결국 보고 싶은 것을 보게 된다. 우리가 보는 것은 우리의 의지가 반영된 결과이다.

14 워크북 138:13 Heaven is the decision I must make. (천국은 내가 내려야 하는 결정이다.)

이 결정은 결정하는 자의 의지/뜻이 전제된다. 결정은 용의를 보여 준다.
천국을 회복하는 것은 결국 나의 뜻에 달려 있다. 물론 이 뜻은 'wholehearted; before anything else'(마음을 다하는; 무엇보다도 먼저인)여야 한다.

152과 The power of decision is my own. (결정하는 힘은 오직 나의 것이다.)

결정을 해야 천국을 회복할 수 있다. 그리고 이 결정은 오로지 나만의 것이다. 내 스스로 그리고 오직 나만이 결정한다는 의미이다.

152:1 스스로 결정하지 않는 한, 그 누구도 상실을 겪을 수 없다. 스스로 고통을 선택하지 않는 한, 그 누구도 고통을 겪지 않는다. 그 누구도 슬퍼하거나 두려워할 수 없으며, 아프다고 생각할 수도 없다. 스스로 이러한 결과를 원하지 않는 한 말이다. 스스로 동의하지 않는 한, 그 누구도 죽지 않는다.

일어나는 모든 일은 어김없이 너의 소망을 나타내며, 네가 선택하는 모든 일은 어김없이 일어난다. 여기에 아주 세밀한 부분까지 완벽한 너의 세상이 있다.

우리의 결정이 무엇을 의미하는지에 관한 가르침은 "아무 일도 우연히 일어나지 않는다."는 아이디어와 공통점이 있다.

하느님의 계획에 우연은 없다.

교사지침서 9:1 우연히 어떤 장소에 있는 사람은 아무도 없다. 우연은 하느님의 계획에서 아무 역할도 하지 않는다. (Remember that no one is where he is by accident, and chance plays no part in God's plan.)

워크북 158:3 네가 걸어가는 길에서 우연으로만 내딛는 걸음은 없다. (There's no step along the road that anyone takes but by chance.)

워크북 42:2 네가 시공간을 따라 나아가는 길은 임의적이지 않다. 너는 정확한 시간에 정확한 장소에 있을 수밖에 없다. 그러한 것이 바로 하느님의 힘이고, 하느님의 선물이다.

워크북 152:1 **스스로 결정하지 않는 한, 그 누구도 상실을 겪을 수 없다.** 스스로 고통을 선택하지 않는 한, 그 누구도 고통을 겪지 않는다. 그 누구도 슬퍼하거나 두려워할 수 없으며, 아프다고 생각할 수도 없다. 스스로 이러한 결과를 원하지 않는 한 말이다. 스스로 동의하지 않는 한, 그 누구도 죽지 않는다. 일어나는 모든 일은 어김없이 너의 소망을 나타내며, 네가 선택하는 모든 일은 어김없이 일어난다. 여기에 아주 세밀한 부분까지 완벽한 너의 세상이 있다.

텍스트 21:79-80 너에게는 *일어나는 일에 대한 통제권*이 있다. 네가 적이 없는 세상, 너 자신이 무력하지 않은 세상을 보기로 선택한다면 그 세상을 볼 수단이 너에게 주어질 것이다.

워크북 253:1 나 자신이 명령을 내리지 않았는데도 나에게 어떤 일이 일어나는 것은 불가능하다. 이 세상에서조차, 내 운명을 지배하는 것은 나 자신이다. *일어나는 일은 곧 내가 바라는 일*이다. 일어나지 않는 일은 곧 내가 일어나기를 원하지 않는 일이다.

우리가 가진 뜻은 매우 강력하다. 우리는 하느님이 창조하신 그대로이고 하느님의 거룩한 아들이기에 우리의 뜻은 하느님의 뜻만큼 강력하다. 이것은 우리의 선택과 그 선택에 의한 결정이 얼마나 중요한지 그리고 왜 반드시 결과를 가지는지를 설명해준다. 우리의 강력한 뜻이 우리가 내리는 선택을 통해서 나타나기에 우리가 경험하는 것에는 아무런 우연도 없고 그것에 관해서 우리는 완전한 통제권을 가지고 있다. 보기 원하는 것을 보게 되는 지각의 원리처럼, 우리가 뜻하고 원하는 것을 궁극적으로 우리는 경험하게 된다.

텍스트 18:29 너희는 그동안 어둠을 빛으로 가져가려는 **용의를 냈고**, 그러한 용의는 어둠 속에 남아 있으려는 모든 이에게 힘을 실어주었다. *보려는 자들은 반드시 볼 것이다.*

텍스트 21:89 너는 하느님의 뜻을 완성하는 자이자 그의 행복이다. 너의 뜻은 *그의 뜻만큼이나 강력하며*, 그 뜻의 강력함은 너의 환상 속에서도 상실되지 않는다.

텍스트 21:17 그(하느님의 아들)의 결정하는 힘이야말로 그가 우연히, 혹은 우발적으로 있는 듯한 모든 상황의 **결정자**다. 하느님이 창조하신 대로의 우주 안에서는 *우발적인 일도 우연한 일도 가능하지 않으며*, 그 바깥에는 아무것도 없다.

교사지침서 2. 하느님의 교사의 학생은 누구인가?
1. 각각의 하느님의 교사에게 특정한 학생들이 배정되었으며, 그들은 교사가 부르심에 응답하자마자 교사를 찾기 시작할 것이다. 그 학생들이 그 교사를 위해 선택된 이유는, 그들의 이해 수준에 비추어 볼 때 그 교사가 가르칠 보편적인 커리큘럼의 특정한 형식이 최선이기 때문이다. 그의 학생들은 *그를 기다려 왔다.* 그가 올 것은 확

실하기 때문이다.

다시 말하지만, 이것은 오로지 시간문제일 뿐이다. 교사가 일단 자신의 역할을 이행하겠다고 선택하기만 하면, 학생들도 자신의 역할을 이행할 준비가 된다. 시간은 교사의 선택을 기다릴 뿐, 그가 섬길 이들을 기다리지는 않는다. 교사가 배울 준비가 되면, 가르칠 기회가 그에게 제공될 것이다.

워크북 47 God is the strength in which I trust. 하느님은 내가 신뢰하는 힘이다.

하느님의 힘은 일상적인 현실의 삶에서도 영향력이 있다.

하느님은 모든 상황에서 나의 안전이다. '모든 상황' 즉 우리의 세상 속 현실의 삶에서도 하느님의 힘과 영향은 우리에게 유익을 가져오도록 작용한다. 실로 일상적 삶을 포함한 모든 상황, 모든 국면에서 나에게 힘과 보호가 되신다.

워크북 47:1 너 자신의 힘을 신뢰한다면, 걱정하고 불안해하고 두려워하는 것은 아주 당연하다. 네가 무엇을 예측하거나 통제할 수 있겠는가? 무엇이 네 안에 있어 의지할 수 있겠는가? 무엇이 너에게 문제의 모든 측면을 다 알아차리고, 그로부터 좋은 결과만 나올 수 있도록 해결할 능력을 주겠는가? 네 안에 무엇이 있어 너에게 바른 해결책을 알아보게 하고, 그것이 성취될 것이라고 보장해 주겠는가?

도움의 성격은 외부에서 어떤 힘이나 존재가 필요한 일을 대신 해 주는 것이 아니다. 행하는 자는 우리이다. 단 하느님은 우리가 좋은 결과를 얻을 수 있도록 그런 능력을 우리에게 주고 우리가 바른 해결책을 알아보게 돕는다. 또 바른 해결책으로 결과가 성취될 것을 보장해 준다. 보장은 해 주지만 여전히 행하는 주체는 우리이다.

우연이 아니라 하느님의 힘이 우리를 돕는다. 돕기는 돕되 하느님이 직접 개입하시는 것이 아니라 우리에게 지혜를 주시고 능력을 주신다. 즉 우리는 여전히 주체이다.

우리가 우리 문제의 모든 측면을 알고 좋은 결과만 나오게끔 해결할 능력을 우리에게 주신다. 하느님이 마법의 봉을 휘두르시는 것이 아니라 우리가 스스로 가장 좋은 결과를 만들어 내도록 우리에게 능력을 주시는 방법으로 돕는다. 결국 하느님의 계획에는 우연이라는 요소가 없고, 우리가 걸어가는 길에서 우연이기만 한 걸음은 없다는 '예정' 내지 '섭리'의 아이디어와 흡사하다.

우연은 없다는 것은 이미 종료된 시간과 종료된 사건이기에 시간과 상관없이 보시는 하느님에게는 다, 미리 보인다는 것이고, 이것은 우리 관점에서 보면 예정되어 있는 것처럼 보인다. 여기에 하느님이 우리에게 힘이 되어 주시는 것은 '섭리'의 아이디어가 생길 여지를 남긴다.

15 텍스트 12:67 Love waits on welcome, not on time, and the real world is but your welcome of what always was. (사랑은 시간이 아

니라 환영을 기다린다. 실재 세상은 항상 있었던 것을 환영하는 것일 뿐이다.)

사랑은 언제나 여기 있었고 이미 여기 있기에 시간의 경과나 우리의 노력/수행/봉사/선행 등의 결과로 오는 것이 아니다. 사랑이 기다리는 것은 우리의 인식과 환영(**의지를 가지고 선택하는 것**에 나타나는)이지 시간의 경과가 아니다.

시간 밖의 차원과 시간 안의 차원을 동시에 경험하고 사는 우리의 세상에서의 삶을 이해할 필요가 여기에 있다. 구원과 치유와 그것을 가능케 하는 은혜와 용서가 시간 밖에서 시간을 뚫고 우리 세상의 시간 안으로 돌파해 들어오는 조건은 우리의 '작은 용의' 즉 '뜻'이다.

16 텍스트 7:74 Illusions are investments. They will last as long as you value them. (환상들은 투자들이다. 네가 가치 있다고 여기는 동안은 그것들은 지속될 것이다.)

우리의 의지(환상들을 지니고 있으려는, 그래서 실재와 천국과 구원을 아직은 받아들이지 않으려는 의지)로 인해서 환상들은 지속된다. 투자는 명백히 의지의 반영이고 우리가 원하는 한 사라지지 않기 때문이다.

17 텍스트 15:25 To hold your magnitude in perfect awareness in a world of littleness is a task the little cannot undertake. (왜소함이 지배하는 세상에서 너의 장엄함에 대하여 완벽한 알아차림을

유지하는 것은 왜소한 자들이 감당하기는 불가능한 과제이다.)

'장엄함에 대한 완벽한 알아차림'이란 표현은 견성성불, 직지인심, 단도직입, 교외별전과 같은 선불교의 가르침들을 연상시킨다.

우리가 가진 지각으로는 신성/불성이라고 간략하게 표현할 수도 있을 우리의 '장엄함'(magnitude)을 알아차리기 쉽지 않다. 먼저 우리는 자신이 몸이라고 믿기에 본능적으로 생래적으로 몸의 유지, 보호, 편안함에 가장 관심이 많다. 음식, 건강, 사치, 성적 쾌락, 명성, 권력, 다른 정신적 우월함과 특별성에 관심을 가지는 것이 당연하다.

반면에 사랑, 진리, 신, 영원, 천국, 동등성, 온전성, 일체성, 영적인 차원 등에 진지한 관심을 가지고 모색하고 탐구하는 것은 결코 흔히 보는 경우가 아니다. 그런 관심을 가지게 되더라도 인생의 갖가지 함정들, 역경들, 유혹들에 직면하면 다시 몸을 돌보고 몸의 욕구들에 굴복하고 마는 것이 오히려 자연스럽다.

그런 자신의 '장엄함'에 대해서 그것도 완벽한 알아차림을 유지하는 것은 우리가 살아가는 이 세상이 도통 왜소함으로 점철되어 있음에 비추어볼 때 소위 말하는 상당한 영성 혹은 상근기의 사람이 아니라면 힘든 일이다. 앞의 인용문의 표현처럼 '왜소한 자들은 감당해 낼 수 없는' 일인 것이다.

레오나르도 디카프리오가 주연으로 출연한 넷플릭스 영화 〈Don't Look Up〉에서 풍자적으로 잘 묘사되는 것처럼 보통 사람들에게 몸 너머의 차원이나 지금 세상에서 누리고 즐기고 있는 것들 이상의 일들이나 주제들은 소화해 내는 것 자체가 너무 어렵기에 피하고 싶은 혹은 접수해서 관심을 유지하는 것이 불가능한 내용들인지 모른다.

그 영화의 등장인물들은 심지어 곧 지구와 충돌할 혜성으로 인해 인류가 절멸할 것이라는 과학자들의 발표조차 여러 가지 이유와 핑계(멸망의 소식을 전하는 학자들의 실력을 믿을 수 없다 혹은 과거에도 이런 위기는 여러 번 발표되었지만 문제가 없었지 않았느냐 등)를 대면서 믿기 싫어하거나 애써 듣지 않으려 한다. 마치 그들은 몸과 물질 차원 이상의 것들을 '감당해 낼'(undertake) 수 없는 것처럼 보인다.

과연 "장엄함에 대하여 완벽한 알아차림을 유지하는 것은 왜소한 자들이 감당하기는 불가능한 과제"인 것이다. (텍스트 20:31 Ask not the sparrow how the eagle soars.)

18 워크북 156:6 As you step back, the Light in you steps forward and encompasses the world. This is the way salvation works. (네가 뒤로 물러날 때, 너 안의 빛이 앞으로 나와서 세상을 감싼다. 이것이 구원이 작동하는 방법이다.)

우리가 여전히 우리 힘으로, 우리 생각으로, 우리의 능력과 계획으로 무엇인가 구원에 보태려는 한 우리 안의 빛이 앞으로 나설 수 없다. 구원은 하느님의 선물로서 성령의 작업이 궁극적으로 가능하게 만든다.

우리가 이렇게 뒤로 물러나는 것이 '염기즉각'의 순간이고, 그때 우리에게 초청받은 성령이 개입해서 우리가 뒤로 완전히 물러날 수 있도록 돕는다. '염기즉각'할 때 '각지즉무'의 상태, 즉 마음의 생각이 일어남을 알아차림으로써 그 생각이 즉시 사라지는 상태가 되는 것이다. 이제 우리 안의 빛(신성, 진아, 불성, 사랑, 실재)이 나타나는 것은 오직 자연스러운 일이다. 사랑은 우리의 진정한 정체이므로 가리고 있던 것만 제거되면 스스로 드러나는 것이다.

구원의 원리는 "I need do nothing."이다. 아무것도 할 필요가 없음(몸을 개입시키지 않고 몸의 가치를 포기함)을 기억해야 한다. 여기에 더해서 우리가 무엇인가 우리 자신의 힘으로 하려고 하거나 우리의 힘을 구원의 과정과 평화를 얻는 과정에서 보태려고 시도하는 것, 즉 성령의 도움을 청하고 도움을 받지 않는 것은 오히려 일을 그르치게 함을 기억할 필요가 있다.

19 워크북 288:1 I cannot come to You without my brother. My brother's is the hand that leads me on the way to You. My brother is my savior. (나의 형제 없이는 당신께 갈 수 없습니다. 내 형제의 손은 당신께로 가는 길로 나를 인도하는 그 손입니다. 내 형제는 나의 구원자입니다.)

우리는 온전하다. 우리는 일체이다. 동등성(시간의 목적이며 우리가 세상에 온 이유인 것으로 묘사된다.)과 일체성(Into eternity where all is one… 영원의 차원, 실재의 차원에서 모든 것은 하나이다.)을 다시 배워서 기억하고 회복하는 것이 우리가 세상에 온 까닭이다. (세상에 있는 한 어떻게 그것을 할까 묻지 말고, 그것을 하지 않기 때문에 세상에 있음을 기억해야 한다.)

20 워크북 137:15 When I am healed, I am not healed alone. (내가 치유될 때, 홀로 치유되지 않는다.)

하느님 아들의 보편적인 일체성, the universal oneness of God's Son, 으로 인해서 그러하다. 치유에는 정도가 없다. 완전히 치유되거나 치유되지 않는다. 모두 치유되거나 아무도 치유되지 않는다.

21 워크북 323:2 We are deceived no longer. (우리는 더 이상 속지 않는다.)

모든 고통과 슬픔과 혼란은 우리가 속았기 때문에 생겨났다. 이제 더 이상 속지 않는 것은 꿈에서 깨어나는 것/환상들을 버리는 것/우상숭배를 그치는 것/두려워하지 않고 사랑하는 것/하느님과 천국을 그리고 자신이 누구인지를 기억하는 것이다.

워크북 133:14 천국에는 **빈손과 열린 마음**으로 오는 자들만이 도달할 수 있다. 그들은 아무것도 없이 와서 모든 것을 발견하고는, 그것을 자신의 것으로 청구한다. 우리는 오늘 **자기기만을 내려놓고**, 진정으로 가치 있고 실제인 것만을 가치 있게 여기겠다는 **정직한 용의를 내서** 이 상태에 도달하려고 시도한다.

그런데 이 인용에 설명되듯 우리가 속는 진짜 이유는 우리가 속기를 원하기 때문이다. 그러므로 모든 기만은 자기-기만이다.

천국(하느님의 평화)을 누리지 못하는 우리가 가진 문제점:

(a) 기만/자기기만과 정직한 용의의 결여

가장 가치 있는 것만을 가치 있게 여기고 실재인 것만을 가치 있게 여기려는 정직한 용의가 없는 것. 실재는 위협받을 수 없고, 실재가 아닌 것은 존재하지 않기에 전혀 가치가 없다.

(b) 우리에게 필요한 태도

비어 있는 손(아무것도 움켜쥐지 않은 손; 포기한 손; 행동/몸으로 무엇인가 이루려고 더 이상 하지 않음)과 열려 있는 마음.

이런 손과 마음, 즉 **아무것도 쥐고 있지 않은 손**(실재가 아니기에 존재하지조차 않는 것에 대해서 더 이상 미련과 집착이 없는 손)과 **아무것도 그 안에 담고 있지 않은 마음**(복수도, 원망도, 판단도 없는 마음, 심지어 자기의 생각이라고는 전혀 남아 있지 않아서 드디어 하느님의 인도가 가능해진, 텅 비고 열린 마음; 실재가 아닌 것은 존재하지 않기에 더 이상 마음 안에 담아두고 중요하고 귀하게 여기지 않는 마음).

4

세상을 구원하기에 충분할 만큼
강력한 아이디어를 제시하는 워크북 문장들

여기서는 포함된 단 하나의 아이디어만으로 개인을 치유하고 구원하며, 세상을 구하는 데 충분한 것으로 제시되는 워크북 문장들을 소개한다. 워크북의 복습 6의 2에서는 특히 복습할 20개의 레슨들(181-200과)에 대해서 이렇게 말한다.

"네가 각각의 레슨을 이해하고, 연습하고, 받아들이고, 온종일 일어나는 듯한 모든 사건에 적용한다면, *각 레슨에 커리큘럼 전체가 들어 있음*을 알게 될 것이다. 하나의 레슨이면 충분하다."

과연 아래의 문장들은 하나의 레슨에도 커리큘럼 전체가 들어 있어서 개인과 세상의 구원을 가져오는 데 충분하리만큼 중심적인 아이디어들을 지니고 있다. 또 짧은 기도문이나 만트라로 사용하기에도 적절한 간결성과 압축성을 지니고 있다.

1) 39과 나의 거룩함이 곧 나의 구원이다(My holiness is my salvation)

4. 너의 거룩함은 이제껏 제기되었고, 지금도 제기되고 있으며, 앞으로도 제기될 모든 질문에 대한 유일한 답이다. 너의 거룩함은 죄의식의 종식, 즉 지옥의 종식을 의미한다. 너의 거룩함은 세상의 구원이자 너 자신의 구원이다.

거룩함이 구원과 기적과 치유와 용서 등 모든 것이 어떻게 가능하게 하는지를 설명한다.

창조된 그대로 있는 나는 여전히 거룩하다. 이 거룩함은 창조될 때 하느님께서 내게 주신 '권능과 영광'(power and glory)이 사라지지 않는 성질을 가진, 영원한 것이기 때문이다.

나는 늘 하느님의 권능과 영광을 지니고 있고 내 거룩함은 변하지 않는다. 나의 형상(appearance)이나 내가 꾸는 꿈에 상관없이 나는 거룩하다. 그러므로 나의 거룩함이 바로 나의 구원이다. 나의 거룩함이 구원, 용서, 기적, 치유의 바탕이기 때문이다.

이런 의미에서 제기되었고, 제기되고 있으며, 앞으로도 제기될 모든 질문에 대한 유일한 답으로서 거룩함 이외에 다른 것은 없다.

나의 거룩함이 나의 구원이다.
나의 거룩함이 내가 보는 모든 것을 감싼다.

내가 어디를 가든 하느님이 나와 함께 가신다.

나의 거룩함이 할 수 없는 일은 아무것도 없다.
나의 거룩함이 세상을 축복한다.

나의 거룩함은 내가 하느님의 아들이라는 사실과 나는 여전히 하느님이 창조하신 그대로라는 사실에서 나온다. ("나는 하느님이 창조하신 그대로." "나는 하느님의 거룩한 아들이다." 각각 텍스트 31:90, 워크북 191:1)

2) 61과 나는 세상의 빛이다(I am the light of the world)

1. 그것(나는 세상의 빛이라는 아이디어)은 하느님이 창조하신 대로의 너에 대해 언급한다. 그것은 다만 진리를 말할 뿐이다.

"나는 세상의 빛이다."는 하느님이 창조하신 대로의 나에 대한 묘사이다. 하느님이 우리를 창조하심과 관련해서 가장 중요한 점이 바로 우리가 세상의 빛이라는 진리이다.

4. 그것은 모든 환상에 대한, 따라서 모든 유혹에 대한 완벽한 답이다. 그것은 너 자신에 대해 만든 모든 이미지를 진리로 가져와서 네가 아무런 부담 없이 목적을 확신하며 평화 속에 떠날 수 있도록 돕는다.

9. 이것은 우리가 앞으로 몇 주 동안 내딛을 몇 번의 거대한 발걸음들 가운데 첫 번째 발걸음이다. 오늘 이러한 발전을 위한 굳건한 토대

를 쌓기 시작하라.

첫 50개의 기본적인 지각의 문제점을 배우는 연습 후에 61과부터는 몇 번의 거대한 배움의 발걸음들을 옮기게 된다. 이 과는 그 가운데 첫 번째 발걸음이다.

비고: 69과 나의 불만이 내 안에 있는 세상의 빛을 감춘다. (불만을 가지는 한 나는 세상의 빛으로 역할을 할 수 없다.)

3) 75과 빛이 왔다/빛은 여기 와 있다(The light has come)

신약성서에서 예수가 말한 "너희는 세상의 빛과 소금이다."를 상기시킨다.

1. 빛이 왔다. 너는 치유되었으며, 치유할 수 있다. 빛이 왔다. 너는 구원되었으며, 구원할 수 있다. 너는 평화로우며, 어디를 가든 평화를 지니고 간다. 어둠과 혼란과 죽음은 사라졌다. 빛이 왔다.

2. 오늘 우리는 너의 길고 긴 재앙의 꿈이 행복한 결말을 맺은 것을 축하한다. 이제 어두운 꿈은 없다. 빛이 왔다. 오늘, 너와 모든 사람을 위해 빛의 시간이 시작된다. 그것은 새로운 세상이 태어나는 새로운 시대다. 옛 시대는 사라지면서 아무런 흔적도 남기지 않았다. 오늘 우리는 다른 세상을 본다. 빛이 왔기 때문이다.

빛은 지금 오거나 미래에 오는 것이 아니라 이미 과거에 와서 지금 여기에 있다. 실재에서 사랑/빛은 단 한순간에 모든 두려움/환상을 물리쳤다. (텍스트 26:42 매 순간 너는 단지 그 공포의 시간이 사랑에 의해 대체된 그 한순간을 다시 살 뿐이다.)

우리가 삶이라고 믿는 꿈은 실재가 아니다. 실제로는 존재하지 않는 상태인 그 꿈속에서 우리가 진리를 인식하는 순간에 빛은 이미 와 있다. 실수의 교정(해방, 구원)은 실재 차원에서는 한순간에 끝났기에 그 순간 이후로 빛은 회복되었고 지금 시간 속에서도 이미 와서 여기에 있다. 단지 우리의 인식을 기다리며 있는 것이다. 구원의 이런 즉시성(the immediacy of salvation)은 빛이 왔다는 아이디어의 가장 중요한 메시지이다.

현재는 빛이 이미 와서 존재하고 있는 상태이다. 이 빛은 내 안에 있기에 나는 늘 거룩하다.

빛이 와 있다는 사실이 의미하는 것은 우리의 시야를 어둡게 만들어서 용서가 제공하는 세상을 감추고 있던 어두운 그림자는 더 이상 유지될 수 없고 우리가 꾸던 어두운 꿈들은 마침내 끝이 난다는 것이다. (the happy ending to your long dream of disaster; no dark dreams now 오랜 재난의 꿈이 마침내 행복하게 끝남; 이제는 더 이상 어두운 꿈들은 없음.)

빛이 왔기에 그리고 여전히 여기 있기에 어둠과 혼란과 죽음은 사라지고 우리는 치유되고 구원되었으며 평화롭다.

4) 94과, 110과, 162과 나는 하느님이 창조하신 그대로다(I am as God created me)

1. 오늘 우리는 완전한 구원을 가져다주는 단 하나의 아이디어, 모든 유혹을 무력화시키는 단 하나의 진술, 에고를 침묵시키고 완전히 무효화하는 단 하나의 생각을 계속 이어간다. 너는 하느님이 창조하신 그대로다. 이 하나의 아이디어에 의해 이 세상의 소리가 잠잠해지고, 이 세상의 모습이 사라지며, 이 세상이 이제껏 품은 모든 생각이 영원히 씻겨 나간다. 여기에서, 구원이 완성된다. 여기에서, 제정신이 회복된다.

"나는 하느님이 창조하신 그대로다."라는 아이디어는 세상의 소리, 모습, 모든 생각을 무효화한다.

이 아이디어의 의미에는 다음의 3가지가 포함되어 있다.

① 세상은 없다.
② 내 마음은 공격할 수 없고 따라서 나는 아플 수 없다.
③ 나는 나를 위한 속죄를 받아들인다.

깨달음이나 구원을 애타게 찾고 그 발견을 위해서 무엇이든 투자하겠다고 믿는 사람들조차 흔히 놓치는 진실이 바로 여기에 있다. 나는 애쓰고 노력하고 바치고 헌신하고 희생해서 하느님의 아들이 되거나 혹은 잃었던 하느님의 아들의 지위를 회복하는 것이 아니다. 완전히 반대이다.

나는 나의 현재의 모습(appearance)과 상관없이 지금 하느님이 창조하신 그대로다. 그러므로 나의 구원이나 깨달음을 위해서는 아무것도 할 필요가 없다. 유일하게 필요한 것은 그렇게 믿지 못하던 마음이 혁명적인 전복을 수용해서 "나는 하느님이 창조하신 그대로"라는 진실을 받아들이게 하는 것뿐이다. 많은 구도자들과 진리를 찾는 학생들의 선입견과는 완전히 반대인 것이다. 기적수업에서 계속 강조하는 사고의 역전이 바로 이 아이디어에 가장 압축적으로 들어 있다. 이런 맥락에서 이 아이디어를 기적수업의 가장 중요한 가르침들 중의 하나로 여길 수 있을 것이다.

191과(나는 하느님의 거룩한 아들이다.)와 61과(나는 세상의 빛이다.)의 아이디어들도 마찬가지로 사고의 혁명적인 전환과 궁극적인 역전을 의미한다. 나의 노력과 수행과 명상과 헌신과 예배에 의해서 언젠가 도달하게 될 자리가 아니라 이미 그 자리에서 시작된 나의 정체를 인식하지 못하게 가로막고 있던 장애물들을 알아보고 제거하는 이런 아이디어들의 공부와 연습을 통해서 이 아이디어들을 받아들이고 선언하게 되는 것이 기적수업 공부의 목표라고 할 수 있다. 일어나는 반전과 전복의 과격함을 고려할 때 우리를 기만해 오던 에고를 우리가 오히려 기만해서 깜짝 놀라게 하고 질겁하게 하는 혁명의 실현이라 하겠다.

5) 98과 나는 하느님의 구원계획에서 내 역할을 받아들이겠다(I will accept my part in God's plan for salvation)

워크북 98과 "나는 하느님의 구원계획에서 내 역할을 받아들이겠다."의 중요성 몇 가지.

비고:
워크북 155과 나는 뒤로 물러서고 하느님께서 길을 인도하시게 하겠다.

연습서 98과의 제목인 이 문장은 아래에 보다 상세히 살펴보겠지만 수업에서 반복해서 강조되는 중요한 가르침들을 대부분 포함하고 있으면서 그들에 대한 우리의 결정까지 '말로써' 선언하는 의미를 가지고 있다.

그 가르침들은 부정확한 지각의 전복과 사고 역전의 문제, 창조된 그대로 변함없이 남아 있는 우리의 거룩함이라는 주제, 겉은 어떻게 보이든 간에 실상은 단지 환상/몽상/상상/그림자/환각일 뿐인 세상과 그 안의 사소한 것들에 속지 않겠다고 하는 결정의 문제, 하느님이 마련하신 '구원계획'을 드디어 마음 깊이에서부터 인정하고, 우리가 마음으로 스스로 만든 '자기 이미지' 또는 '에고'를 내려놓으며, 자기이미지의 원천과 관련된 공격생각과 불만을 그치려는 실존적 선택 등에 대한 최종적 분석과 이해를 망라한다.

그러므로 만약 이 말(나는 하느님의 구원계획에서 내 역할을 받아들이겠다.)을 진심으로 한다면 포괄적이고 총체적으로 수업을 이해하고서 받아들이겠다는 선택의 궁극적인 선언이라 할 수 있을 것이다. 이런 맥락에서 이 말은 다른 어떤 연습서의 과보다도 더 압축적이고 포괄적으로 수업의 가르침을 정리하고 있다.

'하느님의 구원계획'이라는 말 자체는 '에고의 구원계획' 혹은 '내가 만든 나 자신을 위한 구원계획'에 대비되는 개념이다. 그것은 우리는 더 이상 에고(세상과 나의 몸에 의해서 대표적으로 상징되는)가 가르쳐 준 대로 실재가 아닌 것 즉 존재하지 않는 비실재/환상/상상물/꿈/그림자/세상을 붙잡고 씨름하면서 '구원을 도모'하지 않겠다는 의미를 내포하고 있다. 그 말은 또 나의 생각이 아무것도 아니고 그래서 내 힘으로 이루는 구원은 불가능함을 인정하는 것을 의미한다.

그러므로 "하느님의 구원계획만 성공할 것이다."라는 말은 우리는 이제 바깥에 생긴 투사물의 세상에서 스스로를 구원하려는 소위 '에고의 구원계획'을 완전히 포기하는 것을 의미한다. (이 구원계획은 소위 '자력구원' 즉 내 스스로 이루는 구원을 말하는데, 흔히 기도, 수행, 금욕, 선행, 헌금, 제사, 예배, 보시, 명상, 배타적이고 희귀한 영적지식의 계승과 전수, 신비체험, 신지학지식, 신비단체의 회원자격 등을 통한 구원을 가리킨다.)

그리고 이제부터는 '세상의 빛'이 놓여 있는 내면으로 주의를 돌리고 바깥에 보이는 다양한 형상의 환상을 용서함으로써 우리 자신과 세상을 함께 축복하고 구원할 것이라는 선언이다.

이 과는 앞에 나오는 워크북 과들인 '나의 거룩함이 나의 구원이다.' '나는 세상의 빛이다.' '용서는 세상의 빛으로서의 나의 기능이다.' '오직 하느님의 구원계획만 성공할 것이다.' 등과 같은 핵심적 아이디어들의 압축이고 요약이자 수업 전체의 주요 아이디어들에 대한 총 복습이자 재확인이다.

이 말이 내포하는 의미들과 그 중요성을 조금 더 상세히 분석해 보자.

첫째로, 세상(에고)의 구원계획이 아니라 하느님의 구원계획을 인정하는 것이다.

이것의 의미는 고통이라는 대가를 치르고서야 구원을 얻을 수 있다는 세상의 (에고의) 구원계획을 완전히 포기하는 것, 이제는 진리와 환상 사이에서 한편만 들기로 하는 것 즉 진리 아닌 것은 완전히 모두 다 내려놓는 것, 둘 사이를 오락가락하지 않고 진리만 확고히 지지하고 환상들은 모두 다 완전히 떠나보내는 것, 개인적으로 얼마나 알게 모르게, 내놓고 또는 은밀하게 사랑하고 미련을 두었던 세상이든 이제는 드디어 가치 없고, 의미 없음을 인정하는 것이다.

그러므로 완전히, 부분적이거나 일부만 나누어서 (partially or in part) 하는 것이 아니라, 총체적으로 용서하는 것, 세상 혹은 내가 만든 것 모두 혹은 환상들 전체를 용서하는 것.

그래서 모두에게 모든 것을 주는 것(모두의 거룩함과 빛을 인정하는 것), 형제를 내 몸처럼 대하는 것, 아무도 몸으로 보지 않는 것, 형제의 모든 모습을 용서하는 것, 나는 나에게만 준다는 진리를 받아들이는 것.

또, 더 이상은 바깥에서 구하지 않는 것, 거기에 있는 투사와 환상이 진짜인 줄로 속지 않는 것, 더 이상 무엇인가를 설교하거나 말하기에 의해서가 아니라 **내면으로 향하여 진리를 '조용히 인식'함으로써 또 그로 인한 마음의 변화(용서)로써 세상을 가르치는 것**이다.

둘째로, 하느님의 구원계획만 성공할 것을 인정할 뿐만 아니라 그 계획안에 나의 역할이 있음을 인정하고 받아들인다. 즉 내가 받아들임의 결정과 선택을 한다.

일단 하느님의 구원계획이 진리인 것으로 확립되고 내가 세상과 사람을 변화시키려는 시도 즉 에고와 나의 구원계획이 올바르지 않음을 인정하고 나서는 내가 그 전체 구원계획의 맥락에서 역할을 가지고 있음을 인정하고 받아들인다. 이 받아들임은 물론 이제는 환상들을 완전히 내려놓고 온전히 용서하겠다는 결정과 선택을 하는 것이다.

그리고 그 선택 이전에 나라는 존재의 변할 수 없는 성격들, 즉 거룩함, 빛을 내면에 지니고 있음, 하느님의 거룩한 아들임, 몸이 아니고 영이라는 사실, 그리고 하느님이 창조하신 그대로 남아 있음을 먼저 받아들이는 것이다. 이것을 달리 말하자면, 스스로를 몸이라고 믿는 나의 생각과 행동은 결코 자신을 구할 수 없음을 이해하고 받아들이는 것이다.

셋째로, 현실적으로 나의 삶에서 더 이상은 땅 위의 할 일들, 보잘것없고 사소한 생각들, 제한된 아이디어들에 집착하여 그것들을 위해서 지나친 투자를 하지 않는 것을 의미한다.

그것들은 우리와 하느님의 소통/연합을 가로막고 있어서 우리의 용서를 완전하지 못하게 만드는 장애물들이기 때문이다(earthly tasks, little thoughts, limited ideas).

> **워크북 98:13** "속세의 모든 임무(earthly tasks)와 사소한 생각들(little thoughts)과 제한된 아이디어들(limited ideas)을 내려놓고, 하느님과 다시 행복한 시간을 보내라."

속세의 모든 임무, earthly tasks - 먹고사느라 하는 생업 현장에서 할 일들, 보다 큰 명성과 권력과 돈을 얻기 위해 하는 일들, 쾌락을 추구하느라 대가로 해내야만 하는 일들, 미래의 불안을 해소하려 준비하고 계획하는 일들…. 이것들은 실재란 무엇인가에 대한 의문을 제기할 여력이 없도록 만든다.

사소한(왜소한) 생각들, little thoughts - 불만, 공격, 판단, 증오, 비교, 분노 같은 생각들과 정치, 사회, 경제적인 야심들 그리고 소위 좋은 생각으로 간주되는 나라, 사회, 가족, 친구, 억압받는 자들을 구하겠다는 생각들, 계획들, 준비들, 사유들 등. 실로 우리가 마음속에 가지는 모든 생각들(except loving thoughts)이다. 결코 완벽하지 않고 일시적이라는 특징이 있고 기본적으로 모두 (믿거나 말거나) 공격생각(attack thoughts)들이다.

제한된 아이디어들, limited ideas - 우리는 몹시 훌륭하다고 여길지 모르지만 태생적인 정보와 지식의 한계로 인해서 제한된 성격을 벗어날 수 없는 우리의 아이디어들. 자신이 확신하는 종교적 신념들, 믿음체계들, 과학적 원리들, 사회과학적 결론들, 세상에서 신뢰받는 법칙들 등이 포함된다. 이데올로기(ideology)나 거대담론의 사상들과 인기를 얻는 유행들과 주류 학설들도 역시 여기에 속한다. 이들 중 일부는 때로 진리처럼 보이는 외양을 가졌거나 진리를 가리키는 단서들을 지닌다. 때로 감동적이고 아름답게도 보인다. 하지만 여전히 완전한 진리에 이르지 못하기에 근본적으로 우리를 한계 짓는 생각들이다.

자신이 몸이고 살고 있는 세상이 실재한다고 생각하는 한, 우리 마음을 거의 항상 압도적인 비중으로 차지하고 있는 것들이 속세의 임무들(earthly tasks), 사소한 생각들(little thoughts), 그리고 제한된 아이디어들(limited ideas)인 것은 부인하기 어렵다. 이것들(먹고사는 문제, 특별하게 잘난 척하고 싶은 욕망, 자식 걱정, 주로 자기에게 유리한 방향이긴 하지만 사회와 나라 걱정 등)은 몸을 가진 우리에게 실존적으로 적지 않게 시간과 마음을 투자하게 만든다.

몸의 변화, 특히 건강의 쇠퇴는 허무의 절정인 죽음의 전조로서 우리를 가장 민감하게 반응하게 한다. 세상의 변화, 특히 우리 이익과 연결된 정치, 경제, 사회의 변동은 우리의 주의를 한껏 그리고 대부분 한쪽으로 편향되게 기울이게 만든다. 그러나 하느님과 시간을 보낼 때는 '내려놓아야 한다.'(lay down.) 마음 안에 실제인 듯 있지만 거기서부터 끄집어내고 내려놓아야 (마음에 두지 말고 훨씬 아래, 아마도 발밑에 두어야) 할 것들이다. 마음을 다 할 가치가 없기 때문이다. (they are not really worth it!)

마지막으로, 이 아이디어를 말로 하는 것의 효과는 다음과 같다.

"하느님이 네가 받아들이기를 원하시고 네가 완수하도록 도우시려는 역할을 받아들인다고, 다시 한번 하느님께 말씀드려라."
"그러면 하느님은 네가 이 선택을 원한다는 것을 확신시켜 주실 것이다. 그것은 하느님이 너와 함께, 그리고 네가 하느님과 함께 내린 선택이다."

우리가 이 선택을 이미 하였고, 이 선택을 원한다는 것을 확신시켜 주신다.

그러므로 워크북의 연습을 말로 하는, 연습서의 아이디어를 말로 하는 것의 의미는 깊은 확신과 확실성(deep conviction and certainty we lack)을 하느님께로부터 얻게 되는 것이다.

98:7 오늘 매시간 단 5분이라는 작디작은 선물을 하느님께 드려라. 하느님은 네가 오늘의 아이디어를 연습할 때 사용하는 말에, 너에게 부족한 깊은 확신과 확실성을 부여해 주실 것이다.

깊은 확신과 확실성이 생긴다. 이 깊은 확신과 확실성(deep conviction and certainty)은 우리에게 부족한 것으로, 우리는 그 부족을 느끼면서 살고 있다.

'하느님의 말씀이 너의 말과 결합하여' - 하느님의 말씀이 우리의 '말과 결합한다. 우리의 말과 결합되지 않을 때와 현저히 다른 효과가 생긴다.

'네가 오늘의 아이디어를 반복할 때마다' - 아이디어를 '반복하는 것'(연습서에서 늘 그렇게 권하는 것)은 이렇게 의미심장하다.

'그것을 너에 대한 하느님의 믿음만큼이나 완벽하고 확실한 믿음으로 바치는 전적인 헌신으로 만들 것이다.' - 우리가 반복해서 '말로 하는' 아이디어는 그렇게 하는 우리의 믿음을 매개로 '완벽한 헌신'으로 만들어진다.

반복하는 연습서의 아이디어 = 믿음 안에서 만들어지는 우리의 완벽한 헌신이라고 할 수 있다.

98:8 너에 대한 하느님의 확신은 네가 하는 모든 말을 밝게 비춰 줄

것이며, 너는 그 말의 소리를 넘어 그것이 진정으로 의미하는 것으로 나아갈 것이다.

98:10 너의 말은 너무도 강력하고 확고해서, 세상을 희망과 기쁨으로 비춰 줄 것이다.

우리는 하느님의 거룩한 아들이고 하느님이 창조하신 그대로이기에 우리의 말이 강력하고 확고할 것은 자명하다. 너무나 그러해서 온 세상을 희망과 기쁨으로 비추게 된다!

하느님의 선물을 기쁘게 받는 자가 될 기회를 단 한 번이라도 놓치지 말라. 그럼으로써 너는 오늘 세상에게 하느님의 선물을 선사할 수 있다.

우리가 하느님께로부터 선물을 받으면 세상에게 그 선물을 선사할 수 있다. 그러므로 우리의 용서는 우리가 세상에게 용서할 수 있게 되는 선물을 주는 것이다.

결국 내가 '하느님의 구원계획에서 내 역할을 받아들이겠다'는 선언은 내가 몸이 아니라 영이라는 것, 나는 하느님의 거룩한 아들이기에 자유롭게 용서하고 (그럼으로써) 자유롭게 세상을 구한다는 것, 그리고 나는 하느님이 창조하신 그대로이므로 내 마음은 공격할 수 없고 따라서 나는 아플 수 없다는 것을 알고 받아들여서 고백하고 선언하는 것이다.

이것은 과연 나의 거룩함, 용서, 세상의 구원, 공격, 치유, 속죄와 같은 가장 중심적인 주제들을 다루면서 실재와 실재 아닌 것, 내면과 바깥, 진리와 투사

(환상)의 구분을 망라하면서 수업의 주요 아이디어들을 압축적으로 정리하고 재확인한다.

이런 과정에서 진정으로 바깥이 아니라 내면에 초점을 두게 되고, 내 계획과 내 힘으로가 아니라 하느님이 마련하신 계획으로 구원을 얻음을 알게 되고, 내가 몸이 아니라 영이라는 것을 받아들이게 되고, 결국 사소하고 자잘하며 왜소한 것(little things)일 뿐인, 세상에서의 어떤 임무와 과업을 수행'해서'가 아니라 아무것도 '하지 않고' 바라보는 것인 '용서'로 세상을 구한다는 것을 이해하고 받아들이게 된다면 그것이 바로 수업의 목표인 '사고의 역전'을 얻은 것이라 할 수 있을 것이다.

이럴 때 역시 구원은 불타는 지옥에서 벗어나 날씨 좋고 풍수 좋고 경치 좋은 천당으로 이사 가는 것이 아니고, 사고의 역전을 통해서 마음이 바깥에 스스로 펼쳐놓은 상들(모습들, 형상들)에 더 이상 속지 않고 진짜 자기와 진리를 찾는 것임이 드러난다.

이 진리 혹은 그것의 발견은 곧 기쁨, 행복, 평화이고 자신만 아니라 세상도 해방하고 구한다.

6) 109과 나는 하느님 안에서 안식한다(I rest in God)

2. "나는 하느님 안에서 안식한다." 이 생각은 네가 구하는 안식과 조용함, 평화와 고요, 안전과 행복을 안겨 줄 것이다. "나는 하느님 안에서 안식한다." 이 생각에는 네 안에서 잠든 진리를 깨울 힘이 있다.

그리고 너의 비전은 존재하는 모든 이와 모든 것에서 겉모습 너머로 그와 똑같은 진리를 볼 것이다. 여기에서 온 세상의 고통이 끝나고, 잠시 머물기 위해 이제껏 왔었고 앞으로 올 모든 이의 고통이 끝난다. 여기에, 그 안에서 하느님의 아들이 다시 태어나 자기 자신을 알아보게 되는 생각이 있다.

하느님 안에서 안식하는 것은 오직 하느님께서 창조하신 그대로 여전히 남아 있는 자신을 알 때만 가능하다. 다르게 말해서, 자신이 몸이 아니고 영이며, 하느님의 거룩한 아들임을 알고 받아들여야만 하느님 안에서 안식할 수 있다. 그러므로 '하느님 안에서의 안식'이라는 생각은 우리가 자신이 진정 누구인지를 알아보게 되는 생각이다.

3. "나는 하느님 안에서 안식한다." 이 생각은 아무런 두려움도 없이 폭풍과 분쟁을 뚫고, 비참함과 고통, 상실과 죽음을 지나쳐 앞으로 나아가, 너를 하느님의 확실성으로 데려다줄 것이다. 이 생각이 치유할 수 없는 고통이란 없다. 이 생각이 풀 수 없는 문제란 없다. 하느님 안에서 안식하는 너의 눈앞에서 진리로 바뀌지 않을 겉모습이란 없다.

7) 121과 용서는 행복의 유일한 열쇠다(Forgiveness is the key to happiness)

1. 여기에, **평화를 향한 너의 추구에 대한 답**이 있다. 여기에, 아무런 의미도 없어 보이는 세상에서 의미를 찾을 열쇠가 있다. 여기에, 가

는 곳마다 너를 위협하고 언젠가 조용함과 평화를 찾을 수 있다는 모든 희망을 불확실하게 만드는 듯한 명백한 위험 가운데서 안전을 찾을 길이 있다. 여기에서 **모든 질문이 답해지고, 여기에서 마침내 모든 불확실성의 종말이 보장받는다.**

용서야말로 세상과 몸이라는 가장 근본적인 환상들을 위시해서 모든 환상을 아무것도 아닌 것으로 즉 실재하지 않는 것으로 알아보고 우리가 기만당해 온 역사를 종식시키는 것이기 때문이다.

8) 132과 나는 세상을 나의 모든 생각으로부터 풀어준다(I loose the world from all I thought it was)

5. 너의 소망과 떨어져 있는 세상이란 없으며, 바로 이 사실에 너의 궁극적인 해방이 있다. 단지 네가 보고 싶어 하는 것에 대한 마음만 바꿔라. 그러면 온 세상이 그에 맞춰 바뀔 것이다.

생각을 풀어주는 것은 생각의 종류, 내용, 크기에 상관없이 가능하다. 그래서 기적들 사이에는 난이도가 없다.

또 세상을 나의 생각으로부터 풀어준다면 더 이상 세상은 없다. (cf. 338과 나는 오직 나의 생각들에 의해서만 영향을 받는다. I am affected only by my thoughts.) 나는 단지 세상이 있다고 '생각'했을 뿐이기 때문이다. 만약 내가 하느님이 창조하신 그대로라면 내가 고통받을 수 있는 장소도 있을 수 없고, 그런 나에게 변화가 일어날 수 있는 시간도 없다. 그렇게 장소와 시간이 존재할 수 없다면 우리가 사는 곳인 듯 지각되는 시공간의 세상은 있을 수가 없다.

9) 155과 나는 뒤로 물러나 하느님이 길을 인도하시게 하겠다(I will step back and let Him lead the way)

13. 너는 세상을 하느님께 인도하는 길에 안전하게 들어섰다. 너를 다른 곳으로 인도하는 듯한 길을 쳐다보지 말라. 꿈은 하느님의 아들인 너의 안내자가 될 자격이 없다.

비고:

워크북 194:1 나는 미래를 하느님의 손안에 둔다. (I place the future into the hands of God.)

이 결정의 의미는 나는 더 이상 나의 힘으로 구원의 방법을 모색하지 않고 더 이상 세상에서 구원의 길을 찾으려 하지 않겠다는 것이다. 내가 하는 것을 포기하고 내려놓을 때 진정한 안식이 하느님 안에서 가능해진다. (I rest in God.)

구원이 작동하는 방식

워크북 156:6 이것이 바로 구원이 작동하는 방식이다. 네가 뒤로 물러날 때, 네 안의 빛이 앞으로 나아가 세상을 품어 안는다.

우리가 마음의 용의를 내어 성령의 목소리를 따르기로 다시 선택하는 결정을 할 때 이때 앞으로 나서는 빛은 성령의 도움을 받아서 잠자고 있던 꿈으로부터 깨어난 우리 마음의 진정한 모습인 우리의 자아이다. 이것은 하느님과 하나인 우리의 참모습이자 참정체이다. 이것이 우리의 영이다. 그리고 이것이 유일한 실재이다.

지눌은 수심결에서 '공적영지지심'이라 부르고, 마이스터 에크하르트는 'the Intellect'라고 부르며, 대승불교에서 '진아' 혹은 '불성'이라고 부르는 것과 흡사하다. 알아차림은 우리 마음의 한 작용이자 기능인 동시에 성령이 함께 하는 마음 내지 우리의 신성 그 자체를 의미함을 알 수 있다.

10) 157과 나는 지금 그리스도의 현존으로 들어가겠다(Into His Presence would I enter now)

2. 이것은 커리큘럼에서 또 하나의 중대한 전환점이다. 우리는 이제 새로운 차원을 더한다. 그것은 우리가 이미 배운 모든 것을 밝게 비춰 주고, 앞으로 배워야 할 것에 대해 준비시켜주는 참신한 경험이다. 그것은 우리를 배움이 멈추는 곳으로 데려가며, 그곳에서 우리는 배움이 도달할 수 있는 가장 높은 곳 너머에 있는 것을 얼핏 본다. 우리는 잠시 그곳에 머물다가 우리의 방향과 유일한 목표를 확신하면서 그 너머로 간다.

3. 오늘 이러한 경험이 너에게 주어져 천국의 손길을 느끼게 할 것이다. 비록 너는 다시 배움의 길로 돌아오겠지만 말이다. 하지만 너는

시간의 법칙 위로 올라가 잠시 영원 속으로 걸어 들어가기에 족할 만큼 시간을 바꾸는 길을 따라 충분히 멀리 왔다.

11) 183과 나는 하느님의 이름과 나 자신의 이름을 부른다(I call upon God's name and on my own)

3. 하느님의 이름을 거듭해 부르면, 온 세상이 환상을 내려놓는 것으로 화답한다. 세상이 소중히 여기는 모든 꿈들이 갑자기 사라지면서, 그것들이 있는 듯이 보인 곳에서 별 하나를 발견한다. 그것은 은혜의 기적이다.

9. 고요히 앉아서, 하느님의 이름으로 하여금 너의 마음을 완벽하게 사로잡고 모든 것을 포괄하는 아이디어가 되게 하라. 이 하나를 제외한 모든 생각은 잠재워라.

11. 너의 해방을 위해, 하느님의 이름에 의지하라. 그러면 너에게 해방이 주어진다. 너에게는 오로지 이 기도만 필요하니, 이 기도 안에는 모든 기도가 들어 있기 때문이다.

12) 185과 나는 하느님의 평화를 원한다(I want the peace of God)

1. 이것을 말로 하는 것은 아무것도 아니다. 하지만 이것을 진심으로 말하는 것은 모든 것이다. 단 한 순간만이라도 이 말을 진심으로 할 수 있다면, 너에게는 더 이상 어떤 형식의 슬픔도 불가능하다. 때

와 장소를 막론하고 말이다. 너는 다시 천국을 완전히 자각하고, 하느님에 대한 기억을 완전히 회복하며, 모든 피조물의 부활을 완전히 인식하게 될 것이다. 하느님의 평화(기쁨, 행복) 이외에 다른 평화(기쁨, 행복)은 없다. [There is no peace (joy, happiness) except the peace (joy, happiness) of God.]

하느님께서 오는 평화(기쁨, 행복)가 아니라 세상의 즐거움들과 우상들이 주는 평화(기쁨, 행복)는 진정한 평화가 아니다. 이것을 깨닫고 하느님의 평화를 진정으로 원한다면 그것이 곧 깨달음이고 구원이다.

13) 190과 나는 고통 대신 하느님의 기쁨을 선택한다(I choose the joy of God instead of pain)

10. 오늘은 네가 구원의 모든 권능이 담긴 레슨을 깨달을 수 있는 날이다. 그 레슨은 다음과 같다: 고통은 환상이고, 기쁨은 실재다. 고통은 단지 잠듦이고, 기쁨은 깨어남이다. 고통은 기만이고, 기쁨만이 진리다.

돈, 권력, 몸의 즐거움들은 기본적으로 우리가 몸을 가지고 있기에 추구하는 본능적인 욕구충족의 차원의 것들이다. 이런 차원의 추구, 즉 돈과 권력과 육체적 쾌락을 추구하는 것의 결과는 항구적인 기쁨과는 차이가 있다. 인간의 세상에서의 유한한 삶의 구조 자체가 변하지 않고 지속되는 기쁨이란 것을 불가능하게 만듦은 동서고금을 막론하고 크게 반론에 맞닥뜨리지 않는, 주지의 사실이다. 그런 추구는 궁극적으로 고통에 수렴된다.

즐거움과 쾌락을 넘어 기쁨의 환희가 있다. 이 기쁨은 다른 말로 행복이거나 혹은 평화라고 할 수 있다. 아마도 사랑만이 이런 기쁨을 설명할 수 있을 것이다.

이런 기쁨을 선택하는 것은 오로지 우리의 결정이고 우리의 몫이다. 물론 선택 후에는 동행과 도움과 인도의 약속이 있다.

텍스트 4:56 만약 네가 하느님의 음성을 들을 수 없다면, 그 이유는 듣겠다는 **선택을 하지 않기** 때문이다.

선택을 해야만 기쁨을 얻을 수 있다. 우리가 이런 선택을 내릴 수 있게 돕는 것이 바로 우리의 배움이다. 이 선택은 배운 것을 이해하고 연습한 후에 최종적으로 진리로 받아들이는 것을 가리킨다. (워크북 284:1) 그러므로 선택이란 받아들임(acceptance)이다.

14) 191과 나는 하느님의 거룩한 아들이다(I am the holy Son of God Himself)

1. 이 아이디어는 네가 세상의 속박에서 해방되는 선언문이다. 그리고 또한 이 아이디어 안에서 온 세상이 해방된다.
4. **너는 하느님이 창조하신 그대로다.** 이 하나의 생각으로 모든 것이 자유로이 풀려난다. 이 하나의 진리로 모든 환상이 사라진다.
5. 자신의 진정한 정체를 받아들일 수 있는 자는 진정으로 구원된다.
6. 다음과 같은 **단 하나의 거룩한 생각만 하라. 그러면 너는 자유로**

워진다: 너는 하느님의 거룩한 아들이다.

그리고 이 하나의 거룩한 생각으로, ***네가 세상을 자유로이 풀어주었다는 것도 배우게 된다.*** 너는 세상을 잔인하게 이용한 다음에 세상에서 그런 잔혹한 필요를 지각할 필요가 없다. 너는 세상을 너의 구속에서 자유로이 풀어준다.

12. 세상을 둘러보고, 거기서 고통을 보라. 지친 형제들에게 안식을 가져다주려는 열망으로 너의 가슴이 뛰지 않는가?

13. 그들은 네가 스스로 해방되기를 기다려야 한다. 네가 자유로워질 때까지, 그들은 사슬에 묶여 있다.

나는 하느님의 거룩한 아들이라고 생각하는 것 혹은 선언하는 것과 관련해서 반드시 기억해야 할 중요한 점은 그 생각이 내가 이미 자유롭게 용서했고, 그럼으로써 이미 세상을 구했다는 현재완료의 상태를 묘사한다는 것이다. 다르게 말하자면, 나는 하느님의 거룩한 아들이라는 생각을 한번 하는 것의 의미는 그 생각을 가짐으로 인해서 어떤 힘이나 능력이 생겨서 그 힘이나 재능으로 세상의 문제들을 하나하나 해결해서 장차 세상을 구하는 것이 아니라는 것이다.

반대로 그 시작부터가 내가 생각으로 만든 세상이기에 나의 한 생각으로 세상을 풀어주고 (132과 나는 세상을 나의 모든 생각으로부터 풀어준다. 참조) 자유롭게 해방시켜서 구한다는 의미이다. 더 정확히는 내가 '하느님의 거룩한 아들'임을 기억해 냄으로써 이미 자유롭고 해방되어있는 상태의 세상을 재인식한다는 의미이다.

결국 세상을 구하는 것은 이미 창조 이래로 우리의 본성이자 특성인 우리의 자유를 그러지 못하고 있던 우리 마음이 다시 누리는 것일 뿐이다. 해방이든 구원이든 우리가 만들어낼 종류의 것이 아니다. 그것은 이미 이루어져있다. '되어 가는 것'이 아니라 기만에서 벗어나고 잠에서 깨어나기만 한다면 다시 인식하게 되는 '지금'의 상태이다. 천국(실재)에는 아무 일도 일어나지 않았다. All Quiet On The Heaven's Front. (천국경계 이상 없다.)

내가 하느님의 아들이라는 것과 내가 거룩하다는 것은 우리가 배울 필요가 있는 궁극의 레슨이다. 이 생각(나는 하느님의 거룩한 아들이다.)을 다르게 표현하자면 "나는 하느님이 창조하신 그대로다."라고 할 수 있다. 우리가 가질 수 있는 사고의 가장 거대한 역전이 이 아이디어들에 있음은 이미 지적한 바 있다. 내가 하느님의 거룩한 아들인 것처럼 나의 형제(이웃, 원수, 적까지 포함하는 개념인)도 하느님의 거룩한 아들임을 기억해야 함은 물론이다.

*6. "너는 세상을 잔인하게 이용한 다음에 세상에서 그런 잔혹한 필요를 지각할 필요가 없다. 너는 세상을 너의 구속에서 자유로이 풀어준다."

우리가 하느님의 거룩한 아들임을 모르면, 세상을 잔인하게 이용하고(use the world cruelly), 그 안에서 야만스런/잔혹한 필요를 지각하게 된다. (and then perceive this savage need in it.)

세상에서 살아남기 위해서, 두려움을 극복하려고 공격하고, 복수하고, 그렇게 '세상을 잔인하게 이용'하게 된다. 그런 과정에서 세상 안에서 'savage need/야만적인 필요'(세상을 잔인하게 이용하는 야만적인 필요)를 지각하게 된다.

우리의 진정한 정체에 대해서 모른 채로 세상 안에서 살려면 세상을 잔인하게 이용해야 한다는 야만적인 필요(공격과 복수의 필요성)를 받아들이게 된다. 그러나 하느님의 거룩한 아들인 자신을 알게 되면 그런 필요를 지각할 필요가 없다. 달리 말해서 세상을 잔인하게 이용할 필요가 없다. 그런 과정을 통해 배워서 궁극적으로 도달하게 될 자유로움이라는 위치에 이미 도달했기 때문이다.

15) 193과 모든 것은 하느님이 내가 배우기를 바라시는 레슨들이다(All things are lessons God would have me learn)

레슨: "용서하라. 그러면 이것을 다르게 볼 것이다."

5. 레슨들은 본질적인 내용에 있어서 똑같다. 그것은 다음과 같다.

6. 용서하라. 그러면 이것을 다르게 볼 것이다.

7. 모든 고통은 단지 용서하지 않음일 뿐이지만, 그렇게 보이지는 않는다. 하지만 용서하지 않음이야말로 그러한 모든 형식 밑에 있는 내용이다.

9. 바로 이 말과 함께 유혹이 끝나고, 죄의식이 버려져 더 이상 공경받지 않는다. 바로 이 말과 함께 죄의 꿈이 끝나고, 마음에서 두려움이 사라진다. 그리고 바로 이 말과 함께, 온 세상에 구원이 온다.

10. 이 말은 그동안 너를 지배할 힘을 가진 듯했던 모든 사건을 지배할 힘을 너의 손에 쥐어 준다. 이 말을 *완전히 알아차리고*, 이 말이 네가 보는 모든 것과 네 형제들이 잘못 보는 것에 적용된다는 것을 *잊지 않을 때*, 너는 그 모든 사건들을 바로 보게 된다. (You see

them rightly when you hold these words ***in full awareness, and do not forget*** these words apply to everything you see or any brother looks upon amiss.)

11. 그것을 지각할 때 고통이 마치 실제인 듯 보이는가? 그렇다면 그 레슨을 배우지 못한 것임을 알라. 그리고 그 마음에는 마음이 지시하는 눈을 통해 고통을 보는 용서하지 않음이 숨겨져 있다.

15. 연습하는 동안, 우리 스스로 해결하려고 남겨둠으로써 치유에서 배제한 것들에 대해 생각해보자. 그것들이 사라질 수 있도록 바라보는 법을 아는 성령께, 그것들을 전부 드리자.

우연은 없다. 아무것도 우연히 일어나지 않는다. 우리가 용서를 배우도록 일어나는 사건들이 용서될 때 우리의 구원이다. 그래서 형식들이 어떠하든 우리가 배우는 레슨들의 중심생각은 "용서하라. 그러면 이것은 다르게 보일 것이다."이다.

> 워크북 158:3 걸어가는 길에서 우연으로만 내딛는 걸음은 없다. (There is no step along the road that anyone takes but **by chance**.)
> 교사지침서 9:1 하느님의 계획에서 우연은 아무 역할도 하지 않는다. (Chance plays no part in God's plan. No one is where he is **by accident**.)

* 10 '완전한 알아차림'(full awareness)과 '모든 것에의 적용'을 잊지 않는 것(not forgetting) 필요.

cf. 텍스트 15:25 왜소한 세상에서 너의 장엄함을 **완벽하게 알아차리고**(to hold your magnitude in **perfect awareness**) 그 앎을 유지하는 것은 왜소한 자들이 감당할 수 있는 일이 아니다.

알아차림(awareness)의 문제

알아차림이란 정보의 획득이나 지식의 습득 이상의 문제이다. 정보나 지식은 획득한 후에 자신의 사고체계의 전복 없이도 자기의 삶에 통합하거나 심지어 단기적으로 삶에서 사용하고 폐기할 수도 있는 것으로 자신을 근본적으로 마음의 차원에서 변형시키지는 않기 때문이다.

그러므로 알아차림이란 사고와 행동을 지배하는, 이전과는 전혀 다른 내용과 방향의 습관(배움과 배운 것을 삶에서 적용하고 실천하는 마음의 훈련의 결과)이 형성되거나 심지어 더 나아가서 자신의 사고체계 전체가 역전되는 것처럼 마음에 일어나는 가장 근본적인 변화와 관계있는 것이다. 특징적으로 자신이 누구인지에 대한 새로운 앎, 자각을 동반한다고 할 수 있겠다.

알아차림을 고려의 보조국사 지눌은 '공적영지지심' (비어 있고 조용하며 신령한 아는 마음)이라 부르고 수업에서는 'the Light in you'(우리가 뒤로 물러날 때 앞으로 나서는 우리 안의 빛)라고 불린다. (워크북 156:6) 마이스터 에크하르트가 'the Intellect'라고 부른 것도 같은 것으로 보이는데 알아차림이 지적인 차원을 포함하는 것으로 이해할 수 있는 이유이다. 그래서 "빛은 이해하는 것이다"라고 수업은 가르친다. (텍스트 9:26 치유는 신비한 것이 아니다. 이해하지 않으면 아무것도 일어나지 않을 것이다. 빛은 이해이기 때문이다.)

이 알아차림은 우리의 마음이 쉬고 생각이 멈출 때 드러나는 (the Light in you steps forward 네 안의 빛이 앞으로 나선다.) 우리의 진정한 정체성이다. 우리 마음의 기능/작용일 뿐 아니라 지적인 차원 혹은 이해하는 차원을 포함하는 우리의 본성인 것이다. (텍스트 9:26 빛은 이해다. light is understanding.) 이것은 또 우리만의 것이 아니다. 우리가 모든 이들과 함께 공유하는 정체성이다.

16) 194과 나는 미래를 하느님의 손에 맡긴다(I place the future in the Hands of God)

1. 오늘의 아이디어는 빠른 구원을 향해 내딛는 또 다른 발걸음이다. 이것은 정녕 거대한 발걸음이다! 그것은 아주 멀리 내딛는 걸음이기에, 너는 천국 바로 앞에 도달해서 장애물을 뒤로하고 목적지를 눈앞에 바라볼 것이다.

2. 오늘의 아이디어를 받아들여라. 그러면 너는 모든 걱정과 지옥의 구렁텅이, 암흑 같은 우울과 죄의 생각들, 죄의식의 참화를 통과한 것이다.

3. 너는 단 한 순간도 우울해하거나 고통을 경험하거나 상실을 지각하지 않는다. 너는 단 한 순간도 슬픔을 왕좌에 올려놓고 충성스레 숭배하지 않는다. 하느님께 드리는 지나가는 모든 순간은, 이미 드린 다음 순간과 더불어 네가 슬픔과 고통, 심지어 죽음 자체에서도 해방되는 시간이다.

7. 하느님의 자애로운 손에 자신의 미래를 맡기는 자를 어떤 걱정이 괴롭힐 수 있겠는가? 미래의 고통에 대한 모든 두려움에서 벗어난

그는 세상이 결코 위협할 수 없는 현재의 평화와 확실한 보살핌으로 가는 길을 찾았기 때문이다. 그는 자신의 지각이 잘못될 수는 있지만 항상 교정될 것임을 확신한다. 그에게는 속았을 때 다시 선택하고 실수했을 때 마음을 바꿀 자유가 있다.

미래를 하느님의 손에 맡긴 자는, 비록 자신의 지각이 다시 잘못될 수는 있지만 항상 교정을 경험한다. 그는 또다시 속을 수도 있지만 (사실 꽤 자주 속는다. 그리고 이렇게 빈번하게 속는 경험이 수업에 대한 신뢰를 잃게 만들어서 또다시 배움을 포기하게 만드는 기만으로 작용하기도 한다.) 그때마다 다시 선택하고, 실수했을 때 마음을 바꿀 자유가 있다.

속임에 넘어간 아들의 마음 안으로 기어든 어리석은 생각이 문제의 발단이었기에 **속는 일이 다시 일어나지 않게 그래서 다시 어리석은 생각을 하지 않게 마음을 훈련**해야 한다. 물론 왜 어리석은 생각이었고 왜 속았는지 배워 이해하는 것이 먼저다.

17) 195과 사랑은 내가 감사하며 걷는 길이다(Love is the way I walk in gratitude)

8. 그러니 감사하며 사랑의 길을 걸어라. 비교를 내려놓을 때, 우리는 증오를 잊는다. 그러니 더 이상 무엇이 평화의 장애물로 남아 있겠는가? 하느님에 대한 **두려움이 마침내 무효화되고, 우리는 비교하지 않고 용서한다.**

10. 우리의 **감사는 하느님께 가는 길을 닦고**, 네가 꿈도 꿀 수 없을 정

도로 배움의 시간을 단축할 것이다. 감사는 사랑과 손을 잡고 걸어간다. 그리고 그중 하나가 있는 곳에는 다른 하나도 틀림없이 있다. 감사는 단지 모든 창조의 근원인 사랑의 한 측면일 뿐이기 때문이다.

18) 196과 나는 오로지 나 자신만을 십자가에 못 박을 수 있다(It can be but myself I crucify)

4. 오늘의 아이디어는 우리가 속박에서 벗어나 완벽한 자유의 상태로 가는 길에서 취하는 하나의 단계다. 이를 위해 우리에게 필요한 것은 시간이 아니다. 우리에게는 단지 용의만이 필요하다. 천 년의 시간이 필요해 보이는 것도 하느님의 은혜로 난 한 순간에 쉽사리 이루어질 수 있기 때문이다.

8. 오늘 네가 이 단계를 밟는다면, 다음 단계들은 쉬워질 것이다. 거기서부터는 아주 빠르게 앞으로 나아간다. 일단 **너 자신의 생각 외에는 너를 해칠 수 있는 것이 없다는 것을 이해하고 나면, 하느님에 대한 두려움은 사라질 수밖에 없기 때문**이다.

12. 하느님에 대한 **두려움이 사라졌을 때**, 너와 하느님의 거룩한 평화 사이에는 어떤 장애물도 남아 있지 않다.

유아독존(천상천하 유아독존, 오직 나만 있다). 너의 바깥에는 아무것도 없다. 너 자신의 바깥에서 아무것도 구하지 말라. 내 생각은 오직 나만 해칠 수 있다. 나는 오직 내 생각에 의해서만 영향받을 수 있다.

19) 199과 나는 몸이 아니다. 나는 자유롭다(I am not a body. I am free)

1. 몸을 너 자신으로 지각하는 한, 자유는 불가능할 것이다. 몸은 일종의 제한이다. 몸에서 자유를 구하려는 자는 자유를 찾을 수 없는 곳에서 자유를 찾는 것이다.
3. 네가 이 수업에서 발전하기 위해서는 오늘의 아이디어를 받아들여 아주 소중히 간직하는 것이 중요하다.
5. 오늘의 아이디어를 소중히 여기고, 오늘부터 매일 연습하라. 그것을 네가 하는 모든 연습의 일부로 만들어라. 그럼으로써 모든 생각이 이 세상을 도울 힘을 얻고, 너에게 줄 더 많은 선물도 얻을 것이다. 우리는 이 아이디어를 가지고 세상 곳곳에 자유의 부름을 전한다.

20) 282과 오늘 나는 사랑을 두려워하지 않겠다(I will not be afraid of love today)

1. 내가 오늘 이것을 깨달을 수 있다면, 온 세상에 구원이 도달할 것이다. 이것은 정신이상이 되지 않겠다는 결정이며, 나 자신을 나의 아버지이자 근원이신 하느님이 창조하신 그대로 받아들이겠다는 결정이다.

우리 모두는 이전에 두려워서 사랑을 포기하는 결정을 내렸었다. 이제 더 이상 두려워하지 않으면서 계단을 거꾸로 올라갈 때이다. 즉 정신이상인 채로 남아 있지 않고, 자신을 하느님이 창조하신 그대로 받아들이며, 잠들어 있지 않겠다고 결심하고, 하느님의 사랑받는 아들로 창조된 자아를 인식하기로

선택할 때이다. (282:1)

21) 288과 오늘 내 형제의 과거를 잊게 하소서(Let me forget my brother's past today)

1. 이 생각은 당신께 길을 이끌어 저를 제 목표점에 데려다줍니다. 제 형제 없이는, 저는 당신께 갈 수 없습니다. 제 형제의 손은 당신께 가는 길에서 저를 이끄는 손입니다. 제 형제는 저의 구원자입니다.

형제가 우리에게 겉모습대로 보이고 그 모습을 그의 정체인 것으로 받아들이는 것은 우리가 아직 환상을 믿고 있다는 뜻이다. 우리 자신과 형제를 포함해서 그 누구라도 그의 과거를 여전히 붙잡고 놓아주지 않고 즉 용서하지 않고 있을 때 우리는 그의 모습과 과거라는 시간까지도 실재로 여기고 있다.

만약 형제의 겉모습(appearances)을 용서하고 그의 과거의 시간을 용서한다면 혹은 다르게 말해서 누군가의 겉모습에도 속지 않고 시간이라고 하는 이미 지나가서 끝나고 더 이상 존재하지 않는 것에도 속지 않는다면 우리는 과거를 잊을 수 있다. 과거란 것은 전혀 실제로 존재했던 적이 없는 환상(상상물, 그림자, 꿈, 환각, 망상)이었을 뿐임을 알 것이기 때문이다.

그리고 오직 이때만 우리는 치유된다. 그리고 용서의 원리에 따라서 그에게 준 우리의 용서는 돌아와서 우리를 용서함으로써 우리를 구원한다. 그래서 우리는 "제 형제의 손은 당신께 가는 길에서 저를 이끄는 손이고 그는 제 구원자입니다."라고 말할 수 있다. 과연 이제는 "우리는 홀로 치유되지 않는다."(when we are healed we are not healed alone.)라고 할 수 있다.

이런 형제의 진정한 정체에도 불구하고 환상의 세상에서 그가 나에게 보여주는 겉모습은 때로는 나의 적이자 원수로서 역할을 하는 것일 수도 있다. 이때도 그가 **성령에게서 부탁받은** 역할을 다하고 있는 것임을 기억할 필요가 있겠다. (There is no step along the road that anyone takes but by chance. Chance plays no part in God's plan.)

22) 338과 나는 오로지 내 생각에 의해서만 영향받는다(I am affected only by my thoughts)

1. 구원이 온 세상에 도래하도록 하기 위해서는 단지 이 생각만 필요하다. 이 하나의 생각 안에서, 마침내 모든 이가 두려움에서 해방되기 때문이다.

이 연습서의 아이디어는 "나는 세상을 내가 생각했던 모든 것들로부터 풀어준다."라는 132과의 아이디어처럼 궁극적인 해방의 방법을 제시하고 있다. 생각 즉 사고의 전체체계를 바꾸는 것만이 해방을 가져온다. 그 변화의 내용은 물론 내가 마음을 제대로 이해하지 못하고 분리를 믿기 시작하면서 죄책감과 두려움 속에서 투사로 몸과 세상이라는 환상을 만들어 낸 것의 해제(undoing) 혹은 용서를 포함한다.

이 해제나 용서가 환상들을 상대로 설정하고 우리의 힘으로 싸우거나 애써서 이루는 것이 아니라 단지 그것들은 **실재와 모순되기에 겉모습과 달리 존재하지 않는 것임**을 이해하고 알아차림에 의해서인 것은 아무리 강조해도 지나치지 않은 중요한 점이다.

텍스트 22:45 환상은 어떻게 극복되는가? 분명히 힘이나 분노로, 혹은 환상에 어떻게든 반대함으로써 극복되는 것이 아니다. 단지 **이성으로 하여금 환상은 실재와 모순된다고 말해 주게 함으로써**, 환상은 극복된다. 환상은 **분명히 참인 것과 반대**된다.

23) 기타

연습서 제1부의 복습 4에서 6까지에는 유난히 반복적으로 등장하는 아이디어 3개가 있다. 각각 10번, 30번, 40번이나 반복됨으로써 그 중요성을 부분적으로 보여 주고 있다.

> My mind holds only what I think with God. (내 마음은 내가 하느님과 함께 생각하는 것만을 지닌다.)

하느님과 함께 생각하는 것만 예외로 하고 내가 생각하는 것들은 모두 환상일 뿐이다. 의미 없는 꿈이자 상상이다. 이 배움의 선언은 그러므로 나는 환상을 원하지 않는다는 고백이다. 하느님과 함께 생각하지 않는 것들은 모두 마음 안에 지니고 있을 가치가 없다. 아무것도 아니기 때문이다. 서문에서 수업의 요약으로 소개되는 "실재가 아닌 것은 존재하지 않는다."는 문장과 같은 아이디어임을 알 수 있다.

> God is but Love, and therefore so am I. (하느님은 오직 사랑이시다. 따라서 나도 오직 사랑이다.)

하느님이 오직 사랑이기에 하느님의 거룩한 아들로서 그와 다르지 않게 창조된 나도 오직 사랑이다. 나에 관한 다른 형용이나 명명은 그러므로 단지 상징적일 뿐이며 나는 하느님이 그러하시듯 오직 사랑이다. 나의 참자아(my Self)와 하느님이 다르지 않음을 선언하는 이 문장은 기적수업의 결론이라고 할 수 있다.

> I am not a body. I am free. For I am still as God created me. (나는 몸이 아니다. 나는 자유롭다. 왜냐하면 나는 여전히 하느님이 창조하신 그대로기 때문이다.)

하느님께서는 나를 영으로 창조하셨다. 그와 똑같이 창조하셨기에 나는 영이 아닐 수가 없는 것이다. 몸이 아무리 나인 척 할지라도 그것은 속임일 뿐이다. 나는 영이고 나의 마음이 혼란 속에서 일시적으로 생각하고 만들었던 것이 몸일 뿐이다.

물론 이 몸은 항상 시간 안에서만 기억되거나 기대될 뿐 (텍스트 18:65) 결코 실제로는 단 한 순간도 지금 경험된 적이 없다. 영원 안에서 몸은 단 한 순간도 있었던 적이 없는 것이다.

이 문장은 수업을 한 문장으로 정리한 것인 '나는 누구인가'라는 근원적인 질문에 대해서 '하느님이 창조하신 그대로'라는 답을 줌으로써 나의 정체를 밝히 보여 준다. 물론 여기서 초점은 내가 어떤 존재인가라는 문제보다는 나를 창조한 이가 어떤 존재이며 나에게는 그 창조 이래로 변화가 있는가라는 문제이다.